大学の
スペイン語
I

基礎力養成テキスト

[著] 高垣 敏博　落合 佐枝　菊田 和佳子　アルトゥーロ・バロン

Español para universitarios

装幀・本文デザイン　小塚久美子
ジャケット・表紙 PHOTO：グエル公園内のモザイク
写真提供：Getty Images

大学のスペイン語 I
基礎力養成テキスト

はじめに

　『大学のスペイン語』は、そのタイトルが示しているように大学でスペイン語を専攻とする課程における初級から中級にかけての授業、および、第2外国語のスペイン語の授業で使用していただけることを第1の目的として作成しました。
　同時に、大学にこだわらず、スペイン語を系統的、段階的に入門から始めて基礎をしっかり学ぼうという一般読者にも無理なく利用していただけるよう、配慮して編集されています。大学で学ぶレベルをめやすにして、それぞれのペースでスペイン語を本格的に身につけられるよう意図しました。

　日本におけるスペイン語教育はすでに100年をこえる歴史を持っています。今日では、国内の多くの大学において何らかの形でスペイン語を学べる状況が整っているといえるでしょう。スペイン語圏に対する関心が高まるのにしたがってスペイン語学習の機会や教材なども多様になってきました。

　その中で、本書の大きな特色は、『大学のスペイン語Ⅰ　基礎力養成テキスト』で、1) スペイン語文法の基本的事項をより初歩的な内容のレベルⅠ（24課）とやや応用的なレベルⅡ（16課）に分け、それぞれ段階的に配列し、しだいに全体像がつかめるような構成になっていること、2) 各課で登場する文法項目それぞれの説明が終わるごとに チェックしよう で直ちに理解度を確かめられること、3) さらに各課の練習問題で内容を習得できたかどうかを点検できること、などです。

　また、別冊『大学のスペイン語Ⅱ　実力が身につくワークブック』には、『大学のスペイン語Ⅰ　基礎力養成テキスト』で学んだ文法内容に合わせて作成された適切な練習問題が盛り込まれています。外国語を習得する最大のコツは、学んだことを練習問題ですぐさま確認し、定着させていくことですね。ぜひ積極的に取り組んでみてください。

　大学のスペイン語専攻では、週2回の通年授業で『大学のスペイン語Ⅰ』のレベルⅠを、さらに2年目の半期でレベルⅡを終えるプランを設定することができます。また第2外国語の授業などではレベルⅠだけに限定して学ぶこともできます。

この本では、スペイン語圏の日常生活で用いられるナチュラルな表現をできるだけ用例や練習問題に取り入れました。例文をどんどん身につけていけばそのまま実用的な会話にも応用できるはずです。

　本書は著者らが、東京外国語大学や神奈川大学、その他の大学でこれまで教えてきた経験が基盤になっています。文法説明や練習問題を作成するにあたっては、学習者の視点を大切にし、どれだけわかりやすく説明し、いかに理解していただけるか工夫したつもりです。本書を大いに活用し、スペイン語の基礎力を十分養成されることを願っています。

著者

本書の構成と使い方

　『大学のスペイン語』は、『大学のスペイン語Ⅰ　基礎力養成テキスト』と『大学のスペイン語Ⅱ　実力が身につくワークブック』の2冊からなっています。文法書と問題集として、それぞれ独立して用いることもできますが、両方を組み合わせることでより効果的に学習することができます。

　本書『大学のスペイン語Ⅰ　基礎力養成テキスト』は、より基礎的な知識を学ぶレベルⅠ（24課）と、中級レベルの内容につなげていくレベルⅡ（16課）で構成されており、各課 (Lección) は次のように構成されています。

1) 各課の冒頭の**枠内**には、その課で学ぶ文法事項とそれに関連した代表的な例文が並べられています。まず、その課でどんな文法事項を学ぶのかを確認してから本文に進むとよいでしょう。また、ひととおり学んだ後で、内容が理解できているかを確認したり、例文をキーセンテンスとして暗記したりするために使うこともできます。

2) 各課ではいくつかの文法項目を学びます。それぞれの項目の最後には学習した内容に関連した **チェックしよう** の問題があります。終わったらすぐに解いて、その内容が理解できたかどうかを確認してみましょう。間違ったり、わからない問題があったりした場合には、もう一度本文を読み直してください。

3) その課で学習している文法事項とは直接結びつかないものの、文法的にはとても重要とされる説明には ☞ を付けて区別しました。その内容が練習問題などに含まれていることもあります。

4) **参考** の項目では、スペインとラテンアメリカの用法の違いなど役に立つ知識を得ることができます。

5) 文法的にはやや高度なレベルになってしまう情報や、コミュニケーションにおいて役立つ関連情報などは、読み物として気軽に読めるようコラムの形にまとめました。コラムの内容を知らなくても本書を進めることはできますが、時間のある時に一度目を通しておくと、スペイン語を身につける過程で浮かぶ色々な疑問が解決できるでしょう。

6) 各課の最終ページには**練習問題** (Ejercicios) が付いています。その課で学んだ文法項目に沿ってさまざまな問題が出題されており、学習内容が定着しているかをここで確認

することができます。最後には必ず作文の問題がありますので、例文を見直し、辞書や巻末の単語集などを駆使して、ぜひ挑戦してみてください。

7) 単語や例文のうち **DL** マークのあるものは、音声をダウンロードして確認することができます。正しい発音を聞き、その真似をしてみることで、自身の発音もよくなり、聞き取る力も付いてきます。また、何度も繰り返し聞いているうちに、単語や重要なフレーズが自然に使えるようになるでしょう。

●音声ダウンロードについて

本書では付録として、「 **Down Load** 」で示した箇所の音声データを東京外国語大学出版会ウェブサイトより配信しています。スペイン語の発音を学ぶ際に参照してください。

〈音声ダウンロードはこちら〉
東京外国語大学出版会　　http://www.tufs.ac.jp/blog/tufspub/
ダウンロードページ　　　http://www.tufs.ac.jp/blog/tufspub/download/
＊ダウンロードページはメンテナンス等により休止する場合があります。

その他、巻末には学習の手助けとなる**単語集**と**動詞の活用表**を付けました。詳しい使い方は、それぞれの冒頭にある「単語集の使い方」「活用表の使い方」をご覧ください。

大学のスペイン語 I　　基礎力養成テキスト

◆◆◆ 目　次 ◆◆◆

はじめに……………………… 2
本書の構成と使い方………… 4

Nivel I

第1課　Lección 1 …………………………………………… 14
　1　アルファベット ………………………………………… 14
　2　母音［1］— 単母音 …………………………………… 15
　3　子音 ……………………………………………………… 15
　　　コラム　　メキシコ？　メヒコ？ ……………………… 16
　　　コラム　　地域差 ………………………………………… 18
　Ejercicios 1 ………………………………………………… 19

第2課　Lección 2 …………………………………………… 20
　1　母音［2］— 2つ以上の母音が並ぶとき ……………… 20
　2　音節の分け方 …………………………………………… 21
　　　コラム　　パエリャ？　パエーヤ？　パエージャ？ … 22
　3　アクセントの位置 ……………………………………… 22
　Ejercicios 2 ………………………………………………… 25

第3課　Lección 3 …………………………………………… 26
　1　名詞の性 ………………………………………………… 26
　2　名詞の数 ………………………………………………… 27
　3　主語人称代名詞 ………………………………………… 28
　4　動詞 ser ………………………………………………… 29
　Ejercicios 3 ………………………………………………… 31

第4課　Lección 4 …………………………………………… 32
　1　冠詞 ……………………………………………………… 32
　2　直説法現在［1］— 規則動詞 ………………………… 34
　3　否定文と疑問文 ………………………………………… 35
　Ejercicios 4 ………………………………………………… 37

第5課　Lección 5 … 38
1. 動詞 hay … 38
2. 動詞 estar … 39
3. hay と estar の使い分け … 40
4. 指示詞 … 41
5. también と tampoco … 42
- Ejercicios 5 … 43

第6課　Lección 6 … 44
1. 形容詞 … 44
2. 〈ser ＋ 形容詞〉と〈estar ＋ 形容詞〉 … 46
3. 所有形容詞前置形 … 47
4. 疑問詞 … 47
- Ejercicios 6 … 49

第7課　Lección 7 … 50
1. 直説法現在［2］— 語根母音変化動詞 … 50
2. 直接目的語と直接目的語人称代名詞 … 52
   - **コラム**　直接目的語人称代名詞の le … 54
3. 数詞 0 〜 30 … 54
- Ejercicios 7 … 55

第8課　Lección 8 … 56
1. 動詞 tener … 56
2. 動詞 ir … 58
3. 不定詞を伴う動詞の表現 … 58
4. 曜日・日付の表現 … 59
- Ejercicios 8 … 61

第9課　Lección 9 … 62
1. 直説法現在［3］− 1人称単数形のみ不規則な動詞 … 62
2. 時刻の表し方 … 64
3. 前置詞とともに用いられる人称代名詞 … 65
4. 数詞 31 〜 101 … 66
- Ejercicios 9 … 67

第10課　Lección10 … 68
1. 直説法現在［4］− その他の不規則動詞 … 68
2. 間接目的語と間接目的語人称代名詞 … 69
3. 直接目的語人称代名詞と間接目的語人称代名詞 … 70

	4 従属節を導く que / si / 疑問詞	72
	Ejercicios 10	73

第11課　Lección 11　74

1　動詞 gustar ……………………………… 74
2　gustar と重複表現 ……………………… 75
3　gustar 型動詞 …………………………… 76
4　感嘆文 …………………………………… 77
Ejercicios 11 ………………………………… 79

第12課　Lección 12　80

1　単人称文 ………………………………… 80
2　所有形容詞後置形 ……………………… 82
3　所有代名詞 ……………………………… 83
Ejercicios 12 ………………………………… 85

第13課　Lección 13　86

1　比較表現［1］…………………………… 86
2　形容詞の前置 …………………………… 89
Ejercicios 13 ………………………………… 91

第14課　Lección 14　92

1　再帰動詞とは …………………………… 92
2　再帰動詞の基本的用法 ………………… 93
　コラム　2種類の se ……………………… 96
Ejercicios 14 ………………………………… 97

第15課　Lección 15　98

1　se 受動文 ………………………………… 98
2　不定人称文［1］………………………… 99
3　mucho と poco ………………………… 102
Ejercicios 15 ……………………………… 103

第16課　Lección 16　104

1　直説法点過去［1］…………………… 104
2　関係詞［1］– que …………………… 107
　コラム　限定用法と説明用法 ………… 108
Ejercicios 16 ……………………………… 109

第17課　Lección 17　110

1　直説法点過去［2］…………………… 110
2　関係詞［2］— el que ……………… 112

3 関係詞［3］— donde ·· 113
    コラム　定冠詞の総称用法 ····································· 114
Ejercicios 17 ··· 115

第 18 課　Lección 18 ·· 116
1 直説法線過去 ··· 116
2 接続詞［1］·· 119
3 関係詞［4］— 独立用法 ·· 120
Ejercicios 18 ··· 121

第 19 課　Lección 19 ·· 122
1 現在分詞 ··· 122
    コラム　現在と現在進行形 ····································· 124
2 過去分詞 ··· 124
    コラム　名詞を修飾する過去分詞 ····························· 125
3 不定詞 ·· 125
Ejercicios 19 ··· 127

第 20 課　Lección 20 ·· 128
1 直説法現在完了 ·· 128
2 不定語・否定語 ·· 130
Ejercicios 20 ··· 133

第 21 課　Lección 21 ·· 134
1 直説法過去完了 ·· 134
2 時制の一致［1］·· 135
3 話法 ··· 137
Ejercicios 21 ··· 139

第 22 課　Lección 22 ·· 140
1 直説法未来 ·· 140
    コラム　推量表現について ····································· 142
2 条件文［1］— 現実的条件文 ·································· 143
3 -mente の副詞 ·· 144
Ejercicios 22 ··· 145

第 23 課　Lección 23 ·· 146
1 直説法過去未来 ·· 146
    コラム　仮定で用いられる過去未来 ·························· 148
2 時制の一致［2］·· 149
Ejercicios 23 ··· 151

第 24 課　Lección 24 …… 152
　1　接続法とは …… 152
　2　命令形［1］ …… 154
　Ejercicios 24 …… 157

Nivel II

第 1 課　Lección 1 …… 160
　1　動詞 ser と estar …… 160
　2　出来事を表す ser …… 161
　3　数詞 —100 以上 …… 162
　4　接尾辞 –ísimo …… 164
　Ejercicios 1 …… 165

第 2 課　Lección 2 …… 166
　1　直説法現在［5］— 不規則活用のまとめ …… 166
　2　比較表現［2］— 副詞の最上級 …… 168
　3　比較表現［3］— その他の比較表現 …… 169
　Ejercicios 2 …… 171

第 3 課　Lección 3 …… 172
　1　主語の後置 …… 172
　2　目的語人称代名詞のまとめ …… 174
　3　接続詞［2］ …… 175
　Ejercicios 3 …… 177

第 4 課　Lección 4 …… 178
　1　再帰動詞の用法 …… 178
　2　前置詞とともに用いられる人称代名詞の再帰形 …… 180
　3　変化を表す再帰動詞 …… 181
　4　縮小辞・増大辞 …… 182
　Ejercicios 4 …… 183

第 5 課　Lección 5 …… 184
　1　点過去と線過去 …… 184
　2　点過去と現在完了 …… 185
　3　過去と過去完了 …… 186
　　コラム　現在進行形 …… 187
　4　序数 …… 188

  Ejercicios 5 ……………………………………………………………… 189

第 6 課　Lección 6 ………………………………………………………… 190
 1　現在分詞 ………………………………………………………………… 190
 2　過去分詞 ………………………………………………………………… 191
 3　不定詞 …………………………………………………………………… 193
 4　知覚構文 ………………………………………………………………… 193
  Ejercicios 6 ……………………………………………………………… 195

第 7 課　Lección 7 ………………………………………………………… 196
 1　直説法未来と過去未来 ………………………………………………… 196
 2　直説法未来完了と過去未来完了 ……………………………………… 197
 3　使役構文 ………………………………………………………………… 199
  コラム　　使役構文と目的語人称代名詞 ……………………………… 200
  Ejercicios 7 ……………………………………………………………… 201

第 8 課　Lección 8 ………………………………………………………… 202
 1　受動文— se 受動文と ser 受動文 …………………………………… 202
 2　不定人称文［2］ ………………………………………………………… 204
  Ejercicios 8 ……………………………………………………………… 207

第 9 課　Lección 9 ………………………………………………………… 208
 1　関係詞［5］— その他の関係詞 ……………………………………… 208
 2　強調構文 ………………………………………………………………… 209
 3　定冠詞を使った名詞化表現 …………………………………………… 210
  Ejercicios 9 ……………………………………………………………… 213

第 10 課　Lección 10 ……………………………………………………… 214
 1　接続法現在の活用［1］— 規則動詞、語根母音変化動詞 ………… 214
 2　名詞節の中で用いられる接続法［1］ ………………………………… 216
  コラム　　動詞 decir の 2 つの意味：「～だと言う」「～するように言う」……… 218
  Ejercicios 10 …………………………………………………………… 219

第 11 課　Lección 11 ……………………………………………………… 220
 1　接続法現在の活用［2］— その他の不規則動詞 …………………… 220
 2　名詞節の中で用いられる接続法［2］ ………………………………… 221
  コラム　　不定詞と従属節 ……………………………………………… 222
 3　形容詞節の中で用いられる接続法 …………………………………… 223
  コラム　　不定冠詞の意味 ……………………………………………… 224
  Ejercicios 11 …………………………………………………………… 225

第 12 課　Lección 12 …… 226
1　命令形［2］…… 226
2　理由と結果の表現 …… 228
3　義務表現 …… 229
　Ejercicios 12 …… 231

第 13 課　Lección 13 …… 232
1　接続法現在完了 …… 233
2　副詞節の中で用いられる接続法［1］— 目的、条件、時 …… 235
　コラム　条件を表す como …… 236
　Ejercicios 13 …… 237

第 14 課　Lección 14 …… 238
1　接続法過去 …… 238
　コラム　〈過去未来＋接続法過去〉の丁寧（婉曲）表現 …… 240
2　副詞節の中で用いられる接続法［2］— 譲歩、様態 …… 240
　コラム　譲歩の慣用表現 …… 241
　Ejercicios 14 …… 243

第 15 課　Lección 15 …… 244
1　接続法過去完了 …… 244
2　直説法と接続法の時制の対応 …… 245
3　独立文の中で用いられる接続法 …… 247
　Ejercicios 15 …… 249

第 16 課　Lección 16 …… 250
1　条件文［2］— 非現実的条件文 …… 250
2　非現実的譲歩文 …… 251
　コラム　como si…「まるで〜のように」…… 252
3　丁寧表現 …… 253
4　小数・分数 …… 254
　Ejercicios 16 …… 255

動詞の活用表 …… 257
単語集 …… 274

【付録】練習問題解答

Nivel I

Lección 1

1 アルファベット (alfabeto)
a, b, c, d...

2 母音 (vocales) [1] ― 単母音
p<u>i</u>so　p<u>e</u>so　p<u>a</u>so　p<u>o</u>co　p<u>u</u>ro

3 子音 (consonantes)
famoso　luna　joven　plaza

1 アルファベット

文字	名称	発音		文字	名称	発音	
A a	a	[á]	ア	Ñ ñ	eñe	[éɲe]	エニェ
B b	be	[bé]	ベ	O o	o	[ó]	オ
C c	ce	[θé] / [sé]	セ	P p	pe	[pé]	ペ
D d	de	[dé]	デ	Q q	cu	[kú]	ク
E e	e	[é]	エ	R r	erre	[ére]	エレ
F f	efe	[éfe]	エフェ	S s	ese	[ése]	エセ
G g	ge	[xé]	ヘ	T t	te	[té]	テ
H h	hache	[átʃe]	アチェ	U u	u	[ú]	ウ
I i	i	[í]	イ	V v	uve	[úβe]	ウベ
J j	jota	[xóta]	ホタ	W w	uve doble	[úβe ðóβle]	ウベ ドブレ
K k	ka	[ká]	カ	X x	equis	[ékis]	エキス
L l	ele	[éle]	エレ	Y y	ye (i griega)	[jé]	イェ (イ グリエガ)
M m	eme	[éme]	エメ	Z z	zeta	[θéta] / [séta]	セタ
N n	ene	[éne]	エネ				

☞ スペイン語のアルファベットはこの 27 文字ですが、このほかに ch と ll（名称は che と elle）があり、それぞれ 1 つの音を表します。

Nivel I　Lección 1

チェックしよう　例にならって次の都市の名前をアルファベットで言いなさい。

例）Tokio : te-o-ka-i-o
　1. Madrid　　2. Barcelona　　3. Granada　　4. Buenos Aires　　5. Lima

2　母音 [1] — 単母音

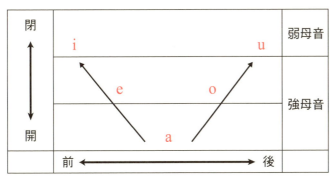

　piso 階　　peso 重さ　　paso 歩み　　poco 少しの　　puro 純粋な
　スペイン語の u は日本語のウと異なり、唇を丸めて突き出すようにして発音します。

チェックしよう　下線部が強母音の場合にはカッコ内に「強」、弱母音の場合には「弱」と記入しなさい。

1. carta（　）　2. familia（　）　3. uno（　）　4. parasol（　）　5. primera（　）

3　子音

(1) 原則として1文字で1音に対応するもの

　b / v　　boca 口　　　tabaco タバコ　　brazo 腕
　　　　　vida 生活　　ave 鳥
　　　　　　b も v も同じ発音になります。
　d　　　 dedo 指　　　todo すべての　　padre 父
　　　　　　語末の -d はほとんど発音されません。　verdad 真実
　f　　　 famoso 有名な　　café コーヒー
　h　　　 hotel ホテル　　ahora 今　　　Alhambra アルハンブラ
　　　　　　h はどの位置でも発音されません。

j	([x])	Ja**p**ón 日本	a**j**o ニンニク	relo**j** 時計		

語末の -j はほとんど発音されません。

l		**l**una 月	te**l**a 布	árbo**l** 木
m		**m**apa 地図	se**m**ana 週	
n		**n**oche 夜	a**n**imal 動物	jove**n** 若者
ñ	([ɲ])	ni**ñ**o 子供	Espa**ñ**a スペイン	
p		**p**an パン	ti**p**o タイプ	**p**laza 広場
s		**s**ala 広間	me**s**a テーブル	lune**s** 月曜日
t		**t**omate トマト	boni**t**o きれいな	**t**ren 電車
x	([ks])	ta**x**i タクシー	e**x**amen 試験	
	([s])	e**x**tranjero 外国の	e**x**plicación 説明	

x の後ろに別の子音が続く場合には、通常 [s] で発音されます。

y	([j])	**y**a もう	ma**y**o 5月

単独の y および語末の -y は「イ」と発音します。

　　　　　　　y そして　　　　ho**y** 今日

z	([θ])	**z**apatos 靴	a**z**ul 青い	lápi**z** 鉛筆

(2) 2文字で1つの音に対応するもの　　　　　　　　　　　　　　　DL

ch		**ch**ico 少年	co**ch**e 車
ll	([j])	**ll**ave 鍵	ca**ll**e 通り

現在、ll は多くの地域で y と同じ音（[j]）で発音されます。

　　　　　　po**ll**o 鶏肉 / po**y**o ベンチの一種

チェックしよう　　次の語を発音しなさい。アクセントは下線部にあります。

1. pa<u>pe</u>l　　2. pa<u>e</u>lla　　3. e<u>je</u>mplo　　4. <u>ta</u>za　　5. <u>mu</u>cho
6. <u>luz</u>　　7. <u>jue</u>ves　　8. sa<u>lud</u>　　9. hos<u>pi</u>tal　　10. televi<u>sión</u>

コラム　　メキシコ？　メヒコ？

　スペイン語の文字 x は基本的には [ks] と発音します。例えば examen はエクサメンとなります。しかし、メキシコやアメリカ合衆国南部の地名などには例外的に摩擦の強いハ行（音声記号は [x]）で発音されるものもあります。
México [méxico／メヒコ] メキシコ　　Oaxaca [oaxáka／オアハカ]（メキシコの地名）　Texas [téxas／テハス] テキサス

(3) つづり字と発音の関係に注意が必要なもの

[θ-]	za	(zi) ci	zu	(ze) ce	zo	-z
[k-]	ca	qui	cu	que	co	c＋子音

ci, ce, z は スペイン南部やラテンアメリカの多くの地域では [s] で発音されます。

DL

- z　　　　　　　　　　　　taza　カップ　　　zona　地帯　　　lápiz　鉛筆
- c ┌ c＋i/e　　　　　　cine　映画館　　　cena　夕食
-   └ c＋a/u/o/子音　　casa　家　　　　　cuchillo　ナイフ　　comida　食事
-                       diccionario　辞書　　clave　キーワード
- qu　qu＋i/e　　　　　aquí　ここに　　　queso　チーズ

[x-]	ja	(ji) gi	ju	(je) ge	jo	-j
[g-]	ga	gui	gu	gue	go	g＋子音
[gu̯-]	gua	güi		güe	guo	

DL

- j　　　　　　　　　　　jabón　石鹸　　　julio　7月　　　reloj　時計
- g ┌ g＋i/e　　　　　　girasol　ひまわり　gente　人々
-   │ g＋a/u/o/子音　　gato　ネコ　　　　gusto　好み　　　goma　ゴム
-   │   gracias　ありがとう　globo　球
-   └ gu＋i/e　　　　　guía　ガイド　　　guerra　戦争

güe, güi は「グェ」「グィ」と読みます。lingüística　言語学

```
┌  r    r-（語頭）では「巻き舌」
│        [r]  río 川    radio ラジオ
│       -l, -n, -s の後ろでも巻き舌になります。alrededor 周囲   sonrisa 微笑み
│       その他の位置では「はじく音」
│        [ɾ]  cara 顔    persona 人    amor 愛
│  rr   常に「巻き舌」
└        [r]  perro 犬   hierro 鉄
```

（4）外来語のみに使われるもの

k　　karaoke　カラオケ　　kilogramo　キログラム
w　　watt ([bát])　ワット　　web ウェブ　([wéβ] / [gu̯éβ])
　　　w は「バ行」で発音されるものと「ワ行」で発音されるものがあります。
　　　「ワ行」の場合、時に直前に [g-] を伴うこともあります。

チェックしよう　次の語を発音しなさい。アクセントは下線部にあります。

1. guit<u>a</u>rra　2. canc<u>ió</u>n　3. cu<u>i</u>dado　4. ciud<u>a</u>d　5. gig<u>a</u>nte
6. t<u>ie</u>rra　7. qu<u>e</u>ja　8. gu<u>a</u>nte　9. Gu<u>er</u>nica　10. re<u>a</u>l

---

コラム　地域差

　スペイン語は広い地域で話されていますので、地域によって発音が異なる場合があります。例えば ce, ci, z- はスペインの北部では [θ] で発音され、s と区別されますが、スペインの南部やラテンアメリカではどちらも [s] で発音されます。そのため、地域によっては、casa（家）/ caza（狩り）、cocer（煮る）/ coser（縫う）が同じ発音になることがあります。

Nivel I　Lección 1

Ejercicios 1

1．次の略語をアルファベットで言いなさい。また、英語ではどのような略語で表されるかを調べて、違いを観察しなさい。

 1) OTAN (Organización del Tratado del Atlántico Norte)
 2) UE (Unión Europea)
 3) ADN (ácido desoxirribonucleico)
 4) UCI (unidad de cuidados intensivos)
 5) FMI (Fondo Monetario Internacional)

2．下線部が同じ発音のペアを選びなさい。

 1) girasol — jirafa   2) cargo — ajo
 3) gato — jabón   4) queso — cuero
 5) vocal — bocadillo   6) gente — jengibre
 7) hola — ola   8) bueno — vuelo
 9) chico — cima   10) juego — fuego

3．次のスペイン語の表現を発音しなさい。

 1) Hola.　やあ。／こんにちは。
 2) Buenos días.　おはようございます。／こんにちは。
 3) Buenas tardes.　こんにちは。
 4) Buenas noches.　こんばんは。／おやすみなさい。
 5) Me llamo （自分の名前を入れて）．　私は〜です。
 6) Mucho gusto.　はじめまして。
 7) ¿Qué tal?　調子はどう？
 8) Muy bien, gracias. ¿Y tú?　とても元気です。ありがとう。君の調子は？
 9) Hasta luego.　ではまた。
 10) Adiós.　さようなら。

Lección 2

第2課

1 母音［2］―2つ以上の母音が並ぶとき
te-a-tro　pia-no

2 音節（sílaba）の分け方
a-mi-go　com-pra　ins-tru-men-to

3 アクセント（acento）の位置
café　tomate　dificultad

1 母音［2］―2つ以上の母音が並ぶとき

（1）強母音（a, e, o）と強母音の組み合わせの場合、それぞれ1つずつの母音として扱います。また強母音と弱母音（i, u）の組み合わせでも、弱母音にアクセントがある場合にはそれぞれ1つの強母音として扱います。

　　te / a / tro　劇場　　mu / se / o　美術館　　a / ho / ra　今　　pa / ís　国

（2）二重母音は1つの母音として扱います。二重母音とは、連続した2つの母音の内のどちらか一方に弱母音を含む場合、あるいは弱母音と弱母音の組み合わせの場合をいいます。

強母音＋弱母音	ai (ay)	au	ei (ey)	eu	oi (oy)	ou
弱母音＋強母音	ia	ua	ie	ue	io	uo
弱母音＋弱母音	iu	ui (uy)				

　piano　ピアノ　　aula　教室　　euro　ユーロ　　hoy　今日
　bien　よく　　　patio　中庭　　ciudad　都市　　muy　とても

☞ 「弱母音＋強母音＋弱母音」の組み合わせを三重母音と呼び、二重母音と同様に1つの母音として扱います。三重母音は主に次の4つです。
　　iai (iay)：estudiáis（estudiar の活用形）　　uai (uay)：Paraguay（パラグアイ）
　　iei (iey)：estudiéis（estudiar の活用形）　　uei (uey)：buey（去勢牛）

 次の語の下線部に二重母音が含まれる場合には空欄に A を、そうでない場合には B を記入しなさい。

1. antig<u>uo</u>		2. f<u>eo</u>	
3. <u>oa</u>sis		4. s<u>ie</u>te	
5. d<u>ia</u>rio		6. d<u>úo</u>	
7. c<u>au</u>sa		8. d<u>ía</u>	
9. p<u>ae</u>lla		10. canc<u>ió</u>n	

2 音節の分け方　　　　Down Load 6

音節は母音を核とした音のまとまり（単位）なので、音節には必ず1つの母音が含まれます。正しい発音やアクセントの位置を理解するためには、音節の区切り方をしっかり覚えておく必要があります。音節には次の（1）〜（4）のパターンがありますが、代表的なものは〈子音＋母音／子音＋母音〉によるものです。

(1)（子音＋）母音／母音 …　　DL

強母音と強母音の組み合わせの場合は、それぞれ別の音節に分かれます。
　　te / a / tro 劇場　　fe / o 醜い　　a / ho / ra 今　　pa / ís 国
☞ 前ページでみた二重母音、三重母音は1つの音節に含まれます。
　　○ pia / no ピアノ　　× pi / a / no

(2)（子音＋）母音／子音＋母音 …　　DL

　　a / mi / go 友だち　　ca / so 場合　　jue / ves 木曜日　　pa / tio 中庭
ただし、ch や ll、rr はそれぞれ1つの音を表します。
　　lla / ve 鍵　　co / che 車　　pe / rro 犬

（3）（子音＋）母音＋子音 / 子音＋母音 ...

ac / ción　行動　　cuar / to　部屋　　par / que　公園　　com / pra　買い物

次の子音連続は1つの子音として扱います。

| bl cl fl gl pl | cla / se　授業 | pla / za　広場 |
| br cr fr gr pr tr dr | bra / zo　腕 | o / tro　他の |

（4）（子音＋）母音＋子音＋子音 / 子音＋母音 ...

obs / tá / cu / lo　障害　　cons / tan / te　不変の　　ins / tru / men / to　道具

チェックしよう　例にならって次の語を音節に分けなさい。

例) ca / sa　　to / ma / te

1. pincho　　2. ingeniero　　3. agradable　　4. poeta　　5. aeropuerto
6. construcción　　7. calle　　8. instante　　9. ordenador　　10. diccionario

---

コラム　パエリャ？　パエーヤ？　パエージャ？

　ll と y は現在では多くの地域でどちらも同じ音で発音されますが、日本人の耳には「ヤ行」に近い音に聞こえる場合も「ジャ行」に近い音に聞こえる場合もあります。スペイン料理のパエリャが場合によって「パエーヤ」と言われたり、「パエージャ」と言われたりするのはそのためです。

3　アクセントの位置

アクセントは語の中の次の音節に置かれます。

（1）アクセント記号がある場合：その母音を含む音節

ca / fé　コーヒー　　can / ción　歌　　mú / si / ca　音楽
ca / fe / te / rí / a　カフェテリア

（2）母音あるいは子音の -n, -s で終わる語：後ろから２つ目の音節　　[DL]

　　to / <u>ma</u> / te　トマト　　a / <u>bue</u> / lo　祖父　　<u>jo</u> / ven　若い　　pa / <u>ra</u> / guas　傘

（3）-n, -s 以外の子音あるいは -y で終わる語：最終音節　　[DL]

　　ac / <u>tor</u>　俳優　　di / fi /cul / <u>tad</u>　困難　　Pa / ra / <u>guay</u>　パラグアイ

チェックしよう　次の語を音節に分け、アクセントのある音節に下線を引きなさい。

| 1. armario | 2. abogado | 3. actriz | 4. museo | 5. veintiséis |
| 6. jersey | 7. miércoles | 8. viernes | 9. universidad | 10. hospital |

数詞（0〜20）を覚えよう　　[DL]

0 cero	1 uno	6 seis	11 once	16 dieciséis
	2 dos	7 siete	12 doce	17 diecisiete
	3 tres	8 ocho	13 trece	18 dieciocho
	4 cuatro	9 nueve	14 catorce	19 diecinueve
	5 cinco	10 diez	15 quince	20 veinte

スペイン語圏の国々

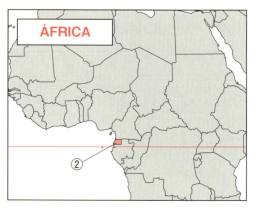

Ejercicios 2

1. 二重母音、三重母音に気をつけてスペイン語圏の国名を音節に分け、アクセントのある音節に下線を引きなさい。その後、インターネットなどで調べて p. 24 の白地図 ①～⑳ に対応させなさい。

   1) Panamá   2) México   3) Colombia
   4) Honduras   5) Paraguay   6) Nicaragua
   7) Costa Rica   8) España   9) Uruguay
   10) Perú   11) Venezuela   12) Guatemala
   13) Ecuador   14) República Dominicana   15) Bolivia
   16) El Salvador 17) Cuba   18) Argentina
   19) Chile   20) Guinea Ecuatorial

   ＊ Puerto Rico（左ページ ㉑）はスペイン語圏に含まれますが、アメリカ合衆国の自治連邦区です。

2. 次の語は 1 で挙げた国名に対して、「～人」を表す名詞の男性単数形です。それぞれ音節に分け、アクセントのある音節に下線を引きなさい。また、対応する国名を上の 1 の問題から選び、その番号を空欄に記入しなさい。

a)	例）ve / ne / zo / la / no	11	b)	mexicano	
c)	argentino		d)	ecuatoguineano	
e)	dominicano		f)	guatemalteco	
g)	chileno		h)	hondureño	
i)	salvadoreño		j)	uruguayo	
k)	paraguayo		l)	cubano	
m)	nicaragüense		n)	boliviano	
o)	costarricense		p)	panameño	
q)	español		r)	colombiano	
s)	ecuatoriano		t)	peruano	

Lección 3

第3課

1 名詞の性 (género de los sustantivos)
niño niña libro casa

2 名詞の数 (número de los sustantivos)
libro-libros ciudad-ciudades

3 主語人称代名詞 (pronombre sujeto)
Yo soy Carlos.

4 動詞 ser (verbo ser)
Soy estudiante de inglés.

1 名詞の性

Down Load 9

スペイン語の名詞には男性名詞と女性名詞という文法上の性の区別があります。自然の性を持たないものでも、男性名詞あるいは女性名詞のどちらかに分類されます。

自然の性を持つ名詞

DL

	-o / -a	-子音 / -子音＋a	男女同形	その他
男	niño 男の子 hermano 兄、弟 gato （雄の）ネコ	profesor （男性の）先生 español スペイン人男性 escritor （男性の）作家	estudiante （男子）学生 pianista （男性の）ピアニスト	padre 父 rey 王 actor 俳優
女	niña 女の子 hermana 姉、妹 gata （雌の）ネコ	profesora （女性の）先生 española スペイン人女性 escritora （女性の）作家	estudiante （女子）学生 pianista （女性の）ピアニスト	madre 母 reina 女王 actriz 女優

(1) 男性単数形が -o で終わる名詞の多くは語尾を -a に変えると女性名詞になります。
(2) profesor, español のように男性単数形の語尾が子音で終わる職業や国籍を表す名詞の多くは、最後の子音に -a を追加することで女性名詞になります。

自然の性を持たない名詞

一般的に -o で終わる語は男性名詞で、-a で終わる語は女性名詞です。またその他に -dad, -tad, -ción, -sión などで終わる名詞は女性名詞です。その他の語尾で終わる名詞については辞書などで調べ、1つ1つ覚えていきましょう。

男性名詞

| -o | libro 本　diccionario 辞書　edificio 建物　mundo 世界　aeropuerto 空港 |

（-a で終わる男性名詞）día 日　　idioma 言語　　problema 問題　など

女性名詞

| -a | mesa テーブル　revista 雑誌　casa 家　carta 手紙　familia 家族 |
| -dad, -ción など | ciudad 都市　libertad 自由　estación 駅　televisión テレビ |

（-o で終わる女性名詞）mano 手　　foto 写真（← fotografía）
　　　　　　　　　　　moto オートバイ（← motocicleta）など

> **チェックしよう**　次の名詞の意味を調べ、下線部に書きなさい。また、カッコ内には男性名詞か女性名詞かを入れなさい。
>
> 1. ejemplo_____（　）　2. mano_____（　）　3. agua_____（　）
> 4. canción_____（　）　5. rey_____（　）

2　名詞の数

名詞には単数、複数という文法上の区別があります。男性、女性名詞ともに母音で終わる名詞には -s を子音で終わる名詞には -es を付けることで複数形になります。

| 母音 + -s | libro → libros　mesa → mesas　estudiante → estudiantes |
| 子音(-y を含む) + -es | ciudad → ciudades　actor → actores　rey → reyes |

(1) アクセント記号（⇒ Lec. 2）やつづり字の調整（⇒ Lec. 1）が必要になるものがあります。
　　　joven　若者 → jóvenes　　　autobús　バス → autobuses　　　lápiz　鉛筆 → lápices

(2) 単数形が -s で終わる語で最後の音節にアクセントがないものは単複同形です。
　　　paraguas　傘 → paraguas（× paragua や × paraguases という語はありません。）

☞ 男性複数形には女性が含まれることがあります。また男性複数形で男女 1 組の人間を指す場合もあります。
　　　hermanos　兄弟姉妹 ← hermano(s) + hermana(s)
　　　padres　両親 ← padre + madre

チェックしよう　次の名詞の複数形を作り、文法上の性と意味を調べ、表に記入しなさい。

単数形	複数形	性	意味	単数形	複数形	性	意味
flor				clase			
amigo				vez			
examen				bar			

3　主語人称代名詞　　　Download 11

人称代名詞には、話し手を指す 1 人称、聞き手を指す 2 人称、それ以外を指す 3 人称の区別があります。　DL

		単数	複数
1人称	男性	yo（私）	nosotros（私たち）
	女性		nosotras
2人称	男性	tú（君）	vosotros（君たち）
	女性		vosotras
3人称	男性	él（彼）	ellos（彼ら）
	女性	ella（彼女）	ellas（彼女ら）
	男性	usted（あなた）	ustedes（あなた方）
	女性		

(1) スペイン語の人称代名詞には、聞き手を表す主語人称代名詞に 2 人称の tú / vosotros (-as) と 3 人称の usted / ustedes があります。（このテキストでは便宜上、tú / vosotros (-as) を「君／君たち」、usted / ustedes を「あなた／あなた方」と訳します。）

人称	単数	複数	使い分け
2人称	tú	vosotros, -as	家族や友人、同僚など親しい間柄で
3人称	usted	ustedes	知らない人や心理的に距離がある人に対して

☞ ラテンアメリカのスペイン語では vosotros（-as）は用いられず、聞き手が複数の場合には親しい間柄でもそうでなくても ustedes が使われます。

(2) nosotras, vosotras, ellas など女性複数形は全員が女性の場合に使われます。男性が1人でも入る場合には、男性複数形を用います。

(3) 文脈でわかる場合には、主語人称代名詞は省略されます。主語が文に現れるのは、主語を強調したり、他の主語と対比したりする必要がある場合です。ただし、丁寧さを表すために usted, ustedes は省略しないこともあります。

チェックしよう　次の日本語に対応する主語人称代名詞を書きなさい。

1. 私たち（　　　／　　　）　2. 彼（　　　　）　3. あなた方（　　　　　）
4. 君（　　　　　　）　5. 君たち（　　　／　　　）

4　動詞 ser

スペイン語の動詞は主語の人称・数に応じて形が変化（活用）します。「〜は○○である」という意味の文を作る動詞 ser の活用を覚えましょう。

1人称単数	yo	soy
2人称単数	tú	eres
3人称単数	él, ella, usted, Juan...	es
1人称複数	nosotros, nosotras, tú y yo, Juan y yo...	somos
2人称複数	vosotros, vosotras, Juan y tú...	sois
3人称複数	ellos, ellas, ustedes, Juan y María...	son

Yo soy Carlos. Soy estudiante de inglés.
僕はカルロスです。英語の学生です。

チェックしよう 指示された主語に合わせて ser を活用させなさい。

1. nosotros (　　　　)　2. usted (　　　　)　3. María José y tú (　　　　)
4. Josefa (　　　　)　5. Francisco y yo (　　　　)

ser の用法

(1) ser ＋ 名詞：主語の名前のほか、職業、身分、国籍などを表します。　DL

Soy argentina.
私はアルゼンチン人です。
Juan y Marta son hermanos, ¿verdad?　　(¿verdad? ⇒ Lec. 4)
フアンとマルタは兄妹ですよね？

(2) ser ＋ de...：主語の出身、所有者、材質などを表します。　DL

Somos de México.
私たちはメキシコ出身です。
Este coche es de Miguel.
この車はミゲルのものです。

(3) ser ＋ 形容詞：主語の性質、特徴、形状などを表します。　(⇒ Lec. 6)

チェックしよう 下線部に適切な語句を入れて次の文を完成させなさい。（1語とは限りません。）

1. Ellas _____ profesoras.
   彼女たちは先生です。
2. Pilar y yo _____ españoles. Pilar _____ Madrid y yo _____ Granada.
   ピラールと私はスペイン人です。ピラールはマドリードで、私はグラナダ出身です。
3. Nosotras _____ Sonia y Laura. Sonia _____ chilena y yo _____ mexicana.
   私たちはソニアとラウラです。ソニアはチリ人で、私はメキシコ人です。
4. Vosotros _____ Luis y José, ¿verdad?
   君たちはルイスとホセだよね？
5. Carmen y Lola _____ hermanas. Carmen _____ enfermera y Lola _____ médica.
   カルメンとロラは姉妹です。カルメンは看護師で、ロラは医者です。

Nivel I   Lección 3

Ejercicios 3

1. 男性名詞の場合にはカッコ内に「男」を、女性名詞の場合には「女」を記入しなさい。

    1) edificio (　　　)　　2) hermana (　　　)　　3) día (　　　)
    4) flor (　　　)　　5) mano (　　　)　　6) actor (　　　)
    7) padre (　　　)　　8) coche (　　　)　　9) estación (　　　)
    10) ciudad (　　　)

2. 単数形を複数形に、複数形を単数形に変えなさい。

    1) universidad →　　　　　　2) bares →
    3) autobús →　　　　　　4) paraguas →
    5) veces →

3. 指示された主語に合わせて ser を活用させなさい。

    1) vosotros (　　　)　　2) usted (　　　)　　3) yo (　　　)
    4) tú y yo (　　　)　　5) Juan y Elena (　　　)

4. ser を文に合う形にしてカッコ内に入れなさい。また、職業を表す名詞をノートにまとめなさい。

    1) Marisol (　　　) estudiante.　　2) Ustedes (　　　) médicos.
    3) Juana y yo (　　　) periodistas.　　4) Yo (　　　) profesora.
    5) Tú (　　　) policía.　　6) Josefa y tú (　　　) ingenieros.
    7) Vosotros (　　　) enfermeros.　　8) Carlos y José (　　　) camareros.
    9) Usted (　　　) abogada.　　10) Ella (　　　) actriz.

5. 次の文をスペイン語に訳しなさい。

    1) 彼女と私は姉妹です。
    2) 君は学生だよね？
    3) 彼らはスペイン人だ。
    4) 僕はバルセロナの出身です。
    5) あなた方はお医者さんですよね？

Lección 4

第4課

1 冠詞 (artículo)
un libro unos libros el libro los libros

2 直説法現在 (presente de indicativo) [1] — 規則動詞 (verbos regulares)
Matilde trabaja en un banco.

3 否定文 (oraciones negativas) と疑問文 (oraciones interrogativas)
No soy japonés.
¿Es usted español?

1 冠詞

Down Load 13

冠詞には定冠詞と不定冠詞があります。どちらも名詞の前に置かれ、名詞の性と数に合わせて形が変わります。

不定冠詞

不定冠詞は次のように変化します。単数形は「ある、1つの、1人の」などの意味を表し、複数形は「いくつかの、何人かの」の意味を表します。

	男性	女性
単数	un	una
複数	unos	unas

un libro   una mesa
unos libros unas mesas

Es un regalo para Juanito.
それはフアニートへのプレゼントですよ。
Son unos compañeros de clase.
彼らはクラスメート（の内の数人）です。

ser を使って職業を言う場合には不定冠詞は必要ありません。ただし、職業名に修飾語が付くと不定冠詞が必要になるので注意しましょう。

 Joaquín es cantante.
 ホアキンは歌手です。
 Joaquín es un cantante famoso.
 ホアキンは有名な歌手です。

定冠詞

定冠詞は話し手と聞き手の両方が名詞が表している人やものを特定できるときに使われます。アクセントを持たないので、名詞とともに1語のように発音します。

	男性	女性
単数	el	la
複数	los	las

 el libro la mesa
 los libros las mesas

 Juana es la madre de Julián.
 フアナはフリアンの母親だ。
 El coche es de la profesora.
 その車は先生のものです。

アクセントのある a- または ha- で始まる女性名詞単数形の直前には el を用います。
 el aula 教室 el hacha 斧
ただし、複数形は las を使います。
 las aulas las hachas

 不定冠詞の una も同様に un となることがあります。
  una / un aula una / un hacha

> 次の名詞に不定冠詞と定冠詞のそれぞれを付け、カッコ内に名詞の意味を書きなさい。

 例) un / el libro（本）
 1. _____ / _____ edificio（ ） 2. _____ / _____ canción（ ）
 3. _____ / _____ aula（ ） 4. _____ / _____ clases（ ）
 5. _____ / _____ problemas（ ）

2 直説法現在 [1] — 規則動詞

スペイン語の動詞は不定詞（辞書の見出しとなる形）の語尾が -ar で終わる -ar 動詞、-er で終わる -er 動詞、-ir で終わる -ir 動詞があります。それぞれ主語の人称・数に合わせて -ar, -er, -ir の部分が変化（活用）していきます。-ar, -er, -ir の部分を活用語尾、残った前の部分を語根と呼びます。

規則動詞の活用（下線はアクセントのかかる音節を示します）

	(i) hablar 話す		(ii) comer 食べる		(iii) vivir 住む	
	単数	複数	単数	複数	単数	複数
1人称	habl o	habl amos	com o	com emos	viv o	viv imos
2人称	habl as	habl áis	com es	com éis	viv es	viv ís
3人称	habl a	habl an	com e	com en	viv e	viv en

☞ 1人称単数形でつづり字が変わるものがあります（coger → ○ cojo × cogo）。

(i) -ar 動詞	comprar 買う　entrar 入る　esperar 待つ　estudiar 勉強する　llegar 到着する　terminar 終わる、終える　tomar 取る、乗る　trabajar 働く　viajar 旅行する　visitar 訪問する
(ii) -er 動詞	aprender 学ぶ　beber 飲む　comprender 理解する　leer 読む
(iii) -ir 動詞	abrir 開ける、開く　asistir 出席する　escribir 書く　recibir 受け取る

Matilde trabaja en un banco.
マティルデはある銀行で働いている。

Tú asistes a la reunión, ¿verdad?
君は会議に出席するのですよね？

Ellos aprenden español e inglés.
彼らはスペイン語と英語を学んでいる。

☞ y「そして」は後ろに i- または hi- で始まる語が来ると y → e になります。
　○ español e inglés　　× español y inglés

Nivel I　Lección 4

チェックしよう　指示された主語に合わせて動詞を活用させなさい。

1. estudiar español　（vosotros / yo / ustedes / tú / Marta / Marta y yo）
2. leer el periódico　（nosotros / usted / Santiago / los señores / vosotros）
3. abrir la puerta　（usted / ustedes / el chico / nosotros / Luis y tú）
4. beber agua　（yo / vosotros / los niños / el perro / Teresa y yo）
5. viajar por Japón　（los turistas / usted / yo / tú / vosotros）

3　否定文と疑問文

DownLoad 15

否定文

否定文は動詞の前に no を置くことで作ることができます。

　　No soy japonés.
　　私は日本人ではありません。
　　María no toma postre.
　　マリアはデザートを食べません。

疑問文

疑問文には次のような種類があります。

（1）疑問詞のない疑問文

話しことばでは文末のイントネーションを上げ、書くときには文の前後に ¿ ? を付けます。
　　¿Es usted español? – No, no soy español. Soy mexicano.
　　あなたはスペイン人ですか？ – いいえ、スペイン人ではありません。メキシコ人です。
　　¿Ustedes trabajan aquí? – Sí, trabajamos aquí.
　　あなた方はこちらで働いているのですか？ – ええ、ここで働いています。

否定疑問文の場合には日本語の答え方と違うので気をつけましょう。
　　¿No vives en Tokio? – Sí, vivo en Tokio.
　　君は東京に住んでないの？ – ううん、東京に住んでいるよ。

(2) 疑問詞のある疑問文

疑問詞がある場合には、「疑問詞＋動詞（＋主語）」の順になります。また疑問詞が前置詞を伴う場合には、前置詞が文頭に来ます。文末のイントネーションは通常下がります。

¿Qué compras en la tienda? – Compro leche.
君はその店で何を買うの？－牛乳を買うんだよ。

¿De dónde es usted? – Soy de Perú.
あなたはどちらのご出身ですか？－ペルー出身です。

¿Con quién vives? – Vivo con una amiga.
君は誰と住んでいるの？－友達と住んでいます。

| ¿qué? 何 | ¿quién? / ¿quiénes? 誰 | ¿dónde? どこ | ¿cuándo? いつ |

(3) 付加疑問文

文末にコンマを置き、その後に ¿no? または ¿verdad? を付けることで聞き手の確認を求める付加疑問文を作ることができます。

Toman ustedes café, ¿verdad? – No, gracias.
あなた方はコーヒーを召し上がるでしょう？－いいえ、結構です。

Ella es de Japón, ¿no? – Sí, es japonesa.
彼女は日本出身ですよね？－ええ、日本人です。

チェックしよう　下線部に適切な語句を入れ、会話文を完成させなさい。

1. ¿Dónde trabaja José? – Trabaja ＿＿＿＿＿＿.
   ホセはどこで働いているのですか？－あるバル (bar) で働いています。

2. Vivís en Valencia, ¿verdad? – Sí, ＿＿＿＿＿＿.
   君たちはバレンシアに住んでいるのよね？－ええ、バレンシアに住んでいます。

3. ¿Con quién aprendes español? – Aprendo español ＿＿＿＿＿＿.
   君は誰にスペイン語を習っているの？－サンチェス 先生 (el profesor Sánchez) だよ。

4. ¿De quién es el coche? – Es ＿＿＿＿＿＿.
   その車は誰のですか？－パウラ (Paula) のです。

5. ¿Eres estudiante de francés? – No, ＿＿＿＿＿＿.
   君はフランス語の学生なの？－いいえ、フランス語の学生ではありません。

Ejercicios 4

1. 次の名詞に不定冠詞を付けなさい。

   1) (   ) hospitales   2) (   ) moto
   3) (   ) ciudades   4) (   ) flor
   5) (   ) idioma

2. 次の名詞に定冠詞を付けなさい。

   1) (   ) estación   2) (   ) pescado
   3) (   ) gatos   4) (   ) agua
   5) (   ) vacaciones

3. カッコ内の動詞を文に合う現在形に活用させなさい。

   1) El profesor Pérez no (hablar:) japonés.
   2) ¿(Leer, vosotros:) periódicos? – Sí, (   ) dos periódicos.
   3) Los alumnos (aprender:) francés en la universidad.
   4) ¿(Abrir, yo:) las ventanas? – Sí, por favor.
   5) ¿(Esperar:) usted el autobús?

4. 下線部に適切な疑問詞または〈前置詞＋疑問詞〉を入れなさい。

   1) ¿_____ trabajas? – Trabajo en una tienda de ropa.
   2) ¿_____ lee usted? – Leo una novela.
   3) ¿_____ son ellos? – Son los padres de Pili.
   4) ¿_____ es el profesor? – Es de Cuba.
   5) ¿_____ estudiáis en la universidad? – Estudiamos Informática.

5. 次の文をスペイン語に訳しなさい。

   1) 私はある病院で働いています。
   2) アントニオのお母さんは魚 (pescado) を食べない。
   3) 君はどこに住んでいるの？
   4) 君たちはスーパー (el supermercado) で何を買うの？
   5) あなた方は誰とヨーロッパ (Europa) を旅行しますか？

Lección 5

第5課

1 動詞 hay
Hay un diccionario en la mesa.

2 動詞 estar
Ahora estoy en Tokio.

3 hay と estar の使い分け
Ahí hay un banco. Ahí está el señor Molina.

4 指示詞（demostrativos）
Esta maleta es del señor Pérez.

5 también と tampoco
No asisto a la fiesta de hoy. – Yo tampoco.

1 動詞 hay

動詞 hay「〜がある、いる」は不特定な人やものの存在（あるかないか）を表します。次の名詞が単数でも複数でも変化しません。

Hay un diccionario en la mesa.
テーブルの上に1冊の辞書がある。
Aquí no hay estudiantes de alemán.
ここにはドイツ語の学生はいません。
¿Hay leche en la nevera? – Sí, hay dos botellas.
冷蔵庫に牛乳はある？－うん、2本あるよ。

☞ hay は動詞 haber の現在3人称単数形です。

チェックしよう 指示された語を使って、次の文をスペイン語に訳しなさい。

1. ここには雑誌（revista）が1冊あります。
2. 公園（el parque）には何本かの木（árbol）があります。
3. 冷蔵庫には卵（huevos）がありません。
4. 庭（el jardín）には何人かの子供たちがいます。
5. このあたりに (por aquí) スーパーはありますか？

2 動詞 estar

動詞 estar は特定できる人やものの一時的な状態や所在（どこにあるか）を表します。

estar の活用

	estar	
	単数	複数
1人称	estoy	estamos
2人称	estás	estáis
3人称	está	están

estar の用法

(1) estar ＋形容詞：主語の一時的な状態を表します。　（⇒ Lec. 6）

(2) estar ＋場所を表す語句：主語の所在「〜にある、いる」を表します。

 Ahora estoy en Tokio.
 私はいま東京にいます。

 ¿Está Carmen? – Sí, está allí.
 カルメンはいますか？ – ええ、あそこにいます。

 ¿Dónde están los servicios? – Están al lado de la recepción.
 トイレはどこですか？ – 受付の隣にあります。

☞ 前置詞 a に定冠詞男性単数形の el が続く場合には、a + el → al になります。

 ○ al lado　　× a el lado

チェックしよう　指示された主語に合わせてestarを活用させなさい。

1. estar en Japón　　（yo / nosotros / Kioto / los alumnos）
2. estar en Perú　　（tú / tú y yo / el profesor / Machu Picchu）
3. estar en Argentina　（vosotros / las profesoras / él / las cataratas del Iguazú）
4. estar en Bolivia　　（ustedes / yo / el salar de Uyuni / ellas）
5. estar en Ecuador　（Mari y yo / las islas Galápagos / tú / ella）

3　hay と estar の使い分け　　Down Load))) 18

（1）hay ＋ 名詞［不特定の人／もの］＋ 場所を表す語句

名詞は冠詞なしか、不定冠詞や数量を表す語句を伴って用いられます。　DL

　　Hay 〈 un libro ／ libros ／ unos libros ／ dos libros ／ muchos libros 〉 en la mesa.
　　机の上に〈1 冊の本が ／ 本が ／ 何冊かの本が ／ 2 冊の本が ／ たくさんの本が 〉ある。
　　Aquí hay un banco.
　　ここに銀行がある。

（2）主語［特定の人／もの］＋ estar ＋場所を表す語句

主語になるのは定冠詞などがついた名詞、固有名詞、「私、君…」などの人称代名詞です。　DL

　　〈 El museo ／ Madrid ／ Él 〉 está en España.
　　〈 美術館　／　マドリード　／　彼 〉はスペインにある ／ いる。
　　Ahí está el señor Molina.
　　そこにモリーナさんがいる。

チェックしよう　カッコ内に hay または estar の適切な形を入れなさい。

1. El hotel Cervantes （　　　　　） cerca de la estación.
　　ホテル・セルバンテスは駅の近くにある。
2. En la piscina no （　　　　　） agua.
　　プールには水がない。
3. Nosotros （　　　　　） en Kioto.
　　私たちは京都にいる。
4. ¿（　　　　　） Miguel en el salón?
　　ミゲルはリビングにいる？
5. ¿（　　　　　） muchos alumnos en la universidad?
　　大学にはたくさんの学生がいるの？

4 指示詞

指示詞には「この〜、その〜、あの〜」のように名詞の前に置かれ、その名詞を修飾する指示形容詞と、単独で用いられて「これ、それ、あれ」を表す指示代名詞があります。いずれの場合も、指示する人やものに性と数を一致させます。

	この〜／これ			その〜／それ			あの〜／あれ	
	男性	女性		男性	女性		男性	女性
単数	este	esta	単数	ese	esa	単数	aquel	aquella
複数	estos	estas	複数	esos	esas	複数	aquellos	aquellas

Esta maleta es de Maite.
このスーツケースはマイテのものです。

Esta es Isabel y ese es Javier.
こちらはイサベルで、そちらはハビエルです。

¿Es aquel el abrigo del señor Pérez? – No, no es aquel. Es ese.
ペレスさんのコートはあれですか。– いいえ、あれではありません。それです。

☞ 前置詞 de に定冠詞男性単数形の el が続く場合には、de + el → del になります。

　　○ del señor　　× de el señor

指示代名詞中性形

話の内容など抽象的な事柄を指す場合や、指し示すものが何かわからない場合に用います。

これ	それ	あれ
esto	eso	aquello

¿Qué es esto? – Es un regalo para ella.
これは何？ – 彼女へのプレゼントだよ。

Pepe habla ocho idiomas, ¿verdad? – No, eso no es verdad.
ペペは8言語も話せるのですよね？ – いいえ、それは本当ではありません。

チェックしよう カッコ内に日本語に合う適切な指示形容詞を入れなさい。

1) (あの：　　　　) universidad　　2) (その：　　　　) zapatos
3) (これらの：　　　　) problemas　　4) (あの：　　　　) paraguas
5) (あれらの：　　　　) niños

5　también と tampoco　　Down Load 20

también は「〜もまた…（である）」を、tampoco は「〜もまた…（で）ない」を表します。

Jesús estudia en aquella universidad.– ¿Ah, sí? Yo también (estudio allí).
ヘススはあの大学で勉強しているの。– そうなの？僕も（そこで勉強しているん）だ。
No asisto a la fiesta de hoy. – Yo (no asisto) tampoco.
私は今日のパーティーには出席しません。– 私も（出席しません）。

前の発言に対し、反対の立場の場合には次のように言います。

No asisto a la fiesta. – Yo sí.
私は今日のパーティーには出席しません。– 僕はするよ。
Asisto a la fiesta. – Yo no.
私は今日のパーティーに出席します。– 僕はしないよ。

チェックしよう 日本語に合うようにカッコ内に適切な語を入れなさい。

1. Estudio japonés. – Yo (　　　　).
   私は日本語を勉強しています。– 私もです。
2. Hoy ceno en casa. ¿Y tú? – Yo (　　　　).
   今日僕は家で夕食を取るけど、君は？– 私は食べないわ。
3. No hay tenedores en la mesa. ¿Y cuchillos? – No. Los cuchillos (　　　　).
   テーブルにフォークが出てないな。ナイフは？– ううん、ナイフもないよ。
4. Ellos viven cerca del cine. – ¿Ah, sí? Carmen (　　　　).
   彼らは映画館の近くに住んでいます。– 本当？カルメンもだよ。
5. Yo no tomo postre, pero tú (　　　　), ¿verdad?
   私はデザートを食べないけど、君は食べるよね。

Ejercicios 5

1. hay または estar の適切な形を入れなさい。また、場所を表す語句をノートにまとめなさい。

    1) En la universidad (　　　) tres comedores.
    2) (　　　) mucha gente en la calle.
    3) La cafetería (　　　) al lado de la biblioteca.
    4) ¿Dónde (　　　) vosotros? – (　　　) cerca de la estación.
    5) ¿Qué (　　　) debajo del sofá? – (　　　) un gato.
    6) ¿(　　　) bancos en Gran Vía? – Sí, (　　　) muchos.
    7) Los estudiantes (　　　) allí.
    8) (　　　) mucha cola delante del Museo del Prado.
    9) ¿Dónde (　　　) el baño? – (　　　) al fondo.
    10) ¿La oficina de correos (　　　) lejos de aquí? – No, (　　　) cerca.

2. カッコ内に日本語に合う適切な指示詞を入れなさい。

    1) (その：　　　) maleta es de Julián.
    2) (こちら：　　　) es la profesora Sánchez.
    3) (これらの：　　　) chicos trabajan en (あの：　　　) tienda.
    4) ¿Qué es (あれ：　　　)? – Es el ayuntamiento de (この：　　　) ciudad.
    5) Hoy cenamos en (その：　　　) restaurante.

3. 次の文をスペイン語に訳しなさい。

    1) この通り (calle) にはたくさんのレストランがあります。
    2) それは何ですか？ – 時計 (reloj) です。
    3) あちらはトーレス (Torres) 先生のご主人 (marido) です。
    4) 猫はテーブルの下にいます。
    5) 渋谷駅はあそこにあります。

Lección 6

第 6 課

1 形容詞 (adjetivo)
un libro nuevo　unas casas nuevas

2 〈ser ＋ 形容詞〉と〈estar ＋ 形容詞〉
Estas cajas son grandes.
Estas cajas están un poco sucias.

3 所有形容詞 (adjetivos posesivos) 前置形
Mis padres viven en Toledo.

4 疑問詞 (interrogativos)
¿Cómo es la tienda de José Luis?

1 形容詞　🔽 21

スペイン語の形容詞は修飾する名詞の性と数に合わせて形が変化します。　DL

形容詞の性数変化

(1) 男性単数形が -o で終わる形容詞は男性単数形の語尾 -o を -a に変えることで女性形が得られます。複数形は -s を付けて作ります。

	男性	女性
単数	nuevo	nueva
複数	nuevos	nuevas

bonito, viejo, alto, bajo, pequeño, bueno, malo, simpático, guapo...

(2) 男性単数が -o 以外の母音や子音で終わる形容詞は男女同形です。複数形は母音で終わる場合には -s を、子音で終わる場合には -es を付けて作ります。

	男女同形
単数	interesante
複数	interesantes

grande, fuerte, amable, inteligente, alegre, triste, libre...

	男女同形
単数	difícil
複数	difíciles

fácil, débil, azul, gris, joven...

(3) ただし、男性単数形が子音で終わる地名形容詞は語末の子音に -a を付けて女性形を作ります。(⇒ Lec. 3)

	男性	女性
単数	español	española
複数	españoles	españolas

japonés, inglés, francés, alemán...

チェックしよう 男性単数形の形容詞を女性単数、男性複数、女性複数の形にそれぞれ変えなさい。

例) viejo → vieja / viejos / viejas
1. alto　　2. débil　　3. amable　　4. joven　　5. japonés

形容詞の用法

形容詞は名詞を修飾します。通常は名詞の後ろに置かれ、名詞の性数に一致します。

	男性	女性
単数	un libro nuevo	una cámara nueva
複数	unos libros nuevos	unas cámaras nuevas

☞ ただし、強調のために名詞の前に置かれる場合や習慣的に名詞の前に置かれる形容詞があります (⇒ Lec.13)。el famoso actor 有名な俳優　una buena noticia 良いニュース

チェックしよう 単数形は複数形に、複数形は単数形に書き換えなさい。

1. un parque bonito　　2. una camisa gris　　3. unas bicicletas azules
4. el actor alemán　　5. las novelas interesantes

2 〈ser ＋ 形容詞〉と〈estar ＋ 形容詞〉

形容詞は動詞 ser とも estar とも結びつきます。〈ser ＋ 形容詞〉と〈estar ＋ 形容詞〉の基本的な使い分けは次の通りです。形容詞は主語に性数一致することに注意しましょう。

(1)　ser ＋ 形容詞：主語の性質、特徴、形状などを表します。

  Estas cajas son grandes.
  これらの箱は大きい。
  ¿Cómo es la hermana de Miguel? – Es guapa y simpática.
  ミゲルの妹はどんな人ですか。– 美人で感じのいい人です。

(2)　estar ＋ 形容詞：主語の一時的な状態を表します。

  Estas cajas están un poco sucias.
  これらの箱は少し汚れている。
  ¿Cómo está la hermana de Miguel? – Está cansada.
  ミゲルの妹はどうしていますか。– 疲れています。
 estar の後ろには副詞（句）や〈de ＋ 名詞〉が来ることもあります。
  Ángel está bien.
  アンヘルは元気です。
  Natalia y Benito están de viaje.
  ナタリアとベニトは旅行中だ。

チェックしよう　カッコ内の選択肢の中から適切な形を選びなさい。

1. El café ya (es / está) frío.
　コーヒーはもう冷めてしまっている。
2. La puerta (es / está) grande.
　ドアは大きい。
3. Las ventanas (son / están) abiertas.
　窓は開いている。
4. Nosotros (somos / estamos) enfadados.
　私たちは怒っている。
5. Este ordenador (es / está) pequeño.
　このパソコンは小さい。

3　所有形容詞前置形

「私の〜」「君の〜」などを表す所有形容詞には前置形と後置形（⇒ Lec.12）があります。いずれの場合もそれが修飾する名詞（所有物）の性数に一致します。

	男性・単数	女性・単数	男性・複数	女性・複数
私の	mi	mi	mis	mis
君の	tu	tu	tus	tus
彼［彼女、あなた、それ］の	su	su	sus	sus
私たちの	nuestro	nuestra	nuestros	nuestras
君たちの	vuestro	vuestra	vuestros	vuestras
彼ら［彼女ら、あなた方、それら］の	su	su	sus	sus

前置形は必ず名詞とともに用いられ、名詞の前に置かれます。

　　Mis padres viven en Toledo.
　　私の両親はトレドに住んでいます。
　　Nuestra universidad es grande.
　　私たちの大学は大きい。

所有者ではなく、所有物の名詞の性と数に一致するので注意しましょう。

　　nuestras revistas　僕たちの雑誌（複数）　　mis revistas 僕の雑誌（複数）

チェックしよう　カッコ内の日本語に合う適切な所有形容詞を入れなさい。

1.（彼の：　　　）hijas　　2.（君たちの：　　　）oficina　　3.（私の：　　　）manos
4.（私たちの：　　　）perro　5.（あなたの：　　　）abuelos

4　疑問詞

Lec.4 でいくつかの疑問詞を学びました。ここでは他の疑問詞も覚えましょう。

cómo どんな	cuánto [-a / -os / -as] いくつ(の)、いくら(の)
cuál [cuáles] どれ	por qué なぜ

¿Cómo es la tienda de José Luis? – Es grande y muy bonita.
ホセ・ルイスのお店はどんなですか？－大きくて、とてもすてきだよ。

¿Cuál es tu coche, este o ese? – Es este.
君の車はどれ？これ？それともそれ？－これだよ。

> cuál は限られた範囲の中から選ぶ場合に用いられます。
>
> ¿Cuál es la capital de Japón? – Es Tokio.
> 日本の首都はどこですか？－東京です。
>
> ¿Cuál es tu número de teléfono? – Es el 090-1234-5678.
> 君の電話番号は何番ですか？－090-1234-5678 です。

¿Cuántas alumnas hay en la clase? – Hay 15 alumnas.
クラスには何人の女子学生がいますか？－15人です。

¿Por qué estudias portugués? – Porque mis abuelos viven en Brasil.
どうして君はポルトガル語を勉強するの？－祖父母がブラジルに住んでいるからだよ。

¿Por qué no tomamos un café?
（私たちは）コーヒーを飲みませんか？

> ¿por qué no? は「～したらどう？」「～しませんか？」という勧誘の表現として使われることもあります。

チェックしよう　下線部に適切な疑問詞を入れなさい。

1. ¿＿＿＿＿＿＿＿＿＿ están sus padres? – Están bien. Gracias.
   あなたのご両親はお元気ですか？－元気ですよ。ありがとうございます。

2. ¿＿＿＿＿＿＿＿＿＿ libros lees al mes? – Leo dos o tres libros.
   君は月に何冊本を読みますか？－2～3冊です。

3. ¿＿＿＿＿＿＿＿＿＿ siempre llegas tarde? – Porque vivo lejos.
   どうしていつも君は遅刻するの？－遠くに住んでいるからです。

4. ¿＿＿＿＿＿＿＿＿＿ son tus zapatos? – Son estos.
   君の靴はどれ？－これだよ。

5. ¿＿＿＿＿＿＿＿＿＿ manzanas hay en la caja? – Hay diez.
   箱にはいくつリンゴがある？－10個だよ。

Ejercicios 6

1. 必要があれば形容詞を名詞に合う形に変えなさい。

    1) ventana cerrado : _____   2) vino barato : _____
    3) niños pequeño : _____   4) chicas rubio : _____
    5) profesora moreno : _____

2. カッコ内に ser か estar の適切な形を入れ、必要なら形容詞の形を変えなさい。

    1) Este vino (   ) caro : _____.
    2) Los profesores (   ) cansado : _____.
    3) Esas bicicletas (   ) grande : _____.
    4) La mesa (   ) sucio : _____.
    5) Ustedes (   ) muy amable : _____.

3. カッコ内の主語に対応する所有形容詞前置形を入れなさい。

    1) (   ) perro (nosotros)   2) (   ) coche (ellos)
    3) (   ) zapatos (tú)   4) (   ) manos (usted)
    5) (   ) universidad (vosotros)

4. 適切な疑問詞を選びなさい。

    1) ¿(Cuántas / Cuáles) naranjas hay en la caja? – Hay veinte.
    2) ¿(Cuál / Dónde) es la capital de Perú? – Es Lima.
    3) ¿(Qué / Cómo) está usted? – Muy bien, gracias.
    4) ¿(Por qué / Cómo) compras en este supermercado? – Porque es barato.
    5) ¿(Cuál / Cuáles) son tus gafas? – Son estas.

5. 次の文をスペイン語に訳しなさい。

    1) 君の家はとてもすてき（bonito）だ。
    2) 君たちのお父さんはあの新しいビル（edificio）で働いているんだよね？
    3) 彼の娘さんたちはどんな方々ですか？－とても感じがいいです。
    4) 図書館（biblioteca）は開いていますか？－いえ、閉まっています。
    5) この通りにはいくつの銀行がありますか？－4つあります。

Lección 7

第**7**課

1 直説法現在［2］- 語根母音変化動詞
   ¿En qué piensas? – Pienso en el examen.

2 直接目的語（objeto directo）と直接目的語人称代名詞（pronombres personales de objeto directo）
   ¿A quién visitáis hoy? – Visitamos al profesor Torres.
   Te esperamos aquí.

3 数詞（numerales）0 ～ 30
   diez, veinte, treinta…

1 直説法現在［2］― 語根母音変化動詞

語根母音変化動詞では、語根の最後の母音にアクセントがある場合に、その母音に変化が生じます。変化のタイプによって次の3つの型に分けられます。

(i) e → ie 型 (-ar, -er, -ir)

pensar 考える	perder 失う	sentir 感じる、残念に思う
pienso	pierdo	siento
piensas	pierdes	sientes
piensa	pierde	siente
pensamos	perdemos	sentimos
pensáis	perdéis	sentís
piensan	pierden	sienten

下線はアクセントのかかる母音を表します。

(i) -ar: cerrar 閉める、閉まる　comenzar 始める、始まる　empezar 始める、始まる
   -er: entender 理解する　querer ~が欲しい、~したい
   -ir: mentir 嘘をつく　preferir ~の方を好む

(ii) o → ue 型 (-ar, -er, -ir)　　　　　　　　　　　(iii) e → i 型 (-ir のみ)

contar 数える, 語る	volver 戻る	dormir 眠る
cuento	vuelvo	duermo
cuentas	vuelves	duermes
cuenta	vuelve	duerme
contamos	volvemos	dormimos
contáis	volvéis	dormís
cuentan	vuelven	duermen

pedir 頼む
pido
pides
pide
pedimos
pedís
piden

(ii) -ar: costar 費用がかかる　encontrar 見つける　recordar 思い出す
　　 -er: devolver 返す　mover 動かす　poder 〜できる
　　 -ir: morir 死ぬ
　　　　　（例外）jugar〈スポーツなどを〉する，遊ぶ：
　　　　　　　（u → ue 型）juego, juegas, juega, jugamos, jugáis, juegan
(iii) -ir: medir 測る、寸法が〜ある　repetir 繰り返す　servir（食事などを）出す、
　　　　　役立つ　seguir 続く、続ける（sigo, sigues, sigue...）

¿En qué piensas? – Pienso en el examen.
君は何を考えているの？ – 試験のことを考えているんだ。

¿Qué queréis? – Queremos churros.
君たちは何が欲しいの。 – チュロスが欲しい。

¿Qué piden ustedes? – Pedimos paella.
ご注文は何でしょうか？ – パエリャを注文します。

チェックしよう　カッコ内の動詞を文に合う形に活用させなさい。

1. Las clases (empezar:　　　　) este viernes.
　 授業は今週の金曜日に始まります。
2. Mi padre (volver:　　　　) tarde.
　 私の父は遅くに帰る。
3. Yo (dormir:　　　　) en este hotel.
　 私はこのホテルに泊まります。
4. Ustedes (repetir:　　　　) la frase.
　 あなた方は文を繰り返す。
5. Tú (jugar:　　　　) bien al fútbol.
　 君はサッカーがうまい。

2 直接目的語と直接目的語人称代名詞

直接目的語

esperar「待つ」、visitar「訪問する」などの動詞は「～を」に当たる直接目的語をとります。直接目的語は通常、文の中で動詞の後ろに置かれます。

　　Espero el autobús.
　　私はバスを待っている。

　　¿Qué visitáis el domingo? – Visitamos el Museo Picasso.
　　君たちは日曜にどこを訪問するの？ – ピカソ美術館を訪問します。

また、特定の人間が直接目的語の場合には、前置詞の a を付けます。

　　Espero a mi marido.
　　私は夫を待っています。

　　¿A quién visitáis hoy? – Visitamos al profesor Torres.
　　君たちは今日誰を訪問するの？ – トーレス先生を訪問します。

☞ esperar「～を待つ」や visitar「～を訪問する」など直接目的語をとる動詞を他動詞と言います。一方、llegar「到着する」や trabajar「働く」など直接目的語をとらない動詞は自動詞と言います。

直接目的語人称代名詞

「私を」「君を」「それを」などのように文の中で直接目的語の働きをする代名詞を直接目的語人称代名詞と言います。

	単数	複数
1人称	me	nos
2人称	te	os
3人称（男性）	lo	los
（女性）	la	las
（中性）	lo	–

Nivel I   Lección 7

(1) 直接目的語人称代名詞は活用した動詞の直前に置かれます。　**DL**

　　Te esperamos aquí.
　　私たちはここで君のことを待っています。
　　Nuestro hijo no nos ayuda.
　　息子は私たちを手伝わない。

(2) 3人称（lo, la, los, las）には性の区別があります。中性形（lo）は文全体や話の内容などを表します。　**DL**

　　¿Ayudáis a María? – Sí, la ayudamos.
　　君たちはマリアを手伝うの？－うん、（彼女を）手伝うよ。
　　¿Compra usted estos libros? – No, no los compro.
　　あなたはこれらの本を買うのですか。－いいえ、（それらを）買いません。
　　¿Es Pepe español? – No lo creo. Habla español con acento cubano.
　　ペペはスペイン人かな？－そうは思えないよ。キューバなまりのスペイン語を話すから。

(3) 不定詞の目的語になる場合、代名詞はその直後につなげて置きます。　**DL**

　　Gracias por llamarme.
　　私に電話してくれてありがとう。
　　Encantado de conocerte.
　　君と知り合いになれてうれしいです。

チェックしよう　日本語に合うようにカッコ内に適切な直接目的語人称代名詞を入れなさい。

1. ¿Quién cierra la ventana? – José (　　　) cierra.
　誰が窓を閉めますか？－ホセが閉めます。
2. Gracias por esperar(　　　).
　（私を）待っていてくれてありがとう。
3. ¿(　　　) llamas esta noche?
　今晩、私たちに電話をくれる？
4. ¿Leéis este periódico? – Sí, (　　　) leemos.
　君たちはこの新聞を読んでいるの？－うん、読んでいるよ。
5. ¿Invita usted a Inés y Carmen? – Sí, (　　　) invito.
　あなたはイネスとカルメンを招待するのですか？－はい、招待します。

> **コラム** 　**直接目的語人称代名詞の le**
>
> 　目的語人称代名詞の使用には地域差があり、スペインでは男性単数の人間が直接目的語の場合に lo の代わりに le を用いることがあります。le ほどではありませんが、複数形の los を les と言う人も少なくありません。
>
> 　¿Cuándo visitan ustedes a su abuelo? – Le visitamos el domingo.
> 　あなた方はいつおじいさんを訪問しますか？－ 日曜に彼を訪問します。

3　数詞 0 ～ 30　　　　　　　　　　　　　　Down Load ♪) 27

0　cero		
1　uno	11　once	21　veintiuno (-ún, -una)
2　dos	12　doce	22　veintidós
3　tres	13　trece	23　veintitrés
4　cuatro	14　catorce	24　veinticuatro
5　cinco	15　quince	25　veinticinco
6　seis	16　dieciséis	26　veintiséis
7　siete	17　diecisiete	27　veintisiete
8　ocho	18　dieciocho	28　veintiocho
9　nueve	19　diecinueve	29　veintinueve
10　diez	20　veinte	30　treinta

uno を含む数字は男性名詞の前で un (-ún) に、女性名詞の前で una (-una) になります。

　¿Cuánto cuesta una botella de agua? – Cuesta un euro.

　水は 1 本いくらですか？－ 1 ユーロです。

　Hay veintiuna alumnas en esta clase.

　このクラスには 21 人の女子生徒がいる。

チェックしよう　例にならって計算が成立するようにカッコ内に適切な数字をスペイン語のつづりで入れなさい。

　例) Tres más dos, cinco.　　（← 3 ＋ 2 ＝ 5）
　　　Tres menos dos, uno.　　（← 3 － 2 ＝ 1）

1. Tres más ocho, (　　　　).　　2. Diez más doce, (　　　　).
3. Trece más catorce, (　　　　).　　4. Trece menos siete, (　　　　).
5. Diecinueve menos once, (　　　　).

Nivel I   Lección 7

Ejercicios 7

1．カッコ内の動詞を文に合うように現在形に活用させなさい。

    1) El curso (empezar:) pronto.

    2) (Pedir, nosotros:) café en esta cafetería todos los días.

    3) Papá, (querer, yo:) un videojuego.

    4) Hoy (volver, vosotros:) a casa temprano, ¿verdad?

    5) Mis gatos (dormir:) en la cama.

2．直接目的語に線を引きなさい。また、それを代名詞にして、全文を書き換えなさい。

    1) Llamo a mi novia todos los días.

    2) Hoy estudiamos la historia de España.

    3) Espero aquí a mis amigos.

    4) No encuentro mis gafas.

    5) Gonzalo lleva a sus nietos al cine.

3．カッコ内に指示された数字をスペイン語のつづりで入れて、音読しなさい。

    1) Hay (   ) profesores en este departamento. (16)

    2) El jardín mide (   ) metros. (12)

    3) Hoy llegan (   ) turistas. (23)

    4) Quedan (   ) minutos para terminar. (21)

    5) Mi hijo trabaja (   ) horas a la semana. (30)

4．次の文をスペイン語に訳しなさい。

    1) スペイン語のコースは9月に (en septiembre) 始まります。

    2) 君たちはどこで私を待っていてくれる？ー ここで待っているよ。

    3) 誰がドアを閉めますか？ー 私が閉めます。

    4) あなたは1日に (al día) 何時間眠りますか？ー 8時間眠ります。

    5) このネクタイ (corbata) はいくらですか？ー 21ユーロです。

Lección 8

1 動詞 tener
El señor González tiene dos casas.

2 動詞 ir
¿Adónde vas? – Voy a la oficina.

3 不定詞を伴う表現（perífrasis de infinitivo）
¿Qué vas a hacer hoy? – Pienso ir al cine.

4 曜日（días de la semana）・日付（fecha）の表現
¿Qué día es hoy? – Hoy es miércoles.

1 動詞 tener

所有「～を持つ，持っている」を表す動詞 tener を覚えましょう。

tengo	tenemos
tienes	tenéis
tiene	tienen

El señor González tiene dos casas.
ゴンサレス氏は2軒の家を持っている。
Tengo tres hijos.
私には3人の子供［息子］がいる。
Este coche tiene problemas.
この車には問題がある。

tener は所有を表すほかに次のような構文でも用いられます。
(1) 年齢を表します。

| tener ＋ .... años　　～歳です |

Mi hija tiene veinte años.
私の娘は20歳です。

(2) 感覚や感情、状況などを表します。

tener	+ hambre	お腹がすいている
	sed	のどが渇いている
	sueño	眠い
	fiebre	熱がある
	calor / frío	暑い／寒い
	prisa	急いでいる
	ganas de...	～したいと思う

Tengo hambre.
私はお腹がすいている。

Ramón tiene mucha prisa.
ラモンはとても急いでいる。

Mi hija tiene muchas ganas de viajar por Centroamérica.
私の娘はとても中米を旅行したがっています。

チェックしよう　tener を文に合う形にしてカッコ内に入れなさい。

1. Nosotros (　　　) dos perros.
   私たちは2匹の犬を飼っています。
2. Charo no (　　　) hermanos.
   チャロには兄弟がいない。
3. Los niños (　　　) ganas de visitar el zoo.
   子供たちは動物園に行きたがっている。
4. ¿Cuántos años (　　　) tú? – (　　　) quince años.
   君は何歳ですか？－15歳です。
5. ¿No (　　　) usted hambre? – No, pero (　　　) mucha sed.
   あなたはお腹がすいていませんか？－ええ、でもとてものどが渇いています。

2　動詞 ir

「行く」を表す動詞 ir を覚えましょう。ir は多くの場合、〈a + 場所〉を伴います。

voy	vamos
vas	vais
va	van

¿Adónde vas? – Voy a la oficina.
（君は）どこに行くの？ – 職場だよ。

チェックしよう　ir を文に合う形にしてカッコ内に入れなさい。

1. ¿Adónde (　　　)? – (　　　) a la estación.
   君たちはどこに行くの？ – 駅に行くんだ。
2. ¿(　　　) usted al cine? – No, (　　　) al concierto.
   あなたは映画に行くのですか？ – いいえ、コンサートに行くのですよ。
3. (　　　) a Perú todos los años.
   私たちは毎年ペルーに行く。
4. Mi hija (　　　) de compras con Rafael.
   私の娘はラファエルと一緒に買い物に行く。
5. ¿(　　　) en coche? – No, (　　　) en tren.
   君は車で行くの？ – いや、電車で行くよ。

3　不定詞を伴う動詞の表現

活用した動詞と不定詞、その他の要素を組み合わせて1つのまとまった表現を作ることができます。

querer + 不定詞	～したいと思う
poder + 不定詞	～できる
deber + 不定詞	～すべきである
tener que + 不定詞	～しなければならない
pensar + 不定詞	～しようと思う、～するつもりだ
ir a + 不定詞	～するつもりだ、～することになる、～だろう

¿Qué vas a hacer hoy? – Pienso ir al cine.
今日君は何をするつもり？ － 映画に行こうと思っているんだ。
¿Puedes llevar al niño al colegio? – Lo siento, pero tengo que ir a la oficina.
子供を学校に連れて行ってもらえる？ － ごめん、職場に行かなきゃならないんだよ。
No debes venir ／ No tienes que venir hoy.
君は今日来るべきではない／来る必要はない。

〈no ＋ deber ＋ 不定詞〉は「〜するべきではない」の意味に、〈no ＋ tener que ＋ 不定詞〉は「〜する必要はない」の意味になります。

直接目的語人称代名詞が不定詞を伴う動詞の表現の目的語になっている場合には、代名詞は不定詞の語尾につけるか、活用した動詞の直前に置くかのいずれかになります。

¿Puede usted esperarme aquí? ／ ¿Me puede usted esperar aquí?
ここで私を待ってもらえますか？

チェックしよう　日本語に合うようにカッコ内に適切な語を入れなさい。

1. (　　　) visitar Argentina.
   私はアルゼンチンを訪問するつもりだ。
2. (　　　) ayudarlos.
   君は彼らを手伝うべきだ。
3. (　　　)(　　　) terminar las tareas.
   私たちは宿題を終えなければならない。
4. ¿(　　　) usted tomar café? – No, gracias.
   コーヒーを召し上がりますか（飲みたいですか）。－ 結構です。ありがとう。
5. Rosa no (　　　) venir hoy, porque tiene trabajo.
   ロサは仕事があるので今日は来られません。

4　曜日・日付の表現

(1) 曜日をたずねる表現

¿Qué día es hoy? – Hoy es miércoles.
今日は何曜日ですか。－ 水曜日です。

(2) 日付をたずねる表現

¿A cuántos estamos hoy? – Estamos a 8 de febrero.
今日は何月何日ですか。－ 2月8日です。

(3) 副詞的（「〜日に」「〜曜日に」「〜月に」）に用いる場合、日付と曜日には定冠詞を付け、月には en を付けます。曜日は複数形になると「毎週〜曜日に」の意味になります。

¿Cuándo llega el presidente a Japón? – Llega el 14 de julio.
大統領はいつ日本に到着しますか。－7月14日に到着します。

¿Qué días tienes clases de español? – Tengo una los martes y otra los jueves.
君は何曜日にスペイン語の授業があるの？－火曜日に1つと木曜日にもう1つあるよ。

¿Cuándo termina el proyecto? – Termina en agosto.
プロジェクトはいつ終了しますか。－8月に終わります。

曜日と月の名前を覚えよう

月曜	火曜	水曜	木曜	金曜	土曜	日曜
lunes	martes	miércoles	jueves	viernes	sábado	domingo

1月	2月	3月	4月	5月	6月
enero	febrero	marzo	abril	mayo	junio
7月	8月	9月	10月	11月	12月
julio	agosto	septiembre	octubre	noviembre	diciembre

チェックしよう 日本語に合うように下線部に適切な語句を入れて文を完成させなさい。

1. ¿Qué días trabajas aquí? – Trabajo aquí _____.
君は何曜日にここで働いているの？－毎週金曜日にここで働いているよ。

2. ¿Cuándo empiezan las vacaciones? – Empiezan _____.
休暇はいつ始まりますか？－7月に始まります。

3. ¿A cuántos estamos hoy? – Estamos _____.
今日は何月何日ですか？－6月18日です。

4. ¿Qué día es hoy? – Hoy es _____.
今日は何曜日？－今日は月曜だよ。

5. ¿Cuándo vuelves de Madrid? – Vuelvo _____.
君はいつマドリードから戻るの？－10月10日だよ。

Ejercicios 8

1．カッコ内に tener または ir の現在形を入れなさい。

　　1) Yo (　　　) mucha hambre.

　　2) ¿Adónde (　　　) ustedes? – (　　　) al cine.

　　3) ¿Cómo (　　　) usted al aeropuerto? – (　　　) en autobús.

　　4) Niños, ¿cuántos años (　　　)? – Él (　　　) cinco y yo, ocho.

　　5) Mi madre y yo (　　　) de compras los domingos.

2．適切な動詞を選びなさい。

　　1) (Tienes / Debes) que ir al hospital.

　　2) (Pensamos / Vamos) visitar a nuestra abuela.

　　3) ¿(Quieres / Puedes) tomar café? – Sí, gracias.

　　4) Gabriel no (va / puede) venir hoy porque tiene fiebre.

　　5) ¿Lo (piensas / vas) a hacer hoy?

3．カッコ内の表現を使って質問に答えなさい。

　　1) ¿A cuántos estamos hoy?（6月30日）

　　2) ¿Cuándo llegan tus padres?（3月22日）

　　3) ¿Qué día es hoy?（金曜日）

　　4) ¿Qué días tienes trabajo?（毎週月曜日と木曜日）

　　5) ¿Cuándo empiezan las clases?（4月）

4．次の文をスペイン語に訳しなさい。

　　1) 子供たち、（君たちは）お腹がすいているの？

　　2) 君はどこに行くの？ – 何人かの友人とあるレストランに行くのです。

　　3) 君たちはたくさん野菜（mucha verdura）を食べないといけないよ。

　　4) あなた方はいつ映画に行かれるつもりですか？ – 土曜日に行こうと思います。

　　5) 君のお父さんはいつ日本に戻りますか？ – 11月に戻ります。

Lección 9

第 9 課

1 直説法現在［3］- 1 人称単数形のみ不規則な動詞
　¿Dónde pongo la maleta?

2 時刻（hora）の表し方
　¿Qué hora es? – Son las diez.

3 前置詞とともに用いられる人称代名詞（pronombres personales con preposición）
　Este es un regalo para vosotras.

4 数詞 31 ～ 101
　cincuenta y dos　sesenta y seis...

1 直説法現在［3］- 1 人称単数形のみ不規則な動詞　32

直説法現在には 1 人称単数形だけが特殊な形を持つグループがあります。

(i) -go 型

poner 置く	salir 出る、出かける
pongo	salgo
pones	sales
pone	sale
ponemos	salimos
ponéis	salís
ponen	salen

hacer する、作る → hago
traer 持ってくる → traigo
caer 落ちる → caigo

¿Dónde pongo la maleta? – Aquí, por favor.
どこにスーツケースを置きましょうか？ – ここにお願いします。
Este verano no salimos de viaje.
この夏、私たちは旅行に行かない。
Hoy no traigo diccionario.
今日は辞書を持ってきていない。

(ii) -zco 型

conocer 知る、知っている	conducir 運転する
conozco	conduzco
conoces	conduces
conoce	conduce
conocemos	conducimos
conocéis	conducís
conocen	conducen

ofrecer 差し出す → ofrezco
producir 生産する → produzco
traducir 翻訳する → traduzco

¿Quién conduce hoy? – Yo.
今日は誰が運転するの？ – 私よ。
¿Conoces a Ana? – No, no la conozco.
君はアナを知っている？ – いや、知らないよ。

(iii) その他

dar 与える	ver 見る、会う	saber 知る、知っている
doy	veo	sé
das	ves	sabes
da	ve	sabe
damos	vemos	sabemos
dais	veis	sabéis
dan	ven	saben

No veo películas de este director.
私はこの監督の映画は見ない。
¿Sabéis la dirección de Ana? – No, no la sabemos.
君たちはアナの住所を知っていますか？ – いいえ、知りません。

> conocer は主に人や場所を直接目的語として取り、「体験」として「(人・場所などを) 知る、知っている」を表します。それに対し、saber は「知識」や「情報」として「(何かを) 知る、知っている」という場合に用いられます。

Sé nadar, pero hoy no puedo (nadar). Estoy resfriado.
私は泳げるが、今日はダメだ。風邪をひいているんだよ。

> 「～できる (状況にある)」を表す〈poder + 不定詞〉に対し、〈saber + 不定詞〉は「(技能として) ～できる」を表します。

チェックしよう　指示された主語に合わせて動詞を活用させなさい。

1. conocer a Antonio (yo / vosotros / usted)
2. ver la televisión (yo / tú / Josefa)
3. salir de casa (yo / mi padre / vosotros)
4. saber su dirección (yo / tú / nosotros)
5. dar un paseo por la playa (yo / mis niños / ustedes)

2　時刻の表し方　　Down Load 33

(1)「〜時です」を表すには動詞 ser の後ろに時刻（定冠詞女性形＋数字）を置きます。1時の場合には ser は3人称単数形の es、2時以降の場合には複数形の son になります。

| ser | + | 定冠詞女性形 (la, las) ＋ 時間 (una, dos...) ＋ y / menos ＋ 分 |

DL

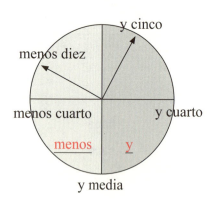

¿Qué hora es? – Son las diez.
何時ですか。– 10 時です。
Es la una.
1 時です。
Son las seis y cinco de la tarde.
午後 6 時 5 分です。
Es la una menos diez.
12 時 50 分（1 時 10 分前）です。
Son las ocho y media de la noche.
夜の 8 時半です。
Son las cuatro menos cuarto.
3 時 45 分です。

(2)「〜時に（…する）」の場合には、時刻の前に前置詞の a を付けます。

| 動詞 | ＋ a ＋ | 定冠詞女性形 (la, las) ＋ 時間 (una, dos...) ＋ y / menos ＋ 分 |

DL

La clase empieza a las nueve menos diez de la mañana.
授業は午前 8 時 50 分に始まります。
¿A qué hora sales de la universidad? – Salgo a la una y media.
君は何時に大学を出るの？ – 1 時半に出ます。

チェックしよう　下線部に適切な語句を入れて文を完成させなさい。

1. ¿Qué hora es? – Son _____ de la noche.
   何時ですか？－夜の 11 時 50 分です。
2. ¿Qué hora es? – Es _____.
   何時ですか？－12 時 45 分です。
3. ¿A qué hora termina la clase? – Termina _____.
   授業は何時に終わりますか？－10 時 20 分に終わります。
4. ¿A qué hora vuelves hoy? – Vuelvo _____.
   今日はいつ戻るの？－5 時半だよ。
5. ¿A qué hora llega el tren a la estación? – Llega _____ de la tarde.
   電車は駅に何時に到着しますか？－午後 6 時 40 分です。

3　前置詞とともに用いられる人称代名詞

de, en, por, para などといった前置詞の後ろで用いられる人称代名詞があります。基本的には主語人称代名詞（⇒ Lec. 3）と同じですが、「私」と「君」の場合だけ形が違います。

	単数	複数
1 人称	mí	nosotros, -as
2 人称	ti	vosotros, -as
3 人称	él, ella, usted	ellos, ellas, ustedes

　Esto es un regalo para vosotras.
　これは君たちへのプレゼントだ。
　Tu familia siempre piensa en ti.
　君の家族はいつも君のことを考えている。

参考　上の表に出ている人称代名詞の他に中性の代名詞 ello があります。
　Estoy en ello.
　今それをやっているところです。

前置詞 con の場合には、con mí、con ti ではなく、conmigo、contigo となります。
　¿Queréis comer conmigo o con él? – Queremos comer contigo.
　君たちは私と一緒にご飯を食べる？それとも彼と？－君と食べたいよ。

> **チェックしよう**　カッコ内に適切な語を入れて、文を完成させなさい。

1. Ellos hablan mal de (　　　).
   彼らは君たちの悪口を言っている。
2. Un señor pregunta por (　　　).
   ある男性が君について尋ねている。
3. Compro un regalo para (　　　).
   私は彼女にプレゼントを買います。
4. Inés está enfadada (　　　).
   イネスは私に対して腹を立てている。
5. ¿Puedo hablar (　　　)?
   君と話せるかい？

4　数詞 31～101

31 treinta y uno	40 cuarenta	80 ochenta
32 treinta y dos	50 cincuenta	90 noventa
：	60 sesenta	100 cien / ciento
39 treinta y nueve	70 setenta	101 ciento uno

(⇒ 数詞 0～30 は Lec. 7)

(1) 1 の位と 10 の位の間は y でつなぎます。

　　cincuenta y dos　52　　　　sesenta y seis　66

(2) 100 は後ろに 10 の位や 1 の位の数字が続く場合には ciento となりますが、その他の場合には cien を使います。

　　La niña lleva una moneda de cien yenes en la mano.
　　女の子は手に 100 円玉を握っている。

(3) 数詞の前の unos / unas は「およそ～」の意味を表します。

　　En el salón de actos hay unas cien personas.
　　講堂には約 100 名の人がいる。

> **チェックしよう**　カッコ内に指示された数字をスペイン語のつづりで書きなさい。

1. (76:　　) alumnas
2. (81:　　) euros
3. (94:　　) preguntas
4. (63:　　) años
5. (101:　　) palabras

Ejercicios 9

1. カッコ内の動詞を現在形にして、文を完成させなさい。

    1) ¿(Poner, yo:　　　) el aire acondicionado? – Sí, por favor.
    2) ¿(Conocer:　　　) ustedes a la novia de Diego? – Sí, la (　　　) bien.
    3) ¿Quién (conducir:　　　) el coche nuevo? – Lo (　　　) yo.
    4) ¿(Saber:　　　) usted el número del hospital? – No, no lo (　　　).
    5) (Hacer, vosotros:　　　) la tarea hoy, ¿verdad? – No, la (　　　) mañana.

2. カッコ内の時間を入れて質問に答えなさい。

    1) ¿Qué hora es?（10時半）
    2) ¿Qué hora es?（12時35分）
    3) ¿A qué hora sale el autobús?（夜の9時50分）
    4) ¿A qué hora piensas salir?（午前7時20分）
    5) ¿A qué hora llega el tren?（午後1時15分）

3. カッコ内に指示された代名詞が答えになるような文を作りなさい。

    1) ¿Para quién es este regalo?（君）
    2) ¿En quién piensas?（君たち）
    3) ¿Con quién quieres viajar?（彼）
    4) ¿De quién hablan ustedes?（彼女たち）
    5) ¿Con quién está enfadada tu madre?（私）

4. 次の文をスペイン語に訳しなさい。

    1) この手紙は君宛（← 君のための）です。
    2) 私は君たちの電話番号（número de teléfono）を知らない。
    3) 私たちはモニカ（Mónica）に会ったことがない（← 知らない）。
    4) 君たちはどこで宿題（los deberes）をするの？ – 図書館でするんだ。
    5) （君は）今日は何時に家に戻る？ – 夜の8時だよ。

Lección 10

1 直説法現在［4］− その他の不規則動詞（verbos irregulares）
　Él no dice la verdad.

2 間接目的語（objeto indirecto）と間接目的語人称代名詞
　(pronombres personales de objeto indirecto)
　Doy este libro a un amigo.
　Te traigo una cosa.

3 直接目的語人称代名詞と間接目的語人称代名詞
　¿Nos enseñas las fotos? − Sí, os las enseño después.

4 従属節（oraciones subordinadas）を導く que / si / 疑問詞
　Creo que María no viene a la fiesta.

1　直説法現在［4］− その他の不規則動詞　　Down Load 36

Lec. 7 と Lec. 9 で学んだグループのいずれにも入らない不規則動詞を覚えましょう。

(i) 1人称単数形が不規則な語根母音変化動詞　　**(ii) その他の型**　DL

venir 来る (e → ie)	decir 言う (e → i)	oír 聞く、聞こえる
vengo	digo	oigo
vienes	dices	oyes
viene	dice	oye
venimos	decimos	oímos
venís	decís	oís
vienen	dicen	oyen

　☞ すでに学んだ tener (e → ie) (⇒ Lec.8) は (i) に、ser (⇒ Lec.3)、estar (⇒ Lec.5)、ir (⇒ Lec.8) は (ii) に属する不規則動詞です。

¿Con quién viene Matilde a la fiesta? – Viene con Pedro.
マティルデは誰とパーティーに来るの？－ペドロと来ます。
Él no dice la verdad.
彼は真実を言わない。
Siempre oigo música en el tren.
私はいつも電車の中で音楽を聴く。

チェックしよう 指示された主語に合わせて動詞を活用させなさい。

1. venir de Chile （yo / ustedes / nosotros）　2. decir la respuesta （yo / tú / vosotros）
3. tener prisa　　（yo / nosotros / ellos）　4. oír la radio　　（yo / Inés / ellos）
5. ir al bar　　　（tú / vosotros / los chicos）

2　間接目的語と間接目的語人称代名詞

間接目的語

dar「与える」や decir「言う」などの動詞は「～を」に当たる直接目的語の他に「～に」に当たる間接目的語をとります。間接目的語は a を伴い〈a + 名詞〉の形で表されます。多くの場合、〈動詞＋直接目的語＋間接目的語〉の順になります。

Doy este libro a un amigo.
私は友人にこの本をあげる。
Escribimos (una carta) a sus padres.
私たちは彼のご両親に手紙を書きます。

間接目的語人称代名詞

「私に」「君に」などのように文の中で間接目的語の働きをする代名詞を間接目的語人称代名詞と言います。

	単数	複数
1人称	me	nos
2人称	te	os
3人称	le	les

間接目的語人称代名詞は活用した動詞の直前に置かれます。

¿**Me** traes un vaso de agua?
私にお水を1杯持ってきてくれる？
No **le** digo mentiras.
私はあなたに嘘を言いません。

間接目的語人称代名詞と間接目的語の両方が1つの文に現れることがあります。

Le compro **a María** un collar.
私はマリアにネックレスを買います。

チェックしよう カッコ内に日本語に合う適切な間接目的語人称代名詞を入れなさい。

1. ¿(　　　) dejas un paraguas?
（君は）私に傘を貸してくれる？
2. (　　　) damos un regalo.
私たちは君たちにプレゼントをあげよう。
3. (　　　) mando la foto.
私は彼女に写真を送ります。
4. ¿(　　　) dices la verdad?
（君は）彼に本当のことを言うの？
5. El camarero (　　　) trae la carta.
ウェイターは私たちにメニューを持ってくる。

3 直接目的語人称代名詞と間接目的語人称代名詞　38

(1) 1つの文の中に直接目的語・間接目的語の両方の人称代名詞がある場合には、次の語順になります。

| 間接目的語人称代名詞（〜に）＋直接目的語人称代名詞（〜を）＋ 活用した動詞 |

¿Nos enseñas las fotos? – Sí, **os las** enseño después.
私たちに写真を見せてくれる？ – うん、（君たちにそれらを）後で見せるよ。
¿Quién te deja el coche? – **Me lo** deja Martín.
誰が君に車を貸してくれるの？ – マルティンが（私にそれを）貸してくれます。

(2) 2つの代名詞がどちらも3人称の場合には、間接目的語人称代名詞の le / les は se になります。

$$\text{le / les + lo / la / los / las} \rightarrow \text{se + lo / la / los / las}$$

¿Le explicas la gramática? – Sí, se la explico.
君は彼に文法を説明しますか？－ええ、（彼にそれを）説明します。
¿Me entrega usted el documento hoy? – Sí, se lo entrego ahora.
今日私に書類を提出していただけますか？－ええ、今（あなたにそれを）提出します。

(3) 目的語人称代名詞が不定詞の目的語になっている場合には、代名詞は不定詞の直後につなげて置かれます。また、不定詞を伴う動詞の表現（poder, tener que, ir a など）（⇒ Lec.8）の目的語になっている場合には、代名詞は不定詞の直後につなげて置くか、活用した動詞の前に置くかのいずれかになります。代名詞が不定詞の後に2つ続く場合にはアクセント記号にも注意しましょう。

Gracias por mandarme las fotos.
私に写真を送ってくれてありがとう。
¿Vas a regalar estas flores a Elena? – Sí, voy a regalárselas. / Sí, se las voy a regalar.
エレナにこれらの花を贈るつもりなの？－うん、彼女に（それらを）贈るつもりだ。

チェックしよう カッコ内に日本語に合う適切な間接目的語人称代名詞を入れなさい。また、下線部の直接目的語を代名詞にして、全文を書き換えなさい。

1. Julio (　　　) trae el regalo. →
フリオは私にプレゼントを持ってくる。
2. (　　　) doy mi número de teléfono. →
君に電話番号を教えるよ。
3. (　　　) vamos a enseñar la ciudad. →
（私たちは）あなた方に町をご案内しましょう。
4. ¿Podéis dejar (　　　) el coche? →
（君たちは）僕らに車を貸してくれるかい？
5. Mis colegas (　　　) entregan la tarjeta. →
私の同僚たちは彼女に名刺を渡す。

4 従属節を導く que / si / 疑問詞　　Down Load 39

大きな文（主節）の一部として組み込まれたもう1つの文のことを従属節と言います。

```
       <主節>
              組み込まれた文 <従属節>
Mi padre dice  que Gabriel es muy inteligente.  (← Gabriel es muy inteligente.)
父は、ガブリエルはとても頭がいいと言っている。
```

(1) 疑問文以外の文を従属節にする場合には接続詞の que を使います。
　　Creo que María no viene a la fiesta. (← María no viene a la fiesta.)
　　マリアはパーティーには来ないと思うよ。
(2) 疑問詞のない疑問文を従属節にする場合には接続詞の si を使います。
　　Le voy a preguntar si los niños tienen hambre. (← ¿Tienen hambre los niños?)
　　子供たちがお腹を空かせているかどうか（私は）彼に聞きましょう。
(3) 疑問詞のある疑問文を従属節にする場合には疑問詞をそのまま使います。
　　No sabemos dónde trabaja su padre. (← ¿Dónde trabaja su padre?)
　　私たちは彼のお父さんがどこで働いているか知らない。

チェックしよう　日本語に合うようにカッコ内に適切な語を入れなさい。

1. Arturo (　　　) (　　　) llegas hoy.
   アルトゥーロは君が今日到着すると思っている。
2. Ellos (　　　) (　　　) sus padres están bien.
   彼らは両親が元気だと言っている。
3. No (　　　) (　　　) Juan va a la fiesta.
   私はフアンがパーティーに行くかどうか知らない。
4. ¿(　　　) usted (　　　) aprendemos inglés?
   あなたは私たちがどこで英語を習っているか知っていますか？
5. Luis me (　　　) (　　　) son aquellos señores.
   ルイスはあの男性たちは誰か私に尋ねる。

Nivel I Lección 10

Ejercicios 10

1. 枠内から１つ選び、現在形にしてカッコ内に入れなさい。

   | decir ir oír tener venir |

   1) El profesor (　　　) que mañana hay examen.
   2) Elena, ¿me (　　　)? – Sí, te (　　　) bien.
   3) ¿Usted (　　　) tiempo ahora? – Lo siento, pero ahora (　　　) prisa.
   4) ¿Adónde (　　　) ustedes esta noche? – (　　　) al karaoke.
   5) ¿A qué hora (　　　) tu padre? – (　　　) a las siete.

2. カッコ内に適切な目的語人称代名詞を入れて、答えの文を完成させなさい。

   1) ¿Me dejas tus vídeos? – Sí, (　　) (　　) dejo.
   2) ¿Os enseña José las fotos? – No, no (　　) (　　) enseña.
   3) ¿Mandáis el regalo a los niños hoy? – Sí, (　　) (　　) mandamos hoy.
   4) ¿Te dejan tus padres el coche? – No, no (　　) (　　) dejan.
   5) ¿Regala usted la camisa a su madre? – Sí, (　　) (　　) regalo.

3. a. の文を従属節にして、b. の文の続きを作りなさい。

   1) a. ¿Cuándo viene Pilar? / b. ¿Sabes _____?
   2) a. Aquellos señores son turistas. / b. Creo _____.
   3) a. ¿Pepito tiene frío? / b. La abuela me pregunta _____.
   4) a. ¿Cuánto cuesta la camisa? / b. Le voy a preguntar _____.
   5) a. Van a ir al cine. / b. Mis hermanos dicen _____.

4. 次の文をスペイン語に訳しなさい。

   1) 子供たちは私に本当のことを言わない。
   2) 君は明日大学に来るよね？
   3) （私は）彼女（の言うこと）がよく聞こえない。
   4) 君は彼にメールアドレス (correo electrónico) を渡す (pasar) のかい？ – いや、渡さないよ。
   5) 私は彼らに駅はどこかたずねるつもりだ。

| 第11課 | **Lección 11** |

1 動詞 gustar
　Me gusta el café.

2 gustar と重複表現
　A Paquito no le gustan los pimientos.

3 gustar 型動詞
　A mi hermano le interesa estudiar en Europa.

4 感嘆文 (oraciones exclamativas)
　¡Qué alegría!

1 動詞 gustar

「〜が好き」という表現を学びます。「私はコーヒーが好きだ」をスペイン語で表してみましょう。

Me	gusta	el café.
(間接目的語)	(動詞)	(主語)

好む人が間接目的語人称代名詞 me「私に」、好きな対象物が主語 (el café「コーヒー」) で表されます。動詞 gustar は主語に一致して3人称単数形の gusta になります。主語となる名詞には定冠詞をつけ「(一般に) 〜というものが好きだ」の意味を表します (⇒ Lec. 17, コラム)。

　¿Te gusta el vino tinto? – Sí, me gusta mucho.
　君は赤ワインが好き？ – はい、とても好きです。

主語が数えられるもののときは複数形 (las patatas, los pimientos)、数えられないもののときは単数形 (el café, el vino) にします。複数主語では動詞が3人称複数形の gustan になるので注意しましょう。

　Me gustan las patatas fritas.
　私はフライドポテトが好きです。
　No le gustan los pimientos.
　彼はピーマンが好きではない。

個別のものや不定詞も主語になります。

　　　Me gusta esta película.
　　　私はこの映画が好きです。
　　　Me gusta mucho viajar en avión.
　　　私は飛行機で旅行することがとても好きです。
　　　No le gusta nada [mucho] hacer deporte.
　　　彼はスポーツをすることが全然［あまり］好きではありません。
　　　　　mucho「とても」は gustar の直後に置きます。no...mucho は「あまり〜ではない」、
　　　　　no... nada は「全然〜ない」の意味です。

> **チェックしよう** gustar の適切な形を（ ）に、間接目的語人称代名詞を [ ] に入れて文を完成させなさい。

1. ¿[　] (　　　) los perros?
   君たち、犬は好き？
2. [　] (　　　) mucho la paella.
   私はパエリャが大好きです。
3. ¿[　] (　　　) viajar en avión?
   君、飛行機で旅行することは好き？
4. [　] (　　　) mucho las películas españolas.
   彼はスペイン映画が大好きです。
5. No [　] (　　　) mucho el fútbol.
   彼女はサッカーがあまり好きではありません。

2　gustarと重複表現　　　Down Load 41

〈前置詞 a ＋人〉を用いて気に入っている人を強調・対比、あるいは明示します。間接目的語の人称代名詞は省略しないでいつも付けます。

(1)「人」が人称代名詞の場合（⇒ 前置詞とともに用いられる人称代名詞は Lec.9））

　　　¿Os gusta el vino tinto? – A mí me gusta mucho, pero a ella no.（強調・対比）
　　　君たちは赤ワインが好き？ － ええ、僕は大好きだけど、彼女は好きじゃない。
　　　A él [ella / usted] no le gustan los pimientos.（明示）
　　　彼［彼女 / あなた］はピーマンが好きではない。

(2)「人」が名詞の場合

この場合も間接目的語人称代名詞と重複させます。

　　　A Paquito no le gustan los pimientos.
　　　パキートはピーマンが好きではない。

チェックしよう カッコ内に適切な語を入れてgustarを使った文を完成させなさい。

1. A（　　）no me gustan los tomates. – A（　　）tampoco.
   私はトマトが好きではありません。– 私も好きじゃありません。
2. ¿A vosotros（　　）gusta la comida española?
   君たちはスペイン料理が好き？
3. A mí（　　）gusta mucho este poema, pero a（　　）no.
   私はこの詩がとても好きだが、彼女はそうではない。
4. A mi hermana（　　）gustan mucho los perros. – A（　　）también.
   私の姉は犬が大好きです。– 私も好きです。
5. ¿A（　　）les gusta jugar al fútbol?
   あなた方はサッカーをすることが好きですか？

3　gustar型動詞　　　　　　　　　　Down Load 42

gustarのように、主語を後置し、間接目的語で表される人の心理や感情を表す次のような動詞がスペイン語ではよく用いられます。

> asustar 怖がらせる　encantar とても気に入る　importar 気にかかる
> interesar 興味を与える　molestar 困らせる　preocupar 心配させる　など

　　　¿Te gusta el pescado crudo? – Sí, me encanta.　　　DL
　　　君は生魚（刺身）が好き？ – はい、私は大好きです。
　　　¿Te importa abrir la ventana? – Claro que no.
　　　窓を開けてもらえる？ – うん、いいよ。
　　　　　　¿te importa? は「君にとって迷惑か？」の意味です。承諾するときは否定で答えます。

gustarと同じように〈a＋人〉と間接目的語人称代名詞を重複させることがあります。

　　　A mi hermano le interesa estudiar en Europa.
　　　私の弟はヨーロッパで勉強することに興味をもっています。

A mí me asustan los truenos. ¿Y a ti?
僕は雷が怖いんだ。君は？

チェックしよう 下の動詞から1つ選び、適切な形にして入れなさい。

---
asustar　encantar　importar　molestar　preocupar
---

1. Me（　　）los cuadros de Goya.
   私はゴヤの絵が大好きです。
2. ¿Le（　　）abrir las ventanas?
   窓を開けていただけますか？
3. A mi perro no le（　　）los terremotos.
   私の犬は地震を怖がりません。
4. Nos（　　）mucho la política actual de Japón.
   私たちは今日の日本の政治がとても心配です。
5. A mi madre le（　　）el ruido.
   母はその雑音に不快な思いをしています。

4　感嘆文

DownLoad 43

感嘆文では ¡Qué...! を用いるのが一般的です。

（1）¡Qué ＋名詞［形容詞 / 副詞］！

¡Qué alegría!（名詞）
ああ、うれしい。
¡Qué amable eres!（形容詞）
君はなんて親切なんだ。
¡Qué bien baila Roberto!（副詞）
ロベルトはなんて踊りがうまいんだ。

(2) ¡Qué ＋名詞＋ más [tan] ＋ 形容詞！

 ¡Qué torre más alta!
 なんて高い塔だ。

 ¡Qué mujer tan elegante!
 なんてエレガントな女性だ。

(3) ¡Cuánto...! や ¡Cómo...! を使う感嘆文

 ¡Cuánto lo siento!
 本当にお気の毒です（本当に申しわけありません）。

 ¡Cómo cantan!
 （彼らは）なんて（上手な / ひどい）歌い方だ。

チェックしよう　日本語に合うようにカッコ内に適切な語を入れなさい。

1. ¡Qué hombre (　　) guapo!
 なんてハンサムな男性なんだろう。
2. ¡Qué (　　) hablas español!
 なんて君は上手にスペイン語を話すんだ。
3. ¡Cómo (　　)!
 （彼らは）何という踊り方だ。
4. ¡Qué pesado (　　)!
 なんて君はしつこいんだ。
5. ¡Qué paisaje (　　) hermoso!
 なんて美しい景色だ。

Ejercicios 11

1. ( ) 内には gustar の活用形を、[ ] には適切な代名詞を入れ、文を完成させなさい。

    1) A [   ] me (   ) el béisbol.
    2) A [   ] nos (   ) los dulces.
    3) A mis padres no [   ] (   ) nada viajar.
    4) A mi hermana y a mí [   ] (   ) mucho ir de compras.
    5) ¿A ti y a tu familia [   ] (   ) hacer deporte?

2. 枠内から１つ選び、適切な形にしてカッコ内に入れなさい。すべての動詞を使うこと。

    | asustar encantar importar molestar preocupar |

    1) ¿Te gustan los dulces? – Sí, me (   ).
    2) Nos (   ) el ruido de las obras.
    3) A mi hijo le (   ) la altura.
    4) ¿Le (   ) esperar un momento? – Claro que no.
    5) Me (   ) el futuro de este país.

3. 下線部を強調する感嘆文を作りなさい。

    例) Ella es <u>muy inteligente</u>. → ¡Qué inteligente es ella!
    　　Ella es <u>una chica muy inteligente</u>. → ¡Qué chica más [tan] inteligente (es ella)!

    1) Tu madre cocina <u>muy bien</u>.
    2) Este es <u>un vino muy caro</u>.
    3) El profesor habla <u>muy rápido</u>.
    4) Tienes <u>una casa muy bonita</u>.
    5) Esta película es <u>muy divertida</u>.

4. 次の文をスペイン語に訳しなさい。

    1) 君たち、読書は好き？ － うん、大好きだよ。
    2) 父は料理するのが好きだが、母は全然好きではない。
    3) 僕は魚が好きじゃないんだ。 － 僕もだよ。
    4) あなた方はメキシコ映画に興味がありますか？ － はい、とてもあります。
    5) なんて大きな家だろう。

Lección 12

1 単人称文 (verbos unipersonales)
En Japón llueve mucho en junio.

2 所有形容詞後置形
Rafael es un primo mío.

3 所有代名詞 (pronombres posesivos)
Aquí está mi pasaporte. ¿Dónde está el tuyo?

1 単人称文

主語を持たず動詞が常に3人称単数形にしかならない文を単人称文と呼びます。存在文 hay...「～がある」（⇒ Lec. 5）も単人称文の1つです。

自然現象の表現

(1) 天候を表す動詞

> llover (o → ue) 雨が降る　　nevar (e → ie) 雪が降る　　amanecer 夜が明ける
> anochecer 日が暮れる

En Japón **llueve** mucho en junio.
日本では6月にたくさん雨が降ります。
A veces **nieva** en Tokio.
東京でも時々雪が降る。
En España **anochece** muy tarde en verano.
スペインでは夏には日が暮れるのがとても遅い。

☞ muy と mucho：muy は形容詞 (muy bueno) や副詞 (muy bien) を修飾、mucho は名詞 (mucho calor) を修飾するか、量を表す副詞として (llover mucho) 用います。

(2) hacer ＋ 名詞

Hace calor [frío / fresco / sol / viento].
暑いです［寒いです / 涼しいです / 日が照っています / 風があります］。

¿Qué tiempo hace? – Hace buen [mal] tiempo. （⇒ buen, mal は Lec.13）
どんな天気ですか？－いい［悪い］天気です。

(3) **estar** を使った表現

Hoy está nublado.
今日は曇っています。
Está muy oscuro.
とても暗いです。

(4) **ser** を使った表現

Ya es tarde.
もう遅いです。
Es demasiado pronto.
早すぎます。

継続表現

hace を用いて継続する出来事や状態を表します。hace と que の間に経過した期間を入れ、que の後ろに来る文の動詞は現在時制にします。

```
Hace ＋ 期間 ＋ que ＋ 現在時制の動詞
          …して～経つ
```

Hace tres meses que estudiamos español.
私たちがスペイン語を勉強して3ヶ月が経ちます。
Hace cinco años que vivo en Madrid.
私がマドリードに住んで5年になります。
¿Cuánto tiempo hace que trabajas en esta empresa?
君はこの会社にどれぐらい勤めているの？

継続の意味は〈現在時制の動詞 ＋ desde hace ＋ 期間〉の構文でも表すことができます。

Vivo en Madrid desde hace cinco años.
私は5年前からマドリードに住んでいます。

チェックしよう 日本語に合うようにカッコ内に適切な語を入れなさい。

1. En invierno (　　　) muy tarde.
   冬には夜が明けるのがとても遅いです。
2. En la sierra (　　　) mucho.
   山ではたくさん雪が降ります。
3. Hace (　　　) tiempo.
   天気が悪い。
4. ¿Cuánto tiempo hace que (　　　) en Madrid?
   君たちはマドリードにどれぐらい住んでいますか？
5. Hace un año que (　　　) a cocinar.
   私たちは料理を習って1年になります。

2 所有形容詞後置形

Down Load 45

所有形容詞には、Lec.6 で学んだ前置形のほかに、名詞の後ろに置かれる後置形があります。前置形と同様、所有されるものを表す名詞の性・数に一致します。

	男・単	女・単	男・複	女・複
私の	mío	mía	míos	mías
君の	tuyo	tuya	tuyos	tuyas
彼[彼女、あなた、それ]の	suyo	suya	suyos	suyas
私たちの	nuestro	nuestra	nuestros	nuestras
君たちの	vuestro	vuestra	vuestros	vuestras
彼ら[彼女ら、あなた方、それら]の	suyo	suya	suyos	suyas

大きく分けて2つの用法があります。

(1) 他の形容詞と同じように名詞の後ろに置かれ、名詞の性・数に一致します。

　　Rafael es un primo mío.
　　ラファエルは私のいとこの1人です。

　　　　後置形を使った例では、他にもいとこがいて、そのうちの1人であることを表します。それに対し前置形を使うと、話し手は他のいとこの存在を念頭に入れていないと解釈されます。

　　Rafael es mi primo. ラファエルは私のいとこです。

(2) 形容詞と同じように〈ser + 所有形容詞の後置形〉の形で用いられ、「～は…のものです」という文を作ります。

¿Estas gafas son suyas? – No, no son mías. Son de mi padre.
このメガネはあなたのものですか？ – いいえ、私のではありません。私の父のです。

チェックしよう　日本語に合うようにカッコ内に適切な所有形容詞後置形を入れなさい。

1. ¿Es una revista (　　)?
   それは君の雑誌（のうちの１冊）ですか？
2. Son unas obras (　　).
   それらは彼の作品（のうち数点）です。
3. Vivimos con un hijo (　　).
   私たちは息子（の１人）と住んでいる。
4. ¿Esas zapatillas son (　　)?
   そのスリッパはあなたのですか？
5. Esa chaqueta es (　　).
   そのジャケットは私のです。

3　所有代名詞

〈定冠詞＋所有形容詞後置形〉で所有代名詞になります。まず、所有形容詞を使った例を見てみましょう。

Aquí está mi pasaporte. ¿Dónde está tu pasaporte?
ここには僕のパスポートがある。君のパスポートはどこにあるの？

２つ目の文で繰り返されている pasaporte を省略するために所有代名詞の el tuyo を使います。

Aquí está mi pasaporte. ¿Dónde está el tuyo?
ここには僕のパスポートがある。君の（パスポート）はどこにあるの？

この例（el tuyo）のように、〈定冠詞＋所有形容詞後置形〉は「～のもの」という意味の代名詞の働きをします。所有代名詞は省略された名詞の性・数に一致させます。

	男・単	女・単	男・複	女・複
私のもの	el mío	la mía	los míos	las mías
君のもの	el tuyo	la tuya	los tuyos	las tuyas
彼[彼女、あなた、それ]のもの	el suyo	la suya	los suyos	las suyas
私たちのもの	el nuestro	la nuestra	los nuestros	las nuestras
君たちのもの	el vuestro	la vuestra	los vuestros	las vuestras
彼ら[彼女ら、あなた方、それら]のもの	el suyo	la suya	los suyos	las suyas

Mis padres son de Kioto. ¿De dónde son los tuyos?
僕の両親は京都出身だけど、君のご両親はどちらのご出身？

Tus zapatos son muy parecidos a los míos.
君の靴は僕のによく似ている。

チェックしよう　下線部に適切な所有代名詞を入れなさい。

1. Mi coche está aquí. ¿Dónde está _____?
   僕の車はここにあるけど、君たちのはどこ？

2. Aquí están mis gafas. ¿Dónde están _____?
   ここに私のメガネがあります。君のはどこ？

3. Mi hermana trabaja. ¿Y _____?
   僕の妹は働いているけど、君の妹は？

4. Nuestra casa es pequeña. ¿Cómo es _____?
   私たちの家は小さいです。彼らのはどうなの？

5. Mis padres viven en Yokohama. ¿Dónde viven _____?
   私の両親は横浜に住んでいます。あなたのご両親は？

Ejercicios 12

1. カッコ内の選択肢から適切な動詞を選びなさい。

    1) ¿Qué tiempo (hay / hace) en tu ciudad?

    2) Ya (es / está) muy tarde. ¿Por qué no vuelves a casa?

    3) (Está / Hace) nublado y no (está / hace) sol.

    4) Hoy no salgo porque (es / hace) mucho frío.

    5) En Okinawa (llueve / nieva) muy poco.

2. カッコ内の主語に対応する所有形容詞後置形を適切な形で入れなさい。

    1) ¿Este paraguas es (　　　　)? (tú)

    2) ¡Dios (　　　　)! (yo)

    3) Luisa vive con una hermana (　　　　). (ella)

    4) ¡Eh!, esa bicicleta es (　　　　). (yo)

    5) La culpa es (　　　　). (nosotros)

3. 下線部にカッコ内の主語に対応する適切な所有代名詞を書きなさい。

    例) Este es mi libro. ¿Dónde está el tuyo? (tú)

    1) Ahí están los hijos de Fernando. ¿Dónde están _____? (usted)

    2) Nuestra madre es muy alta. ¿Cómo es _____? (vosotros)

    3) Esas son las gafas de mi madre y estas son _____. (yo)

    4) Vuestra ciudad es muy grande pero _____ es bastante pequeña. (nosotros)

    5) Hoy no tengo aquí mis documentos. ¿Tienes _____? (tú)

4. 次の文をスペイン語に訳しなさい。

    1) 君の町ではどんな天気ですか？ − いい天気です。

    2) 君たちがスペイン語を学んで何ヶ月になりますか？ − 8ヶ月になります。

    3) スペインの北部 (el norte) ではたくさん雨が降る。

    4) この靴はあなたのですか？ − いいえ、父のです。

    5) この袋 (bolsa) は僕のだ。君のはどこにあるの？ − あそこにあります。

Lección 13

第13課

1　比較表現 [1]（construcciones comparativas）
　　Luz es más alta que Ana.
　　El Ebro es el río más largo de España.

2　形容詞の前置
　　Hace buen tiempo hoy.

1　比較表現 [1]

[Down Load] 47

（1）形容詞・副詞の比較級

スペイン語の比較表現を学びます。まず形容詞、副詞の比較級です。

	Luz es muy alta.（形容詞）	Luz corre muy rápido.（副詞）
優等比較	Luz es más alta que Ana. ルスはアナより背が高い。	Luz corre más rápido que Ana. ルスはアナより速く走る。
劣等比較	Luz es menos alta que Ana. ルスはアナほど背が高くない。	Luz corre menos rápido que Ana. ルスはアナほど速く走らない。
同等比較	Luz es tan alta como Ana. ルスはアナと同じぐらい背が高い。	Luz corre tan rápido como Ana. ルスはアナと同じぐらい速く走る。

同等比較の否定文 no tan... como~ は「～ほど…ではない」の意味になります。

　　Luz no corre tan rápido como Ana.
　　ルスはアナほど速く走らない。

不規則形

más を用いないで、単独で比較級になる不規則形もあります。

形容詞	副詞	比較級
bueno	bien	mejor
malo	mal	peor
grande		mayor
pequeño		menor

Tú pintas mejor que yo.
君は僕より上手に絵を描く。

mayor, menor は年齢や抽象的なものの大小を表します。物理的な大小を表す場合には規則的な más grande, más pequeño が用いられます。

Tu casa es más grande que la mía.
君の家は僕の家より大きい。

¿Carmen es mayor que tú?
カルメンは君より年上なの？

形容詞の不規則形には複数形 (mejores, peores, mayores, menores) があるので注意しましょう。

Estas películas son mejores que esas.
これらの映画はそれらよりすぐれています。

チェックしよう　カッコ内に適切な語を入れて文を完成させなさい。

1. María es (　　) baja (　　) su hermana.
   マリアは妹より背が低いです。
2. Este vino es (　　) rico (　　) ese.
   このワインはそれと同じくらいおいしい。
3. Su casa no es (　　) grande (　　) la tuya.
   彼の家は君のほどは大きくない。
4. Sonia baila (　　) (　　) tú.
   ソニアは君より上手に踊るよ。
5. ¿Carmen es (　　) (　　) Mónica?
   カルメンはモニカより年下ですか？

(2) 数・量を表す比較文

数・量の比較では más, menos, tanto を使って比較級の文を作ります。más [menos] mucho や tan mucho にはならないので注意しましょう。más, menos は形が変わりませんが、tanto は後ろに名詞が来るとその名詞に性数一致します。

	Luz come mucho.	ルスはたくさん食べる。
優等比較	Luz come más que Ana.	ルスはアナより（たくさん）食べる。
劣等比較	Luz come menos que Ana.	ルスはアナほど（たくさん）食べない。
同等比較	Luz come tanto como Ana.	ルスはアナと同じぐらい（たくさん）食べる。

Eduardo trabaja más que sus hermanos.
エドゥアルドは兄弟よりもたくさん働く。

Mi hermano estudia tanto como yo.
私の弟は私と同じぐらい勉強します。

	Luz tiene mucho dinero.
優等比較	Luz tiene más dinero que Ana. ルスはアナより（たくさん）お金を持っている。
劣等比較	Luz tiene menos dinero que Ana. ルスはアナほど（たくさん）お金を持っていない。
同等比較	Luz tiene tanto dinero como Ana. ルスはアナと同じぐらい（たくさん）お金を持っている。

Pedro tiene más libros que Carlos.
ペドロはカルロスより多くの本を持っています。

En esta clase hay tantas chicas como chicos.
このクラスには男子と同じ数の女子がいます。

　　後ろに来るのが形容詞や副詞の場合には、tantoではなくtanを使うので注意しましょう。

Luz es tan alta como Ana.
ルスはアナと同じぐらい背が高い。

チェックしよう　カッコ内に適切な語を入れて文を完成させなさい。

1. María duerme (　　) (　　) su hermana.
   マリアは妹と同じくらいたくさん眠ります。
2. Hoy hace (　　) frío (　　) ayer.
   今日は昨日ほど寒くない。
3. Rodrigo tiene (　　) amigos (　　) Sergio.
   ロドリゴにはセルヒオと同じぐらい多くの友人がいる。
4. Mi hijo estudia (　　) (　　) sus amigos.
   私の息子は友人たちよりたくさん勉強します。
5. Hoy hay (　　) gente (　　) ayer.
   今日は昨日と同じ位たくさんの人がいます。

(3) 形容詞の最上級

スペイン語には英語の最上級のような特別な形式（most や -est）がありません。定冠詞と比較級を組み合わせて作ります（⇒ 副詞の最上級は Nivel II, Lec. 2）。

> 定冠詞（＋名詞）＋ 形容詞の比較級 ＋ de...
> …の中で最も〜

El Ebro es el río más largo de España.
エブロ川はスペインで一番長い川です。
Pedro es el mejor (alumno) de la clase.
ペドロはクラスで一番優秀（な生徒）です。
　　　mejor は bueno と同じように名詞の前に置きます。（⇒ Lec. 13, 2）

チェックしよう　カッコ内に適切な語を入れて文を完成させなさい。

1. El Teide es la montaña (　　) alta (　　) España.
   テイデ山はスペインで一番高い山です。
2. María es la (　　) alumna de la clase.
   マリアはクラスの中で一番できる生徒です。
3. Mi padre es el (　　)(　　) sus hermanos.
   父は兄弟の中で一番年上です。
4. Teresa es (　　)(　　) simpática de todas.
   テレサはみんなの中で最も感じがいい人です。
5. Mi perro es el más (　　) del barrio.
   私の犬は町内で一番身体が大きいです。

2 形容詞の前置

(1) 性質や特徴を表す形容詞は一般的に名詞の後ろに置かれますが、bueno「よい」は通常前に置かれます。

bueno	単数	複数
男性	buen amigo	buenos amigos
女性	buena amiga	buenas amigas

男性単数名詞の前では -o が脱落します。malo「悪い」, primero「第1の」, tercero「第3の」なども同じ変化をします。

　　Hace buen tiempo hoy.
　　今日はいい天気です。
　　El profesor está de mal humor.
　　先生は機嫌が悪い。

(2) grande「大きい」は男性・女性単数名詞の前で gran になります。また、名詞の前後で意味が変わります（gran hombre 偉大な男 / hombre grande 大きい男）。

grande		
	単数	複数
男性	gran escritor	grandes escritores
女性	gran escritora	grandes escritoras

　　Tiene un coche grande.
　　彼は大きな車を持っている。
　　Es un gran artista.
　　彼は偉大な芸術家です。

(3) 他にも次のように前に置かれたときと後ろに置かれたときで意味が変わるものがあります。前に置かれた場合は特殊な意味になります。

　　pobre mujer かわいそうな女　　mujer pobre 貧乏な女
　　nueva casa 今度の家　　　　　casa nueva 新築の家
　　viejo amigo 旧友　　　　　　　amigo viejo 年老いた友人

チェックしよう 日本語の意味に合うように、名詞の前か後に形容詞を入れなさい。

1. el (　　　) chico (　　　)　その貧しい男の子
2. un (　　　) pintor (　　　)　1人の偉大な画家
3. mi (　　　) casa (　　　)　私の新築の家
4. el (　　　) viejo (　　　)　そのあわれな老人
5. una (　　　) mesa (　　　)　1つの大きなテーブル

Ejercicios 13

1. 例にならい、カッコ内の語を使って比較の文を作りなさい。

    例) Juan: 1,80 m. Héctor: 1,75 m. (alto) → Juan es más alto que Héctor.

    1) España: 506.000 km^2. Portugal: 92.210 km^2. (grande)
    2) Este reloj: 250 euros. Aquel (reloj) : 250 euros. (caro)
    3) Ana: 26 años. Valentina: 30 años. (menor)
    4) Las notas de Luis: 60 puntos. Las (notas) de Juan: 80 puntos. (peores)
    5) Hoy: 34ºC Ayer: 32ºC (calor)

    (スペインでは小数点には「,」1000 の桁には「.」を用います。

2. 例にならって、最上級の文を書きなさい。

    例) Juan, chico alto, los tres → Juan es el chico más alto de los tres.

    1) El Shinano, río largo, Japón
    2) Rusia, país grande, el mundo
    3) El monte Fuji, montaña alta, Japón
    4) Esta, universidad antigua, España
    5) El fútbol, deporte popular, el mundo

3. 下線部の適切な訳を選びなさい。

    1) Es un gran escritor.   (偉大な作家 / 大柄な作家)
    2) Es un cuadro grande.   (偉大な絵 / 大きな絵)
    3) Luisa es una chica pobre.   (かわいそうな女の子 / 貧しい女の子)
    4) Ella es una vieja amiga.   (年を取った友人 / 昔からの友人)
    5) Esta es la nueva casa de Miguel. (新築の家 / 今度の家)

4. 次の文をスペイン語に訳しなさい。

    1) この靴はそちらのより値段が高い。
    2) 私の姉は私より歌が上手だ。
    3) 3月は2月と同じぐらい寒い。
    4) 僕は家族全員の中で一番背が高い。
    5) 源氏物語 (Genji Monogatari) は日本の偉大な小説だ。

Lección 14

第14課

1 再帰動詞（verbos reflexivos）とは
Normalmente me levanto a las siete.

2 再帰動詞の基本的用法
¿Te duchas antes de desayunar?
Los niños siempre se lavan las manos cuando vuelven a casa.
¿Ya te vas? – Sí, ya me voy.

1 再帰動詞とは

日本語の動詞には「起こす」と「起きる」のようなペアがたくさんありますが、スペイン語では他動詞 levantar「起こす」に再帰代名詞 se「自分自身を」を伴って levantarse「起きる」のような動詞を作ります。このように再帰代名詞とともに用いられる動詞を再帰動詞と呼びます。再帰代名詞は主語の人称・数に合わせて以下の表の赤字部分のように形が変わります。

	levantarse 起きる	
	単数	複数
1人称	me levanto	nos levantamos
2人称	te levantas	os levantáis
3人称	se levanta	se levantan

Normalmente me levanto a las siete.
私は普通7時に起きます。

動詞が不定詞のとき再帰代名詞は levantarse のように語尾に付けます。

Mañana tengo que levantarme a las siete.
明日私は7時に起きなければなりません。

チェックしよう levantarse を使った文になるように、カッコ内に適切な語を入れなさい。

1. Yo me (　　　). 2. Tú (　　　) levantas. 3. Pedro (　　　) levanta.
4. Mis padres se (　　　). 5. Nosotros nos (　　　).

92

2　再帰動詞の基本的用法

🎧 50

ここでは基本的な「直接再帰」「間接再帰」「ニュアンスを変える用法」の3つの用法を学びます（⇒ 再帰動詞のその他の用法は Nivel II, Lec.4）。

(1) **直接再帰**
levantarse「起きる」の場合と同様に再帰代名詞が直接目的語の機能を持つ用法です。

acostarse 寝る　　bañarse お風呂に入る　　despertarse 目覚める
ducharse シャワーを浴びる　　lavarse 身体を洗う　　llamarse... ～という名前である
mirarse　自分の姿を見る　　sentarse すわる　　vestirse 服を着る

¿Te duchas antes de desayunar?
君は朝食前にシャワーを浴びるの？

¿Cómo te llamas? – Me llamo Paco.
君の名前は？－パコと言います。

Tenéis que acostaros pronto.
君たちは早く寝ないといけないよ。

チェックしよう　下線部に適切な語句を入れて文を完成させなさい。

1. ¿A qué hora _____? – _____ a las once.
   君は何時に寝るの？－11時に寝るよ。
2. Mi abuela _____ en el sofá.
   祖母はソファーにすわる。
3. ¿Quieres _____?
   君はシャワーを浴びたいの？
4. ¿Cómo _____ el niño? – _____ Joaquín.
   その子はなんていう名前？－ホアキンという名前だ。
5. Los niños _____ a las seis.
   子供たちは6時に起床します。

(2) 間接再帰

再帰代名詞が間接目的語の働きをする用法です。

Los niños siempre se lavan las manos cuando vuelven a casa.
子供たちは家に帰るといつも手を洗います。

この文では las manos が lavar「洗う」の対象である直接目的語で、se は「自分自身に（対して）」という間接目的語の働きをします。

> cortarse（髪などを）切る　ponerse（衣類を）身につける
> probarse（衣類を）試着する　quitarse（衣類を）脱ぐ

Me corto el pelo cada dos semanas.
僕は2週間ごとに散髪する。

Mi hija quiere ponerse el vestido nuevo para ir a la fiesta.
娘はパーティーへ行くのに新しいドレスを着たがっています。

チェックしよう　カッコ内に適切な語を入れて文を完成させなさい。

1. En Japón（　　　　）quitamos los zapatos en la casa.
   日本では私たちは家の中で靴を脱ぎます。
2. Me（　　　　）este abrigo cuando hace frío.
   寒いときには私はこのコートを着ます。
3. ¿Puedo（　　　　）esta falda?
   このスカートを試着してもいいですか？
4. Juanito va a（　　　　）el pelo mañana.
   ファニートは明日散髪することになっている。
5. Tienes que（　　　　）las manos antes de comer.
   君は食事前に手を洗わないといけないよ。

(3) ニュアンスを変える用法

もとの動詞が本来必要としない再帰代名詞を加えることによって、動詞のニュアンスが変わる用法です。

自動詞

> caerse（ある場所から）落ちてしまう、転ぶ（← caer 落ちる）
> dormirse 眠り込む（← dormir 眠る）　　irse（ある場所から）立ち去る（← ir 行く）
> quedarse（ある場所に）とどまる（← quedar いる、残る）

Nivel I **Lección 14**

¿Ya te vas? – Sí, ya me voy. [DL]
君はもう帰るの？－うん、もう帰るよ。
　　(↔¿Adónde vas? – Voy a clase. 君はどこへ行くの？－授業へ行くよ。)
¿Quieres venir con nosotros?- No, me quedo en casa.
私たちと一緒に来る？－いや、僕は家に残るよ。
　　(↔En la nevera no queda leche. 冷蔵庫には牛乳が残っていない。)
A veces me duermo en clase.
私は授業で時々居眠りします。
　　(↔Duermo ocho horas. 私は8時間眠ります。)

他動詞

| beberse 〜を飲み干す　（← beber 〜を飲む） |
| comerse 〜を平らげる　（← comer 〜を食べる） |
| llevarse 〜を持ち去る、買っていく　（← llevar 〜を持つ、持っていく） |

Julio se come una paella para tres. [DL]
フリオは3人前のパエリャを平らげます。
　　(↔Julio come paella en la cena. フリオは夕食にパエリャを食べる。)
Me llevo este queso.
（買物で）このチーズにします。
　　(↔Llevo este queso a la fiesta. 僕はこのチーズをパーティーに持っていくよ。)

チェック しよう　下線部に適切な語句を入れて文を完成させなさい。

1. Mi abuelo _____ tres bollos en el desayuno.
   祖父は朝食に菓子パンを3つも食べてしまう。

2. ¿Ya _____ ? – Sí, ya _____ .
   君たちもう帰るの？－うん、もう帰るよ。

3. Siempre _____ en el tren.
   私は電車に乗るといつも居眠りします。

4. El señor López _____ una botella de vino todos los días.
   ロペス氏は毎日ワインを1本飲んでしまいます。

5. ¿ _____ usted este paraguas?
   この傘をお買い上げですか？

頻度を表す副詞表現を覚えよう

a veces ときどき

muchas veces / a menudo しばしば

una vez a la semana [al mes / al año] 週［月／年］に1度

todos los días [los meses / los años / los domingos]
毎日［毎月／毎年／毎週日曜日（に）］

todas las semanas [las mañanas / las tardes]
毎週［毎朝／毎日午後に］

cada semana [dos semanas / tres meses]
毎週［2週間ごとに／3ヶ月ごとに］

コラム　2種類の se

これまで se を用いる2種類の構文を学びました。

Rosa manda el paquete a sus padres.　→　Rosa se lo manda.
ロサは両親にその小包を送る。　　　　　ロサは彼らにそれを送る。

上の文の se は「彼らに」の意味の les が変化した間接目的語ですね。

Rosa se come el melón.　→　Rosa se lo come.
ロサはメロンを平らげる。　ロサはそれを平らげる。

こちらはニュアンスを変える se の用法です。ここではどちらの〈se lo ＋動詞〉も意味ははっきりしていますが、文脈がないと紛らわしい場合もあります。次の2文の意味はわかりますか？

Rosa se lo dice.

Rosa se lo lleva.

最初の例では「ロサはそれを自分自身に言う」（間接再帰）と「ロサはそれを彼［彼女／彼ら］に言う」の2つの意味が考えられます。2つ目の例文では「ロサはそれを持ち去る」（ニュアンスを変える se）と「ロサはそれを彼［彼女／彼ら］に持って行く」の意味が考えられます。文脈を考えて判断しましょう。

Nivel I **Lección 14**

Ejercicios 14

1. カッコ内に適切な再帰代名詞を入れて文を完成させなさい。

   1) Normalmente (   ) levanto a las siete y media.
   2) ¿Cuántas veces al día (   ) laváis los dientes?
   3) Mis abuelos (   ) acuestan muy temprano.
   4) ¿Ya (   ) vas?
   5) ¿Dónde (   ) sentamos?

2. 枠内の再帰動詞から1つ選び適切な形にして下線部に入れなさい。

beberse	caerse	cortarse	dormirse	lavarse
llamarse	mirarse	ponerse	quedarse	quitarse

   1) Los japoneses _____ los zapatos cuando entran en casa.
   2) Yo _____ el pelo cada dos meses.
   3) Tenéis que _____ las manos antes de comer.
   4) ¿Cómo _____ vuestro hijo? – Daniel.
   5) Todas las noches nosotros _____ una botella de vino.
   6) ¿_____ el sombrero cuando sales?
   7) Mi hijo a menudo _____ de la cama.
   8) Llueve mucho. Hoy vamos a _____ en casa.
   9) Cuando estoy cansada, _____ en el tren.
   10) Mi hermana _____ en el espejo antes de salir de casa.

3. 次の文をスペイン語に訳しなさい。

   1) あなた方はどこにすわりますか？ー ここにすわります。
   2) 君たちの犬は何と言う名前なの？ー トムというんだ。
   3) 君は寝る前に歯を磨かないとだめだよ。
   4) 君は何時に起きるの？ー 普通は6時半に起きるよ。
   5) 私の兄は、ハンバーガー (hamburguesa) を4つ食べてしまう。

Lección 15

第15課

1 se 受動文（pasiva con se）
Aquí se vende agua mineral.

2 不定人称文（oraciones impersonales）[1]
Se come bien en este restaurante.
Llaman a la puerta.

3 mucho と poco
Me gusta mucho viajar.

1 se 受動文

51

スペイン語の受動文には2種類あります。ここでは se を用いた「se 受動文」を学びます。
☞ 再帰代名詞の se と同じ形なので「再帰受動文」と呼ぶこともあります。

> se ＋ 他動詞（3人称単数・複数）＋ 主語（もの）
> (i) 主語はもので一般的に動詞の後ろに置かれる。
> (ii) 動詞は3人称単数・複数。
> (iii) 行為者（〜によって）は示されない。

Aquí se vende agua mineral.
ここではミネラルウォーターが販売されている。
Aquí se venden periódicos.
ここでは新聞が販売されている

　主語の agua mineral「ミネラルウォーター」や periódicos「新聞」に動詞形が一致しています。また行為者は示されていません。

En Chile se produce buen vino.
チリではおいしいワインが生産される。
En España se hablan cuatro idiomas.
スペインでは4つの言語が話される。

se 受動文では、一般に無冠詞の名詞が主語になり、動詞の後ろに置かれます。指示詞や冠詞を伴う名詞が主語になることもあり、その場合には文頭に置かれる傾向があります。

Esta medicina **se vende** por Internet.
この薬はネットで販売されています。

チェックしよう 下線部の動詞を適切な形にしてse 受動文を作りなさい。

1. En España beber:＿＿＿＿＿＿ mucho vino.
   スペインではたくさんワインが飲まれる。
2. En este mercado vender:＿＿＿＿＿＿ verduras frescas.
   この市場では新鮮な野菜が売られている。
3. En Japón comer:＿＿＿＿＿＿ pescado crudo.
   日本では生魚が食べられる。
4. En Paraguay hablar:＿＿＿＿＿＿ dos idiomas: el guaraní y el castellano.
   パラグアイではグアラニー語とスペイン語の2言語が話される。
5. Esta revista publicar:＿＿＿＿＿＿ cada mes.
   この雑誌は毎月刊行される。

2 不定人称文 [1] 　　Down Load 52

不定人称文とは行為を行う人をはっきり誰とは示さずに表す文を言います。この課では「se 不定人称文」と「3 人称複数による不定人称文」を覚えましょう。

(1) se 不定人称文

se 不定人称文は、「人は〜する（〜である）」というように一般的に行われる行為を表します。話し手や聞き手も含め誰にでも当てはまることを述べる不定人称文です。動詞は一般的に自動詞が用いられます（⇒ 他動詞の場合は Nivel II, Lec. 8）。

---

　　　　　　　　se ＋ 動詞（3 人称単数）

(i) se と動詞の 3 人称単数からなる。
(ii) 主語を持たない。

¿Cómo se va al aeropuerto?
空港へはどうやって行けますか？

　　　決まった主語をもつ文と比べてみましょう。
　　　¿Cómo vas al aeropuerto?
　　　君は空港へどうやって行くの？

¿Cuánto se tarda de aquí a la universidad?
ここから大学までどれぐらいかかりますか？

Se come bien en este restaurante.
このレストランはおいしい。

¿Se puede? – Sí, adelante.
入ってもいいですか？ – はい、どうぞ。

　　　puede の後ろに pasar または entrar が省略されています。

チェックしよう　下線部の動詞を適切な形にしてse 不定人称文を作りなさい。

1. Por aquí ir:＿＿＿＿＿ a la estación.
   ここを通って駅へ行けます。
2. En este pueblo vivir:＿＿＿＿＿ bien.
   この村では快適に暮らせます。
3. Tardar:＿＿＿＿＿ una hora de aquí a la oficina.
   ここからオフィスまで1時間かかります。
4. En España comer:＿＿＿＿＿ muy tarde.
   スペインではとても遅く昼食をとります。
5. En tren llegar:＿＿＿＿＿ antes.
   電車の方が早く着きます。

(2) 3人称複数による不定人称文

動詞の3人称複数形を使って第3者の行為を表す不定人称文です。話し手と聞き手は含まれません。また、se 不定人称文に比べてより具体的な行為を表します。

Llaman a la puerta.
戸口で誰かがノックしているよ（← 人が呼んでいるよ）。

Te van a suspender en el examen.
君はテストで落第してしまうよ（← 人が試験で君を落とすだろう）。

¡Sara, te llaman por teléfono!
サラ、電話だよ（← 人が君を電話で呼んでいる）！

3人称複数形を用いた次の文は、第3者の発言のように聞こえるので、次の文を日本人が発言すると不適切になります。

  Comen mucho pescado en Japón.

  日本ではたくさん魚を食べる。

se 受動文を用いると日本人でも適切な発言になります。

  Se come mucho pescado en Japón.

  日本ではたくさん魚が食べられている。

チェックしよう　カッコ内の動詞を3人称複数形にして不定人称文を作りなさい。

1. Ahí（vender:　　　）paraguas.
　 そこで傘を売っているよ。
2. （Decir:　　　）que la gasolina va a subir.
　 ガソリンが値上がりするといううわさだ。
3. （Pagar:　　　）bien en esta empresa.
　 この会社では給料がいい。
4. （Hablar:　　　）español en Argentina.
　 アルゼンチンではスペイン語を話します。
5. （Producir:　　　）mucho aceite de oliva en España.
　 スペインではオリーブオイルをたくさん生産します。

3 mucho と poco

(1) mucho は動詞の後ろに置かれて（副詞として）程度を強めたり、名詞の前に置かれ、名詞に性数一致して（形容詞として）物の数量を表したりします。

　　Me gusta mucho viajar.（副詞として）
　　私は旅行することが大好きです。
　　Tengo muchos libros.（形容詞として）
　　私はたくさんの本をもっています。
☞ 形容詞や副詞の前では muy が使われます。× Es mucho interesante.

(2) mucho の反対語の poco は「少ししか〜ない」という否定的な意味を表します。

　　En esta región nieva poco.（副詞として）
　　この地域ではほとんど雪が降らない。
　　Tiene pocos libros.（形容詞として）
　　彼はあまり本を持っていない。

(3)「少しはある」という肯定的な意味を表したいときは un poco を使います。

　　Leo poco.　　⇔　　Leo un poco.
　　私はほとんど読書しない。　　私は少し読書する。

un poco を名詞の前に置くときは de が必要です。

　　Tengo un poco de interés.
　　私は少し関心があります。

チェックしよう　下線部に mucho または poco の適切な形、あるいは un poco を入れなさい。

1. Sé _____ de este tema.
   私はこのテーマについてあまり知らない。
2. Mi hermana tiene _____ zapatos pero yo, _____.
   姉はたくさん靴を持っているが、私は少ししか持っていない。
3. ¿Podemos hablar _____ después de clase?
   授業のあとで少しお話できますか？
4. El niño tiene _____ de vergüenza.
   その子はちょっと恥ずかしがっている。
5. Este coche gasta _____ gasolina.
   この車はあまりガソリンを消費しない。

Ejercicios 15

1．カッコ内の動詞の現在形を使って se 受動文を完成させなさい。

　　1) _____ (aceptar) tarjetas de crédito.
　　2) ¿Cómo _____ (abrir) esta botella?
　　3) En Filipinas _____ (producir) muchos plátanos.
　　4) En Galicia _____ (hablar) dos idiomas: el castellano y el gallego.
　　5) ¿Cómo _____ (escribir) tu nombre, con h o sin h?

2．選択肢の中から適切なものを選び、不定人称文を完成させなさい。

　　1) ¿Cómo (se va / se van) del aeropuerto a la terminal de autobuses?
　　2) ¿(Pueden / Se puede) pasar? – Adelante.
　　3) ¿Cuándo (se publica / publican) estos diccionarios?
　　4) En la oficina (habla / hablan) mucho de ti.
　　5) (Se llama / Llaman) a la puerta. Voy a ver quién es.

3．適切な語句を選びなさい。

　　1) Duermes (poco / un poco). Tienes que dormir más.
　　2) En Aomori se producen (mucho / muchas) manzanas.
　　3) ¿Tienes (un poco / un poco de) tiempo ahora?
　　4) Esta película es (mucho / muy) divertida.
　　5) Tengo (poca / un poco) de alergia.

4．次の文をスペイン語に訳しなさい。

　　1) ここでタバコを吸う（fumar）ことができますか。
　　2) 駅にはどう行きますか？
　　3) ブラジルではたくさんのコーヒーが生産されている。
　　4) このモデルは日本ではほとんど使われていない。
　　5) この銀行は給料が安い（pagar mal）。

Lección 16

> **1 直説法点過去 (pretérito perfecto simple de indicativo) [1]**
> Llamé a mis padres el lunes.
> ¿Qué pidieron ustedes? – Pedimos una botella de vino.
>
> **2 関係詞 (relativo) [1] – que**
> Me gusta la pulsera que está en el escaparate.

1 直説法点過去 [1]

スペイン語の過去時制には点過去と線過去がありますが、ここではまず点過去を学びます。

規則活用

点過去の規則活用は 2 種類あり、-er 動詞と -ir 動詞は同じになります。

hablar 話す	
hablé	hablamos
hablaste	hablasteis
habló	hablaron

comer 食べる	
comí	comimos
comiste	comisteis
comió	comieron

vivir 住む	
viví	vivimos
viviste	vivisteis
vivió	vivieron

tocar, llegar, empezar などはつづり字が変わります。1 人称単数形が toqué（× tocé）, llegué（× llegé）, empecé（× empezé）となります。

leer「読む」、creer「信じる」、oír「聞く」、caer「落ちる」のように〈母音 + -er / -ir〉で終わる動詞では、3 人称単数・複数で語尾の i が y になります。

leer 読む	
leí	leímos
leíste	leísteis
leyó	leyeron

点過去の用法

点過去は過去の出来事や状態を1つの完結したものとしてとらえる過去時制です。

　　　Llamé a mis padres el lunes.
　　　私は月曜日に両親に電話した。
　　　¿Qué comiste ayer? – Comí paella.
　　　君は昨日何を食べたの？ – パエリャを食べたよ。

瞬間的なことがらだけではなく、長く続くことがらについても、1つのまとまりのある過去の出来事として述べるのに用いられます。

　　　¿Cuántos años vivieron ustedes en Argentina? –Vivimos cinco años.
　　　あなた方は何年アルゼンチンに住んだのですか？ – 5年住みました。

また、点過去形の動詞が2つ並ぶと、ひとつの出来事が終わってから次の出来事が起ったことを表します。

　　　Me casé en 2005 y nuestro hijo nació un año después.
　　　私は2005年に結婚し、息子は1年後に生まれました。

過去を表す時間表現を覚えよう

---
ayer 昨日　　antes de ayer / anteayer 一昨日　　anoche 昨夜　　el otro día 先日
la semana pasada 先週　　el mes pasado 先月　　el año pasado 昨年

| hace ＋期間 |　〜前に

　　El avión llegó hace veinte minutos. 飛行機は20分前に着いた。
　　Viajé a Argentina hace quince años. 私は15年前にアルゼンチンへ旅行しました。

チェックしよう　　カッコ内の動詞を点過去形にして文を完成させなさい。

1. Mi hijo (aprender:　　　　) alemán en la universidad.
　　息子は大学でドイツ語を学びました。
2. El tren (llegar:　　　　) a tiempo a Madrid.
　　電車は時間通りにマドリードに着いた。
3. ¿Cuándo me (llamar:　　　　)? – Te (llamar:　　　　) ayer.
　　君はいつ僕に電話くれたの？ – 昨日君に電話したよ。

4. ¿Qué (tomar:　　　　) en la fiesta? – (Tomar:　　　　) cava y vino tinto.
   君たちはパーティで何を飲んだの？ – カバと赤ワインを飲んだよ。
5. (Vivir:　　　　) tres años en México.
   私たちは3年間メキシコに暮らしました。

不規則活用 – 語根母音変化動詞（-ir 動詞のみ）

語根母音変化動詞（⇒ Lec.7）の -ir 動詞は点過去でこの不規則活用をします。3人称単数・複数形で語根の母音が e → i, o → u になります。

(i) pedir 頼む (e → i)		(ii) dormir 眠る (o → u)	
pedí	pedimos	dormí	dormimos
pediste	pedisteis	dormiste	dormisteis
pidió	pidieron	durmió	durmieron

(i) e → i 型
　　sentir（現在では siento, sientes... と変化）　　他に preferir, divertir
　　pedir（現在では pido, pides... と変化）　　他に seguir, servir, elegir, repetir

(ii) o → u 型
　　dormir（現在では duermo, duermes... と変化）　　他に morir

¿Qué pidieron ustedes? – Pedimos una botella de vino.
あなた方は何を注文なさいましたか？ – ボトルワインを1本注文しました。
¿Durmió usted bien? –No, muy mal con este calor.
（あなたは）よく眠れましたか？ – いいえ、この暑さでよく眠れませんでした。

☞ 語根母音変化動詞の -ar 動詞と -er 動詞は点過去では規則活用をします。
　　pensar: pensé, pensaste, pensó... ; volver: volví, volviste, volvió...

チェックしよう　カッコ内の動詞を点過去形にして文を完成させなさい。

1. Todos (preferir:　　　　) comer fuera.
   みんな外食する方を好んだ。
2. Ellos (seguir:　　　　) bien la regla.
   彼らはその規則をきっちり守った。

3. ¿Cuándo (morir:　　　) su abuelo?
   あなたのおじいさんはいつ亡くなりましたか？
4. El profesor (repetir:　　　) la pregunta.
   先生は質問を繰り返した。
5. Yo (elegir:　　　) una corbata muy alegre.
   私は明るい色のネクタイを選んだ。

2　関係詞［1］– que

関係詞のうち最もよく用いられる関係代名詞 que について学びます。que によって導かれる文（関係節）が前の文の名詞（先行詞）を修飾します。que は関係節内の主語もしくは直接目的語の働きをします。先行詞はものの場合と人の場合があります。

先行詞		主語	直接目的語
que	もの	la pulsera que está en el escaparate	los zapatos que compré en Ginza
	人	el chico que te llamó anoche	la señora que viste ayer

Me gusta la pulsera que está en el escaparate.　【que 主語の働き：先行詞はもの】
私はショーウインドーの中にあるブレスレットが好きです。
　　　← Me gusta la pulsera . + La pulsera está en el escaparate.

Llevo los zapatos que compré en Ginza.　【que 直接目的語の働き：先行詞はもの】
私は銀座で買った靴をはいています。
　　　← Llevo los zapatos . + Compré los zapatos en Ginza.

Aquí está el chico que te llamó anoche.　【que 主語の働き：先行詞は人】
昨夜君に電話してきた男性がここにいるよ。
　　　← Aquí está el chico . + El chico te llamó anoche.

La señora que viste ayer te busca.　【que 直接目的語の働き：先行詞は人】
君が昨日会った婦人が君を探している。
　　　← La señora te busca. + Viste a la señora ayer.

> **チェックしよう** 次の文の関係節に下線を引き、関係代名詞 que が（a）主語の働きをしているのか、それとも直接目的語の働きをしているのか、（b）先行詞がものか人かを判断して、【　】に答えを記入しなさい。

1. Te llama el hombre que habló contigo ayer. 【(a)　　(b)　　】
   昨日君と話した男が君に電話してきたよ。
2. El café que tomo es de Colombia. 【(a)　　(b)　　】
   私が飲むコーヒーはコロンビア産です。
3. El chico que viajó conmigo vive en Salamanca. 【(a)　　(b)　　】
   私と一緒に旅行した男の人はサラマンカに住んでいます。
4. La niña que ayudó usted se llama Mónica. 【(a)　　(b)　　】
   あなたが助けてあげた女の子はモニカと言います。
5. ¿Te dejo los libros que compré el otro día? 【(a)　　(b)　　】
   先日僕が買った本を君に貸そうか？

> **コラム　限定用法と説明用法**
>
> これまで見た例は、関係節がコンマなしに先行詞を修飾していた限定用法です。一方、先行詞と関係節の間にコンマを入れて、読む時に休止を置く用法を説明用法と言います。
>
> Tengo un hermano que vive en EE.UU.（限定用法）
> 私はアメリカ合衆国に住んでいる兄弟が1人います。
> Tengo un hermano, que vive en EE.UU.（説明用法）
> 私には兄弟が1人いますが、彼はアメリカ合衆国に住んでいます。
>
> これらの例では、限定用法と説明用法とで意味が変わることがわかります。限定用法では他の国に住んでいる兄弟がいるかもしれないことが示唆されますが、説明用法ではコンマで文が切れるため、兄弟は1人であることをまず述べて、それからその兄弟はアメリカ合衆国在住であることを付け足して説明しています。

Ejercicios 16

1. カッコ内の動詞を点過去形にして文を完成させなさい。

    1) ¿Dónde (aprender:) ustedes español?
    2) Anoche los niños (acostarse:) muy tarde.
    3) ¿Cuándo (limpiar, usted:) la habitación por última vez?
    4) El otro día (conocer, yo:) a una chica cubana.
    5) ¿Te (gustar:) mi regalo?
    6) El profesor (repetir:) la explicación.
    7) Goya (nacer:) en 1746 y (morir:) en 1828.
    8) Los estudios en la universidad me (servir:) para encontrar trabajo.
    9) Ayer (dormirse, yo:) y (llegar, yo:) tarde a la oficina.
    10) Mi mujer y yo (salir:) pero mis hijos (preferir:) quedarse en casa.

2. 関係節に下線を引き、関係代名詞が主語の働きをしているのか、直接目的語の働きをしているかを答えなさい。

    例) Me gusta la pulsera <u>que está en el escaparate</u>.   【 主語 】
    1) No encuentro el bolso que me regaló mi novio.   【   】
    2) Conozco a una chica española que habla muy bien japonés.   【   】
    3) Aquel edificio alto que vemos allí es nuestro hotel.   【   】
    4) ¿El señor que habla con el profesor es tu padre?   【   】
    5) Aquí hay muchos estudiantes que quieren estudiar en el extranjero. 【   】

3. 次の文をスペイン語に訳しなさい。

    1) 私は昨日8時半に起きた。
    2) 先週の日曜日、君はどこで昼食をとったの？
    3) 昨晩見た映画を私はとても気に入りました。
    4) その作家はいつ亡くなったの？ －3年ほど前に亡くなったよ。
    5) あれが先日私に電話してきた女の子だ。

Lección 17

1 直説法点過去 [2]
Te dije la verdad.
La película fue muy divertida.

2 関係詞 [2] – el que
Esta es la chica con la que sale Gerardo.

3 関係詞 [3] – donde
Esta tarde vemos la casa donde nació Cervantes.

1 直説法点過去 [2]

点過去で不規則な活用をする動詞には、語根母音が変化する -ir 動詞の他、語根が特別な形になるものと特殊な活用をするものがあります。

不規則活用 – 特別な語根をもつ動詞

語尾も規則活用と異なり、(i) tener 型と (ii) decir 型があります。

(i) tener 持つ (tuv-)		(ii) decir 言う (dij-)	
tuve	tuvimos	dije	dijimos
tuviste	tuvisteis	dijiste	dijisteis
tuvo	tuvieron	dijo	dijeron

☞ 1人称単数形、3人称単数形の語尾 -e、-o にはアクセントがないので注意しましょう。

(i) tener 型の変化をする動詞には、語根母音が u を持つタイプと i を持つタイプがあります。
(ii) decir 型では 3 人称複数形の語尾が -ieron ではなく -eron となります。

(i) tener 型	andar > anduv-　estar > estuv-　haber > hub-　poder > pud- poner > pus-　saber > sup-
	hacer > hic-　querer > quis-　venir > vin-
(ii) decir 型	conducir > conduj-　producir > produj-　traducir > traduj- traer > traj-

Ayer tuvimos que levantarnos muy temprano.
昨日私たちはとても早く起きないといけなかった。

¿Qué tiempo hizo ayer en tu pueblo? – Llovió todo el día.
君の町では昨日はどんな天気だったの？ － 1 日中雨だったよ。

> hacer の 3 人称単数形は hizo (× hico) になります。

Supe la noticia hace dos días.
私は 2 日前にそのニュースを知りました。

Te dije la verdad.
僕は君に本当のことを言った。

不規則活用 – 特殊な活用をする動詞

ser ～である / ir 行く	
fui	fuimos
fuiste	fuisteis
fue	fueron

dar 与える	
di	dimos
diste	disteis
dio	dieron

La película fue muy divertida.
その映画はとてもおもしろかった。

¿Adónde fuiste ayer? – Fui al médico.
君は昨日どこへ行ったの？ － 医者に行ったよ。

El domingo dimos un paseo por el Bosque de Chapultepec.
日曜に私たちはチャプルテペック公園を散歩した。

チェックしよう　カッコ内の動詞を点過去形にして文を完成させなさい。

1. ¿Qué (hacer:　　) usted ayer? – (　　) footing por el parque.
   あなたは昨日何をしましたか？ － 公園でジョギングしました。

2. ¿A quién (dar:　　) el regalo? – Se lo (　　) a Carmen.
   君はプレゼントを誰にあげたの？ － カルメンにあげたよ。

3. ¿Qué tal (ser:　　) la fiesta? – (　　) muy divertida.
   パーティーはどうだった？ － とても楽しかったよ。

4. ¿Adónde (ir:　　　) ayer? – (　　　) a la universidad.
　　君は昨日どこへ行ったの？ – 大学へ行ったよ。
5. ¿Qué te (traer:　　　) tu abuelo? – Me (　　　) una muñeca.
　　おじいさんは何を持ってきてくれたの？ – お人形を持ってきてくれたの。

2　関係詞［2］— el que

定冠詞（el, la, los, las）と que を組み合わせた関係代名詞で、前置詞の後で用いられます。次の文の □ で囲んだ名詞が先行詞です。el que の定冠詞の部分は先行詞の性・数に一致します。下線部の関係節の語順に注意しましょう。

Esta es |la chica| con la que sale Gerardo. （← Gerardo sale con la chica.）
この人がヘラルドが付き合っている女性です。
Este es |el CD| del que te hablé el otro día. （← Te hablé del CD el otro día.）
これが先日君に話した CD です。
Hoy vemos |la casa| en la que nació Cervantes. （← Cervantes nació en la casa.）
今日はセルバンテスが生まれた家を見てみましょう。

Lec. 16 で見た que と違い、el que は常に前置詞とともに用いられることが分かります。

		主語	直接目的語	前置詞句
que	もの	la pulsera que está en el escaparate	los zapatos que compré en Ginza	
	人	el chico que te llamó ayer	*la señora que viste ayer	
el que	もの			el CD del que te hablé el otro día
	人		*la señora a la que viste ayer	la chica con la que sale Gerardo

　*「人」が直接目的語の働きをする場合には que と el que の 2 種類があります。

Nivel I Lección 17

> **チェックしよう**　カッコ内に適切な語を入れて関係節を含む文を完成させなさい。

1. Este es el cuadro (　　　) que te hablé.
   これが君に話した絵だ。
2. Este es el pueblo (　　　) (　　　) que nació el novelista.
   これがその小説家が生まれた町です。
3. Esta es la escuela (　　　) (　　　) que estudian mis hijos.
   これがうちの子供たちが学んでいる学校です。
4. ¿Te gusta la clase (　　　) (　　　) que asistimos?
   君は僕たちが出席している授業が好き？
5. Me gusta la chica (　　　) (　　　) que sale mi hijo.
   私は息子が付き合っている女の子を気に入っています。

3　関係詞 [3] — donde

場所を表す関係副詞です。

　　Esta tarde vemos la casa donde [= en la que] nació Cervantes.
　　今日の午後、セルバンテスが生まれた家を見てみましょう。

上の関係節 [2] で学んだ例文の en la que と置き換えることができます。場所を表す先行詞の後ろに置かれ、関係節の中で副詞の働きをします。

　　Esta es la plaza donde [= en la que] conocí a Teresa.
　　これが私がテレサと初めて会った広場です。

> **チェックしよう**　カッコ内に que または donde を入れて文を完成させなさい。

1. Este es el pueblo (　　　) visitamos ayer.
   これが昨日私たちが訪れた村です。
2. Este es el pueblo (　　　) estuvimos ayer.
   これが昨日私たちがいた村です。

3. Aquí está el restaurante (　　　) cenamos anoche.
ここに私たちが昨夜夕食を食べたレストランがあります。
4. Esta es la plaza (　　　) tomamos el café el domingo.
これが日曜日に僕たちがコーヒーを飲んだ広場です。
5. Aquí está la iglesia (　　) vimos en la tele.
ここにテレビで見た教会があるよ。

> **コラム**　**定冠詞の総称用法**
>
> 　定冠詞は名詞が表す人やものがどれのことか聞き手が分かるときに付けられます。すでに話題になっていたり、その場で何を指しているか分かるような場合です（⇒ Lec.4）。
>
> 　¿Cómo se llama la chica?
> （そこにいる / 君の知り合いの / 話題にしていた…）女の子は何ていう名前？
> 　Mamá, ¿dónde está la leche?
> ママ、（冷蔵庫にあった / さっき買った…）ミルクはどこにあるの？
>
> 　また誰でも共通して知っている人やものについて、その種類全体を表す場合にも定冠詞を付けますが、これを「総称用法」と呼びます。
>
> 　La leche es muy buena para la salud.
> 　ミルクは健康にとてもよい。
> 　Los coches son cada vez más seguros y económicos.
> 　自動車はますます安全で経済的になっています。
>
> 「牛乳というもの」「自動車というもの」というように、それが表す種類全体を一般的に述べています。
>
> 　一方、Tomo leche.「私はミルクを飲む」、Mi tío vende coches.「私のおじは自動車を販売している」のような文では無冠詞になります。このとき名詞が「ミルク」や「自動車」の一部分しか指さないため総称とは言えないからです。すでに学んだ gustar 構文（⇒ Lec. 11）の主語が定冠詞をとるのも総称用法のためです。
>
> 　Me gusta mucho el café.
> 　私はコーヒー（というもの）が好きです。

Ejercicios 17

1. 下線部にカッコ内の動詞の点過去形を入れなさい。その際に必要があれば適切な目的語人称代名詞を補いなさい。

    1) ¿Cuándo _____ (saber, vosotros) la noticia? – _____ anoche.

    2) ¿Le _____ (dar, usted) su teléfono al cliente? – Sí, _____.

    3) ¿Te _____ (decir) la verdad los niños? – No, no _____.

    4) ¿Cuándo _____ (hacer, tú) los deberes? – _____ después de la cena.

    5) ¿Qué tal _____ (ser) la película? – Muy buena. Me _____ (gustar) mucho.

2. カッコ内の文を参考にして、下線部に que、〈前置詞＋ el ＋ que〉、または donde を入れなさい。（複数解答可）

    1) Esta es la casa _____ compró mi abuela.
       (Mi abuela compró la casa.)

    2) ¿Dónde está la agenda _____ escribes tus planes?
       (Escribes tus planes en la agenda.)

    3) Ayer vi la película _____ siempre me hablas.
       (Siempre me hablas de la película.)

    4) El restaurante _____ cenamos el otro día está cerca de aquí.
       (El otro día cenamos en el restaurante.)

    5) La chica _____ conocí en la fiesta es muy simpática.
       (Conocí a la chica en la fiesta.)

3. 次の文をスペイン語に訳しなさい。

    1) 昨夜、私は父と話したかったができなかった。

    2) 先週は天気が悪かった。

    3) 昨日私たちは、病院に行かなければなりませんでした。

    4) あそこに私の姉が付き合っている男の子がいます。

    5) 去年私たちはピカソ（Picasso）が生まれた町を訪ねました。

Lección 18

第 18 課

1. **直説法線過去 (pretérito imperfecto de indicativo)**
   En ese momento no había nadie en la sala.

2. **接続詞 (conjunción) [1]**
   No voy porque estoy cansado.

3. **関係詞 [4] — 独立用法**
   La que me llamó anoche es mi novia.

1　直説法線過去

点過去の他に線過去と呼ばれる過去時制があります。完結した出来事を表す点過去に対し、線過去は過去のある時点における状態や継続していた出来事を表します。
-ar 動詞と -er / -ir 動詞の 2 種類の活用があります。

規則活用

hablar 話す		comer 食べる		vivir 住む	
hablaba	hablábamos	comía	comíamos	vivía	vivíamos
hablabas	hablabais	comías	comíais	vivías	vivíais
hablaba	hablaban	comía	comían	vivía	vivían

不規則活用

線過去の不規則活用は次の 3 つだけです。

ser 〜である		ir 行く		ver 見る	
era	éramos	iba	íbamos	veía	veíamos
eras	erais	ibas	ibais	veías	veíais
era	eran	iba	iban	veía	veían

チェックしよう　次の動詞をカッコ内の主語に合わせて線過去形に活用させなさい。

1. beber（yo）_____
2. ir（Antonio y yo）_____
3. ver（ellos）_____
4. hablar（Pedro y tú）_____
5. vivir（usted）_____

線過去の用法

（1）過去のある時点における、状態や継続的な出来事

　En ese momento no había nadie en la sala.
　そのとき部屋には誰もいませんでした。

この文では en ese momento が過去の時点を示していますが、次の文では点過去（llegué）で表される過去の時点が基準になっています。

　Cuando llegué a casa, mis padres estaban en la cocina.
　私が家に帰ったとき両親はキッチンにいました。

時刻を表す ser はいつでも線過去になります。この場合、点過去の fueron は使えません。

　Eran las once de la noche cuando volvieron mis hijas.
　娘たちが帰宅したのは夜の11時でした。

過去における継続中の出来事だけでなく、その後に起ころうとしている出来事も表します。

　Ocurrió un terremoto cuando salíamos de casa.
　私たちが家を出ようとしていたときに地震が起こった。

☞ 完結した出来事を表すとき、「～していた」などの日本語にまどわされて次のような文で線過去を使わないように注意しましょう。

　Ayer llovió todo el día.（× llovía）
　昨日は一日中雨が降っていました。

（2）過去の習慣

　Cuando era estudiante, trabajaba después de las clases.
　私は学生のころ、授業の後に働いていました。
　Antes iba al cine los fines de semana.
　以前は週末になると映画を見に行ったものでした。

De niña aprendía a tocar el piano.
子供のころ私はピアノを習っていました。

> de niño [-a, -os, -as] は「子供のころに」の慣用表現です。他にも de joven「若いころに」/ de estudiante「学生のころに」などがあります。

点過去と線過去の使い分け

(1) 点過去と点過去の組み合わせは2つの出来事が次々に起こったことを表します。
Cuando terminamos la cena, vimos la televisión.
夕食が終わると、私たちはテレビを見ました。

(2) 点過去と線過去の組み合わせでは、線過去が示す状態が続いているときに点過去の出来事が起こったことを表します。
Cuando llegué a casa, todos veían la televisión.
私が帰宅したとき、みんなはテレビを見ていました。

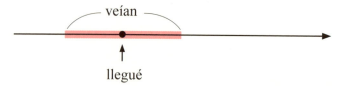

(3) 同じときに2つの行為が行われている場合にはどちらも線過去を用います。
Escuchaba la radio mientras estudiaba.
私は勉強するときにラジオを聞いていました。
Su niño jugaba en el jardín y María charlaba con su vecina.
子供は庭で遊び、マリアは隣の人とおしゃべりをしていた。

チェックしよう カッコ内の動詞を点過去か線過去の適切な形にして入れなさい。

1. Cuando (entrar:　　　) en clase, todos (mirar:　　　) la pizarra.
私が教室に入ったとき、みんなは黒板を見ていた。

2. Cuando (ser:　　　) niño, (ir:　　　) a pescar al río.
   子供のころ僕はその川へ魚釣りに行ったものだ。
3. (Ser:　　　) las tres.
   （その時）3時でした。
4. Antes (vivir:　　　) en Kioto.
   以前私は京都に住んでいました。
5. Cuando (cenar:　　　), me (llamar:　　　) un amigo.
   私が夕食をとっていたとき、ある友人から電話があった。

2 接続詞［1］

文と文を結びつける接続詞のうち、時や理由を表すものをまとめましょう。

| 時： | cuando ～するとき　mientras ～している間 |
| 理由： | porque なぜならば～、～なので　como ～なので |

一般的に porque は主節の後に、como は主節の前に置かれます。

No voy porque estoy cansado.
私は疲れているので行きません。

Como tenía trabajo, no salió el domingo.
彼は仕事だったので日曜日に外出しなかった。

チェックしよう　日本語に合うようにカッコ内に適切な接続詞を入れなさい。

1. (　　　) esperaba el autobús, me saludó un vecino.
   バスを待っているときに近所の人があいさつをしてくれた。
2. (　　　) comen, hablan mucho.
   彼らは食事中よくしゃべる。
3. Llegué tarde a la oficina (　　　) había mucho tráfico.
   道が混んでいたので、私は職場に遅刻した。
4. (　　　) tengo fiebre, hoy me quedo en casa.
   私は熱があるので、今日は家にいます。
5. Ella no desayuna (　　　) se levanta tarde.
   彼女は遅く起きるので、朝食をとりません。

3 関係詞[4] ― 独立用法

Lec. 17 では前置詞とともに用いられる el que [la que, los que, las que] を学びました。ここでは、独立用法で用いられる el que を学びます。この用法では、関係詞が先行詞を含んでおり、表す人やものの性・数に合わせて変化します。文脈から先行詞が何かわからないときは一般に人を指します。

Este museo es muy interesante pero el que visitamos ayer fue aburrido.
この博物館はとてもおもしろいが、昨日訪れたのはつまらなかった。

La que me llamó anoche es mi novia.
昨夜僕に電話してきた女性は僕の彼女です。

Casi todos los que estuvieron en la fiesta son de mi pueblo.
パーティーにいた人のほとんど全員が私と同じ町の出身です。

lo que「〜するもの、〜すること」は中性で、話や出来事などばくぜんとした内容を表します。

No entiendo lo que dices.
僕は君が言っていることがわからない。

チェックしよう 日本語に合うように、下線部に適切な関係詞を入れなさい。

1. Estos señores son _____ quieren viajar a España.
   この方たちがスペインへ旅行したい人です。
2. _____ viste en el mercado era mi tía.
   市場で君が会ったのは僕の叔母でした。
3. Estos zapatos son más baratos que _____ compré ayer.
   この靴は昨日私が買ったのより安いです。
4. Te explico _____ planeamos.
   私たちが計画していることを君に説明するよ。
5. _____ están ahí son mis hermanas.
   あそこにいる女性たちは私の姉妹です。

Ejercicios 18

1. カッコ内の動詞を線過去形にして、時を表す語句に下線を引きなさい。

    1) Por entonces mis padres (vivir:　　　) en Fukuoka.

    2) Todos los viernes (ir, nosotros:　　　) al cine.

    3) De pequeña no me (gustar:　　　) los pimientos.

    4) Antes aquí (haber:　　　) un restaurante italiano.

    5) ¿De niño (ser, tú:　　　) tranquilo?

2. 文に合うように cuando, mientras, porque, como のいずれかをカッコ内に入れなさい。

    1) ¿Dónde estabas (　　) te llamé?

    2) (　　) no hay mucho trabajo hoy, ya podéis iros.

    3) Compramos un coche nuevo (　　) el antiguo era pequeño.

    4) (　　) los niños jugaban, la madre preparaba la cena.

    5) Ayer no vino Victoria (　　) tenía fiebre.

3. 文に合うように el que, la que, los que, las que, lo que のいずれかを下線部に入れなさい。

    1) ＿＿＿＿ están al lado de la ventana son mis padres.

    2) Mi hijo no me dice ＿＿＿＿ piensa.

    3) De estos libros, ¿cuál es ＿＿＿＿ te regaló tu abuelo?

    4) Estas gafas son más baratas que ＿＿＿＿ están en el escaparate.

    5) Esa actriz es ＿＿＿＿ se casó con Diego, ¿verdad?

4. 次の文をスペイン語に訳しなさい。

    1) 僕たちは子供のころ、よくこの公園で遊んだものだ。

    2) 君はアメリカに行ったとき、何歳だったの？

    3) 以前ここには図書館があった。

    4) ピアノを弾いているのは私の妹です。

    5) 彼女が言うことは本当ではない。

第19課 Lección 19

1 現在分詞 (gerundio)
Mi padre está preparando paella en la cocina.

2 過去分詞 (participio pasado)
una carta escrita a mano

3 不定詞 (infinitivo)
Es difícil encontrar un buen trabajo en esta época.

1 現在分詞

スペイン語には活用しない、つまり人称や数を持たない動詞形の不定詞、現在分詞、過去分詞があります。これらを動詞の非人称形と言います。
まず、現在分詞から見ていきましょう。現在分詞は英語の -ing に当たる動詞形です。-ar 動詞と -er / -ir 動詞とで異なる語尾をとります。

-ar 動詞　>　-ando	-er / -ir 動詞　>　-iendo	
hablar　>　hablando	comer　>　comiendo	vivir　>　viviendo

不規則な現在分詞に注意しましょう。

　　(i) 語根母音変化動詞の -ir 動詞

　　decir > diciendo, dormir > durmiendo, pedir > pidiendo

　　(ii) 語根が母音で終わる -er, -ir 動詞および動詞 ir

　　ir > yendo, leer > leyendo, oír > oyendo

現在分詞の基本的用法

(1)「〜しながら」と副詞的に用い、中心になる動詞と同時に進行する状態や出来事を表します。
　　Los niños salieron corriendo.
　　子供たちは走って出ていった。

Me gusta esta canción. Siempre conduzco escuchándola.
私はこの歌が好きです。いつもそれを聞きながら運転します。

　　目的語人称代名詞や再帰代名詞は現在分詞の後ろに付けます。アクセント記号に注意しましょう。

(2) 〈estar ＋ 現在分詞〉で進行形を作ります。

Mi padre está preparando paella en la cocina.
父はキッチンでパエリャを作っているところです。

Mi hermano está lavándose las manos.
弟は手を洗っているところです。

Todos están mirándote.
みんなが君のことを見ているよ。

目的語人称代名詞や再帰代名詞は estar に前置することもできます。

Mi hermano se está lavando las manos.
Todos te están mirando.

チェックしよう　カッコ内の動詞を現在分詞にして文を完成させなさい。

1. Mi padre está (leer:　　　　) un libro.
   父は本を読んでいるところです。
2. ¿Qué estáis (hacer:　　　　)?
   君たちは何をしているのですか？
3. Estamos (preparar:　　　　) la cena.
   私たちは夕食を作っているところです。
4. Juanito, ¿me estás (escuchar:　　　　)?
   フアニート、私のこと聞いているの？
5. Los estudiantes paseaban (cantar:　　　　) por la calle.
   学生たちは歌いながら通りを散歩していました。

> **コラム**　現在と現在進行形
>
> スペイン語の現在時制は、そのままでも進行している状態を表すことがあります。
>
> ¿Qué hace Pedro? –Estudia en la biblioteca.
>
> ペドロは何しているの？－図書館で勉強しているよ。
>
> ¿Llueve o no llueve?
>
> 雨降っているの、降っていないの？
>
> 進行形にすると実際そのときに行われている様子がより鮮明に伝わります。
>
> ¿Qué estás haciendo? – Estoy limpiando los zapatos.
>
> 君は何しているの？－靴を磨いているところ。
>
> Mira, está lloviendo.
>
> ほら、雨が降っているよ。
>
> ¿Tu mamá está? – Sí, está hablando por teléfono.
>
> ママはいる？－うん、でもいま電話中。

2　過去分詞

Down Load 63

-ar 動詞と -er / -ir 動詞とで異なる語尾をとります。

-ar 動詞　>　-ado	-er / -ir 動詞　>　-ido	
hablar > hablado	comer > comido	vivir > vivido

leer > leído, oír > oído などはアクセント記号が必要になります。

不規則な過去分詞があるので注意しましょう。

-to:	abrir > abierto　cubrir > cubierto　escribir > escrito　freír > frito morir > muerto　poner > puesto　romper > roto　ver > visto volver > vuelto
-cho:	decir > dicho　hacer > hecho

過去分詞の基本的用法

(1) 形容詞として名詞を修飾します。過去分詞は名詞の性・数に一致します。

　　patatas fritas　フライドポテト
　　una carta escrita a mano　手書きの手紙
　　un libro muy vendido　よく売れた本

(2) 現在完了（⇒ Lec. 20）や過去完了（⇒ Lec. 21）などの完了時制や受身（⇒ Nivel II Lec. 8）で用いられます。

> **コラム　名詞を修飾する過去分詞**
>
> 　patatas fritas「フライドポテト」、carta escrita a mano「手書きの手紙」、ventana abierta「開けられた窓」の過去分詞は、freír「揚げる」、escribir「書く」、abrir「開ける」のような他動詞から作られ、「～された」という受身の意味を持っています。これが最も基本的な過去分詞だといえます。
>
> 　他に、chica sentada en el sofá「ソファーにすわった少女」や niño perdido「迷子になった子供」のように再帰動詞 sentarse「すわる」、perderse「迷子になる」からできているものもあります。
>
> 　また、un gato muerto「死んだ猫」、la semana pasada「先週（過ぎた週）」のように自動詞 morir「死ぬ」、pasar「過ぎる」から派生するものもあります。このような自動詞や再帰動詞の過去分詞は「～した」と訳します。

チェックしよう　カッコ内の動詞の過去分詞を適切な形で書きなさい。

1. semana (pasar:　　　　) 　　　　先週
2. productos (hacer:　　　　) de madera 　　　　木でできた製品
3. montaña (cubrir:　　　　) de nieve 　　　　雪で覆われた山
4. ropa (usar:　　　　) 　　　　古着
5. objetos (perder:　　　　) 　　　　忘れ物（遺失物）

3　不定詞

Down Load 🔊 64

不定詞は辞書の見出しになっている -ar, -er, -ir で終わる動詞形で、次のような用法があります。

(1)〈ir a + 不定詞〉や〈tener que + 不定詞〉のように、さまざまな動詞と結びついて動詞句を作ります (⇒ Lec. 8)。

Tenemos que salir de casa antes de las ocho.　　**DL**
私たちは 8 時前には家を出なければならない。
Acabo de leer tu email.
私はちょうどいま君のメールを読んだところです。

(2) 名詞として文中で主語、直接目的語、ser の補語、前置詞の目的語などの働きをします。

 Es difícil encontrar un buen trabajo en esta época.［主語］
 この時代にいい仕事を見つけるのは難しい。

 Necesitamos presentar el trabajo la próxima semana.［直接目的語］
 私たちは来週レポートを提出しなければならない。

 Nuestro plan es viajar por el Mediterráneo en verano.［ser の補語］
 私たちの計画は夏に地中海を旅することです。

 Estudié mucho para sacar buenas notas.［前置詞の目的語］
 私はいい成績をとるために一生懸命勉強しました。

(3) 〈al + 不定詞〉は「～する［した］とき」「～したら」などの意味を表します。

 Al salir de casa vi un accidente.
 家を出たときに事故を見ました。

チェックしよう　次の文の不定詞の働きを枠の中から選びなさい。

> 主語　直接目的語　ser の補語　前置詞の目的語

1. Mi mujer quiere pasar el verano en el Caribe.
　私の妻はカリブ海で夏を過ごしたがっています。
2. Mi idea es estudiar en el extranjero.
　私の考えは留学することです。
3. Es fácil conducir este coche.
　この車を運転するのは簡単です。
4. Te llamo antes de salir de casa.
　私は家を出る前に君に電話するよ。
5. Trabajamos para comer.
　私たちは食べるために働きます。

Nivel I Lección 19

Ejercicios 19

1. カッコ内の不定詞を現在分詞にして文を完成させなさい。

   1) Los niños están (dormir:　　　) en su habitación.

   2) No estás (escucharme:　　　).

   3) Estoy (llamarlo:　　　) pero no me contesta.

   4) Comemos (ver:　　　) la televisión.

   5) Mi madre se maquilla (mirarse:　　　) en el espejo.

2. 右の列の不定詞を 1) ～ 5) の名詞句と結びつけたうえで、適切な形にしなさい。

1) unos vasos	·	·	abrir _____
2) el pollo	·	·	pasar _____
3) el año	·	·	conocer _____
4) una canción	·	·	freír _____
5) las puertas	·	·	romper _____

3. 必要があれば、下線部の不定詞を現在分詞、または過去分詞の適切な形にしなさい。

   1) Tenemos que lavarnos las manos al llegar a casa.

   2) Está llover mucho.

   3) ¿Quieres tomar un café?

   4) Salimos temprano para no llegar tarde a clase.

   5) Es una novela muy vender.

4. 次の文をスペイン語に訳しなさい。

   1) 普段私は音楽を聞きながら夕食をとる。

   2) 彼女は世界中 (todo el mundo) で知られている女優です。

   3) 君たちここで何をしているの？－友達を待っているんだ。

   4) 彼らは私に手書きの手紙を送ってきた。

   5) 歩くことは健康 (la salud) のために良い。

Lección 20

第20課

1 直説法現在完了 (pretérito perfecto compuesto de indicativo)
Ya hemos terminado el trabajo.

2 不定語 (cuantificadores)・否定語 (indefinidos negativos)
¿Tomamos algo?

1 直説法現在完了

動詞 haber の直説法現在形 (he, has, ha, hemos, habéis, han) と過去分詞 (⇒ Lec. 19) を組み合わせて作ります。過去分詞は常に男性単数形で、変化はしません。

haber の現在形		+ 過去分詞
he	hemos	
has	habéis	+ hablado / comido / vivido
ha	han	

現在完了の用法

(1) 完了（現時点までに終わっている出来事）

Ya hemos terminado el trabajo.
私たちはもう仕事を終えました。
¿Ya has escrito la carta? – No, no la he escrito todavía.
君はもう手紙を書いたの？ – いいえ、まだ書いてない。
　目的語人称代名詞や再帰代名詞は haber の直前に置かれます。

(2) 経験（現在までに経験した出来事）

¿Has estado alguna vez en Sevilla? – No, no he estado nunca.
君はいままでセビリアへ行ったことがあるの？ – いいえ、一度もないよ。

(3) 継続（現在まで継続している出来事）

¿Siempre ha trabajado usted en este banco?
あなたはずっとこの銀行で働いていたのですか？

El señor López ha sido el responsable durante muchos años.
ロペス氏は長年にわたって責任者でした。

(4)「現在を含む時間単位」内で起きた出来事

hoy「今日」、esta mañana「今朝」、esta semana「今週」、este mes「今月」、este año「今年」のような現在を含む時間の表現とともに終了した出来事を述べる場合には現在完了を用います。

Hoy he ido al hospital.
私は今日病院へ行って来ました。
Esta semana ha llovido mucho.
今週はたくさん雨が降りました。
Esta mañana ha habido un terremoto.
今朝地震があった。

病院へ行ったのが数時間前であっても、雨がたくさん降ったのが数日前であっても、今日 (hoy) や今週 (esta semana) など現在を含む時間単位内に起こった出来事なので、動詞は点過去ではなく現在完了になります。

参考 (1)や(4)の用法はスペインが中心で、ラテンアメリカの多くの国ではこのような場合には点過去で表現します。

チェックしよう 日本語に合うようにカッコ内の動詞を現在完了形にしなさい。

1. ¿Ya (comer:　　　　)?
   君はもう食べたの？
2. Ya (terminar:　　　　) el programa de televisión.
   そのテレビ番組はもう終わりました。
3. Siempre (vivir:　　　　) en este barrio.
   私たちはずっとこの地区に住んできました。
4. Este año (haber:　　　　) muchos tifones.
   今年はたくさん台風が来た。
5. (Estar:　　　　) tres veces en Inglaterra.
   私は3度イギリスへ行ったことがあります。

2 不定語・否定語

「何か、誰か、どれか」のように特定できない範囲のものや人を示す語を「不定語」と呼びます。これと対比する意味をもつ否定語とともに覚えましょう。

不定語	否定語	
algo 何か	nada 何も〜ない	代名詞「もの」
alguien 誰か	nadie 誰も〜ない	代名詞「人」
alguno どれか(の)	ninguno どれも〜ない	形容詞・代名詞「もの・人」

不定語

不定語には代名詞の働きをするものと形容詞の働きをするものがあります。

(1) algo と alguien は代名詞の働きをします。

¿Tomamos algo?
何か飲もうか？

¿Te espera alguien? – Sí, me espera mi novio.
誰かが君を待っているの？－うん、彼氏が私を待っているの。

alguien が目的語のときには a をつけます。

¿Espera usted a alguien? – Sí, espero a mi profesor.
あなたは誰かを待っているのですか？－ええ、先生を待っています。

(2) alguno は形容詞としても代名詞としても使われます。alguna, algunos, algunas と性数変化し、形容詞として名詞を修飾するとき男性単数名詞の前では algún となります。

¿Hay algún problema?（形容詞）
何か問題でもありますか？

¿Tienes alguna pregunta?（形容詞）
何か質問ある？

¿Alguno de ustedes ha estado en España?（代名詞）
あなたたちの中で誰かスペインへ行ったことがありますか？

alguien, algo と比べ、alguno にはある範囲内での「誰か」「どれか」という意味合いがあります。

¿Ha venido alguien?
誰か来たの？

¿Ha venido alguno (de ellos)?
（彼らのうちの）誰かが来たの？

否定語

(1) 否定語も同様に nada, nadie は代名詞として用いられます。
「今日は誰も来ません」という文は、次のような語順で表されます。

> no ＋ 動詞 ＋ 否定語   Hoy no viene nadie.

ただし、強調などの理由で否定語を動詞より前に置く場合、no は不要になります。

> 否定語 ＋ 動詞   Nadie viene hoy.

No voy a comprar nada.
私は何も買いません。
Ayer nadie vino a la oficina.
昨日はオフィスに誰も来なかった。

nadie が目的語のときには a をつけます。

No espero a nadie.
私は誰も待っていません。

(2) ninguno は形容詞または代名詞として用いられます。単数形が ninguno, ninguna と性変化し、男性単数名詞の前では ningún になります。語順は nada や nadie と同じです。

No hay ningún problema.
問題は何もありません。
No ha venido ninguno（de ellos）．
（彼らのうちの）誰も来ませんでした。

チェックしよう　　カッコ内に適切な不定語または否定語を入れなさい。

1. ¿Viste a (　　　)? – No, no vi a (　　　).
君は誰かに会ったの？－いいえ、誰にも会わなかったよ。

2. ¿Quieres comer (　　)? – No, gracias. Ahora no quiero comer (　　).
   君は何か食べたい？ – いいえ、ありがとう。いまは何も食べたくないよ。
3. ¿Hay (　　) película buena? – No, no hay (　　).
   何かいい映画やってますか？ – いいえ、何もやっていません。
4. ¿Ha venido (　　) estudiante? – Sí, ha venido uno.
   誰か学生が来ましたか？ – はい、1名来ました。
5. ¿(　　) de ustedes puede venir mañana? – Yo puedo.
   あなた方の中でどなたか明日来られますか？ – 私なら来られますよ。

その他の否定語

他に ni ... ni ～「…も～もない」、tampoco「…もまた～(で)ない」(⇒ Lec. 5)、nunca / jamás「一度も～ない」などがあります。通常は〈no＋動詞＋否定語〉の語順になります。

　　No tengo (ni) tiempo ni dinero.
　　僕は時間もお金もありません。

　　　　この場合、最初の ni は省略できます。

　　No trabajamos hoy tampoco.
　　私たちは今日も働きません。
　　No he estado nunca en México.
　　私は一度もメキシコへ行ったことがありません。

これらの否定語も強調のために動詞より前に置かれることがあります。

　　Nunca he estado en México.

チェックしよう　カッコ内に適切な否定語を入れなさい。

1. No he viajado (　　　) a Europa.
   私は一度もヨーロッパへ旅行したことがありません。
2. No tenemos (　　　) vino (　　　) cerveza.
   うちにはワインもビールもありません。
3. No viene Julio (　　　).
   フリオも来ません。
4. A mí (　　　) me gusta el pescado.
   私も魚は好きではありません。
5. (　　　) he ido a los toros.
   私は一度も闘牛に行ったことがありません。

Ejercicios 20

1. 枠内の動詞から１つ動詞を選び、現在完了形にして文を完成させなさい。動詞はすべて使うこと。

   | escribir   estar   ir   llover   ver |

   1) ¿ _____ usted alguna vez en México?

   2) Esta semana _____ dos veces.

   3) Nosotros todavía no _____ esa película.

   4) ¿Ya _____ (tú) al médico?

   5) Natalia me _____ en su carta que no puede asistir a la boda.

2. 現在完了形の動詞を使って自分の立場で次の質問に答えなさい。直接目的語があれば代名詞に変えること。

   1) ¿A qué hora te has levantado esta mañana?

   2) ¿Has desayunado bien?

   3) ¿Has visto las noticias de hoy en la televisión?

   4) ¿Has hecho los deberes?

   5) ¿Has entendido bien la explicación del profesor?

3. カッコ内の選択肢の中から適切な語を選びなさい。

   1) ¿Hay (algo / algún) hospital por aquí?

   2) ¿Tienes hambre? ¿Quieres tomar (algo / alguno)?

   3) Mi padre no fuma (ni / tampoco) bebe.

   4) A estas horas no hay (nadie / ninguno) en la calle.

   5) No me gusta (ni / ningún) deporte.

4. 次の文をスペイン語に訳しなさい。

   1) 私たちは中国に一度も行ったことがない。

   2) 今朝、雨が少し降った。

   3) （君たちは）もう仕事を終えたの？

   4) このあたりには銀行が１つもない。

   5) 今日、誰か君を訪ねてきたのかい？

Lección 21

第21課

1 直説法過去完了 (pretérito pluscuamperfecto de indicativo)
　Cuando puse la televisión, ya había terminado el programa.

2 時制の一致 (concordancia de tiempos) [1]
　María dijo que Pedro trabajaba en Madrid.

3 話法 (discursos directo e indirecto)
　Elena dice: «Vivo en Madrid».
　Elena dice que vive en Madrid.

1 直説法過去完了

[Down Load] 67

過去完了は過去のある時点より前に行われた出来事や経験を表します。haber の線過去形と過去分詞（⇒ Lec. 19）を組み合わせて作ります。

haber の線過去形		+ 過去分詞
había	habíamos	
habías	habíais	+ hablado / comido / vivido
había	habían	

Cuando puse la televisión, ya había terminado el programa.
私がテレビをつけたときにはもうその番組は終わっていました。
Antes de empezar a estudiar japonés Juana ya había estado en Japón.
フアナは日本語を勉強し始める前に、すでに日本へ来たことがありました。
Hasta entonces siempre había trabajado de camarero.
そのときまで彼はずっとウエイターとして働いていました。

チェックしよう　カッコ内の動詞を文に合う過去完了形にしなさい。

1. Cuando llegué a la estación, el tren ya (salir:　　　　).
　私が駅に着いたときには電車はもう出発していました。

2. Cuando volvió mi padre, ya (cenar:　　　　　).
   父が帰ってきたときには私たちはもう夕食を食べていました。
3. A los 10 años mi hijo ya (estar:　　　　　) en EE.UU.
   息子は10歳のときにはもうアメリカ合衆国へ行ったことがありました。
4. Antes de las vacaciones yo ya (terminar:　　　　　) el trabajo.
   休暇前に私はもう仕事を終えていました。
5. Cuando la llamé, ya (acostarse:　　　　　).
   私が彼女に電話したときには、彼女はもう寝ていました。

2　時制の一致 [1]

文が主節と従属節からなるとき、従属節は主節の時制に対応させる必要があります。これを時制の一致といいます。以下で主節の動詞が現在の場合と過去の場合を見ていきましょう。まず、現在時において María が従属節の中の (a)〜(c) を伝達する場合を考えてみます。

<主節>		<従属節>		
María dice	que	Pedro trabaja en Madrid.	(a)	主節と同時
		Pedro trabajó en Madrid el año pasado.	(b)	主節より前
		Pedro ha trabajado en Madrid este mes.	(c)	

主節が現在のときは、従属節の時制は変わりません。

訳：(a) ペドロはマドリードで働いているとマリアが言う。
　　(b) ペドロは去年マドリードで働いたとマリアが言う。
　　(c) ペドロは今月マドリードで働いたとマリアが言う。

同じ従属節の内容を María が過去のある時点で述べた場合には、従属節の時制を María が発言した過去の時点に一致させる必要が出てきます。

<主節>		<従属節>		
María dijo	que	Pedro trabajaba en Madrid.	(a)	主節と同時
		Pedro había trabajado en Madrid el año anterior.	(b)	主節より前
		Pedro había trabajado en Madrid ese mes.	(c)	

訳：(a) ペドロはマドリードで働いているとマリアが言った。
　　(b) ペドロは前年マドリードで働いたとマリアが言った。
　　(c) ペドロはその月マドリードで働いたとマリアが言った。

(a) の従属節の内容は María が言ったという過去の時点において継続する状態を表すため線過去 (trabajaba) で表されます。(b)(c) ではどちらも María が言った時点よりも前に起こったこととして考えられるので、両方とも過去完了 (había trabajado) にします。el año pasado「去年」は el año anterior「前年」に変わります。また、este mes は ese [aquel] mes になることに注意しましょう。

このような時制の一致をまとめてみましょう。

主節	従属節	
現在	現在	主節と同時
	点過去 現在完了	主節より前

⇒

主節	従属節	
過去	線過去	主節と同時
	過去完了	主節より前

☞ 従属節の動詞が線過去の文は、主節の動詞が過去になっても線過去のままです。
　　María dice que antes no le gustaban los tomates.
　　→ María dijo que antes no le gustaban los tomates.
　　　マリアは、昔はトマトが好きではなかったと言った。

☞ 上の表の (b) のように従属節の動詞が点過去の文は、時制の一致により過去完了になるのが一般的ですが、次のように点過去のままになることもあります。

　María dice que estuvo en Perú en verano.
　→ María dijo que estuvo en Perú en verano.
　　マリアは、夏はペルーにいたと言った。

> **チェック**しよう　主節の動詞の時制に注意して、従属節の動詞形を書き換えなさい。

1. Juan dice que su padre tiene problemas en el trabajo.
   → Juan dijo que su padre (　　　　) problemas en el trabajo.
   フアンはお父さんが職場で問題を抱えていると言った。

2. La madre piensa que a su hija le gusta el pescado.
   → La madre pensaba que a su hija le (　　　　) el pescado.
   母は、娘は魚が好きだと思っていた。

3. Elena dijo que estaba muy bien.
   → Elena dice que (　　　　) muy bien.
   エレナはとても元気だと言います。

4. El jefe nos dijo que había visto al cliente el día anterior.
   → El jefe nos dice que (　　　　) al cliente ayer.
   上司は、昨日は顧客に会ったと私たちに言います。

5. El profesor cree que ya hemos terminado el trabajo.
   → El profesor creía que ya (　　　　) el trabajo.
   先生は私たちがもうレポートを仕上げたと思っていました。

3　話法

ある人が話す内容（《 》内の発言）をそのまま伝えるのが「直接話法」、文の話し手の立場から伝達する形式を「間接話法」と呼びます。

直接話法	Elena dice: 《Vivo en Madrid》.
	エレナは「（私は）マドリードに住んでいます」と言う。
間接話法	Elena dice que vive en Madrid.
	エレナはマドリードに住んでいると言う。

間接話法では、1) 従属節は que で導かれる、2) 従属節の人称が変わる（この例では主節の Elena に合わせて主語は Elena、動詞は 3 人称単数）、3) 時制の一致が起こる、の 3 つの点に注意しましょう。

　　Elena dijo: 《Vivo en Madrid》.
　→ Elena dijo que vivía en Madrid.
　　Elena dijo: 《Viví / He vivido en Madrid》.
　→ Elena dijo que había vivido en Madrid.

疑問文を従属節にする場合

肯定か否定を尋ねる疑問文は接続詞の si を、疑問詞による疑問文はその疑問詞を使って従属節を導きます（⇒ Lec. 10）。

Paco me preguntó: «¿Quieres ir al cine conmigo?»
パコは「僕と一緒に映画に行かない？」と私に聞いた。
→ Paco me preguntó si quería ir al cine con él.
パコは一緒に映画に行きたいかどうか私に聞いた。

Paco me preguntó: «¿Qué compraste ayer en el centro?»
パコは「昨日は中心街で何を買ったの？」と私に聞いた。
→ Paco me preguntó qué había comprado el día anterior en el centro.
パコは私が前日に中心街で何を買ったのか私に聞いた。

チェックしよう カッコ内に適切な語を入れて間接話法の文を完成させなさい。

1. Paco me dice: «Tengo hambre».
   パコは「お腹がすいたよ」と私に言う。
   → Paco me dice que (　　　　) hambre.
2. María me pregunta: «¿Dónde vives?».
   マリアは「君はどこに住んでいるの？」と私に聞く。
   → María me pregunta dónde (　　　　).
3. Mamá me preguntó: «¿Has terminado la tarea?»
   ママは「お前は宿題を終えたの？」と僕に聞いた。
   → Mamá me preguntó (　　　　) había terminado la tarea.
4. Julio me dijo: «Viajé a Japón en verano».
   フリオは「僕は夏に日本へ旅行したよ」と私に言った。
   → Julio me dijo que (　　　　) a Japón en verano.
5. Tomás me preguntó: «¿Cómo estás?».
   トマスは僕に「元気かい？」と聞いた。
   → Tomás me preguntó cómo (　　　　).

Ejercicios 21

1. カッコ内の動詞を現在完了形または過去完了形に活用させなさい。

    1) Esta mañana yo (levantarse:　　　　) temprano.
    2) En el año 1975 ya (nacer, tú:　　　　), ¿verdad?
    3) Cuando me llamaste, ya (hacer, yo:　　　　) la comida.
    4) Niños, ¿ya (lavarse:　　　　) los dientes?
    5) Mónica no vino porque (ponerse:　　　　) enferma.

2. 下線部の動詞をカッコ内に指示された過去時制に変えて、全文を書き換えなさい。

    1) Mis amigos me <u>dicen</u> que les escribo poco.（点過去）
    2) <u>Creo</u> que ellos saben la verdad.（線過去）
    3) Todos <u>saben</u> que lo habéis hecho vosotros.（線過去）
    4) Nuestros vecinos <u>piensan</u> que hemos comprado un coche muy caro.（点過去）
    5) Ellos <u>creen</u> que te has casado con el hermano de Juan.（線過去）

3. 次の文を間接話法に書き換えなさい。

    例) Juan me dice: «Estoy resfriado». → Juan me dice que está resfriado.
    1) Juan me dice: «Me gusta el fútbol».
    2) Juan me pregunta: «¿Quieres conocer a mi familia?»
    3) Juan me dijo: «No puedo ayudarte».
    4) Juan me dijo: «Has hecho un buen trabajo».
    5) Juan me preguntó: «¿Viniste a la universidad el jueves?»

4. 次の文をスペイン語に訳しなさい。

    1) 私たちが映画館に着いたときには、映画はすでに始まっていた。
    2) そのときまで、私は彼と話したことがなかった。
    3) 私は、スペイン語はもっとやさしいと思っていた。
    4) その女の子は私たちにどこに住んでいるのかと尋ねた。
    5) 私の友人たちは私に料理 (cocinar) が上手だと言ってくれる。

| 第22課 | **Lección 22** |

> **1 直説法未来 (futuro simple de indicativo)**
>   El año próximo estudiaré español en México.
> **2 条件文 (oraciones condicionales) ［1］—現実的条件文**
>   Si coges este tren, llegarás a tiempo a clase.
> **3 –mente の副詞 (adverbios con –mente)**
>   Mi abuela habla claramente.

1　直説法未来　 70

未来の出来事を述べる時制を覚えます。活用語尾は1種類で動詞の種類にかかわらず不定詞の後ろに同じ活用語尾 (-é, -ás, -á, -emos, -éis, -án) を付けて作ることができます。

未来の活用

hablar　話す	
hablaré	hablaremos
hablarás	hablaréis
hablará	hablarán

comer　食べる	
comeré	comeremos
comerás	comeréis
comerá	comerán

vivir　住む	
viviré	viviremos
vivirás	viviréis
vivirá	vivirán

不規則動詞は語根が変わりますが、語尾は規則動詞と同じです。不規則動詞には次の3タイプがあります。

(i) poder できる > podr-		(ii) tener 持つ > tendr-		(iii) hacer する、作る > har-	
podré	podremos	tendré	tendremos	haré	haremos
podrás	podréis	tendrás	tendréis	harás	haréis
podrá	podrán	tendrá	tendrán	hará	harán

(i)　語尾の -e- が消失するタイプ

　　poder > podr-, haber > habr-, querer > querr-, saber > sabr-

(ii)　語尾の -e- または -i- が消失し、-d- が入るタイプ

　　tener > tendr-, poner > pondr-, salir > saldr-, venir > vendr-

(iii) その他

　　hacer > har- , decir > dir-

チェックしよう　次の動詞を指示された主語に合わせて未来形に活用させなさい。

1. hablar (nosotros) _____　2. tener (tú) _____
3. salir (yo) _____　4 decir (María y Elena) _____
5. querer (Juan y tú) _____

未来の用法

(1) 未来の状態、出来事

El año próximo estudiaré español en México.
来年私はメキシコでスペイン語を勉強するつもりです。
¿Podrás venir a verme este fin de semana?
君は今週末私に会いに来られる？
Mañana no habrá clase.
明日は授業がないでしょう。

〈ir a + 不定詞〉も未来の出来事を表しますが、口語でよく用いられます。

El año próximo voy a estudiar español en México.
来年私はメキシコでスペイン語を勉強するつもりです。

未来を表す時間表現を覚えよう

> mañana 明日　　pasado mañana あさって
> la semana próxima / la próxima semana / la semana que viene 来週
> el mes próximo / el próximo mes / el mes que viene 来月
> el año próximo / el próximo año / el año que viene 来年
> dentro de tres días（今から）3日後
> algún día いつか　　un día de estos 近いうちに

(2) 現在の状態の推量

¿Dónde está el profesor? – Estará en su despacho.
先生はどこにいらっしゃいますか？ – 研究室でしょう。
¿De dónde es Teresa? – No sé. Será de algún país sudamericano.
テレサはどこの出身かな？ – わからないよ。南米のどこかの国の出身だろうね。
¡Mamá, llaman a la puerta! – ¿Quién será a estas horas?
ママ、誰かノックしているよ。– こんな時間に誰だろう。

(3) 主に２人称の相手に対する命令　　　　　　　　　　　　　DL

　　Quiero pedirte un favor. – Tú me dirás.
　　お願いがあるんだけど。– 言ってみて。
　　Me esperarás aquí. – Sí, mamá.
　　ここで待っているのよ。– うん、ママ。

チェックしよう　　カッコ内の動詞を未来形にして文を完成させなさい。

1. (Viajar:　　　　) por Europa este verano.
   私たちはこの夏にヨーロッパを旅行するつもりです。
2. El director (estar:　　　　) en la oficina.
   部長はオフィスにいるでしょう。
3. En la conferencia (hablar:　　　　) un profesor famoso.
   講演会ではある有名な先生が話すことになっています。
4. ¿Qué (ser:　　　　) esto?
   これは何だろう？
5. Nunca os (olvidar:　　　　).
   僕は君たちのことを絶対に忘れないだろう。

コラム　推量表現について

　どの動詞でも未来形にすると現在の推量の用法になるとは限りません。estar や ser のような「状態」を表す動詞の場合は推量の意味が出ますが、comer, hacer, estudiar のように「動き」を表す多くの動詞は、未来形にしても単なる未来の意味しか表さないので注意しましょう。例えば次の例はどれも未来の意味になります。

　¿Qué comerán?
　彼らは何を食べるのだろうか？
　Mi hija estudiará en la biblioteca.
　娘は図書館で勉強するだろう。

「動き」を表す動詞を推量の用法で使う場合には、「状態」を表すようにするために未来進行形を使う必要があります。

　¿Qué estarán comiendo?
　彼らは何を食べているのだろうか？
　Mi hija estará estudiando en la biblioteca.
　娘は図書館で勉強しているのだろう。

2 条件文［1］— 現実的条件文

条件文には現実的な条件文と非現実的な条件文があります（⇒非現実的な条件文は Nivel II, Lec. 16）。現実的条件文は実現可能性のある条件を表します。

  Si coges este tren, llegarás a tiempo a clase.
  君はこの電車に乗ると授業に間に合うよ。
  ¿Qué dirá mi padre si se entera de esto?
  父がこのことを知ったら何と言うだろう？
  Si tengo suerte, podré estudiar en España.
  運がよければ私はスペイン留学できる。

si で導かれる条件節には未来形が用いられないので注意しましょう。未来形の代わりに現在形が用いられます。

  Si vienes mañana, te dejaré mis apuntes.　（× Si vendrás mañana…）
  君が明日来てくれればノートを貸してあげるよ。

チェックしよう　カッコ内の動詞を現在形または未来形に活用させて条件文を完成させなさい。

1. Si (llover:　　　) el domingo, no (ir:　　　) de excursión.
 日曜日に雨が降れば私たちは遠足には行きません。
2. Si (hacer:　　　) buen tiempo mañana, (salir:　　　) de compras.
 明日晴れたら私は買い物に出かけるつもりです。
3. Si no (darse:　　　) prisa, (llegar:　　　) tarde a la reunión.
 あなたは急がないと会合に遅れますよ。
4. (Tener:　　　) que ir a verlo si (tener:　　　) tiempo.
 君は時間があれば彼に会いに行かないといけないでしょう。
5. Si (querer:　　　), (poder:　　　) ir al cine esta noche.
 もし（君が）よかったら僕たちは今夜映画に行けるよ。

3 -menteの副詞

形容詞の語尾に -mente を付けて副詞を作ることができます。-o で終わる形容詞は -o を -a に変えて、子音や -o 以外の母音で終わる形容詞にはそのまま -mente を付加します。

　　claro はっきりした ＞ claramente はっきりと
　　seguro 確実な ＞ seguramente きっと
　　normal 普通の ＞ normalmente 普通は

アクセントは形容詞と -mente の両方にあります。前者のアクセントを強めに発音します。

　　generalmente 一般に

-mente の副詞が2つ以上並ぶときには、最後の形容詞にのみ -mente が付きます。その前の形容詞も -o が -a になることに注意しましょう。

　　Mi abuela habla clara y lentamente.
　　祖母は明瞭にゆっくりと話します。

チェックしよう　次の形容詞を –mente の副詞にしなさい。

1. rápido　速い＿＿＿＿＿＿＿＿＿＿＿＿
2. alegre　楽しい＿＿＿＿＿＿＿＿＿＿＿
3. amable　優しい＿＿＿＿＿＿＿＿＿＿＿
4. fácil　簡単な＿＿＿＿＿＿＿＿＿＿＿＿
5. lento y tranquilo　ゆっくりとして落ち着いた＿＿＿＿＿＿＿＿＿＿＿＿＿＿

Ejercicios 22

1. カッコ内の動詞を未来形に活用させて、未来の出来事を表す文 (1 〜 5)、または現在の推量を表す文 (6 〜 10) を完成させなさい。

    1) ¿(Poder:　　　　) ustedes venir mañana?
    2) Dentro de una semana el presidente de EE.UU. (venir:　　　　) a Japón.
    3) ¿Qué nombre le (poner, tú:　　　　) a este perro?
    4) Mis compañeros y yo (terminar:　　　　) todo el trabajo pasado mañana.
    5) Yo no se lo (decir:　　　　) a nadie.
    6) ¿Qué música (ser:　　　　) esta?
    7) ¿Dónde (estar:　　　　) mis padres?
    8) Seguramente (tener, vosotros:　　　　) mucha hambre.
    9) Algunos de ustedes me (conocer:　　　　).
    10) Posiblemente (haber:　　　　) mucha gente en el tren.

2. カッコ内の動詞を現在形または未来形に変えて、条件文を完成させなさい。

    1) Si (llover:　　　) mañana, (quedarse, nosotros:　　　　) en casa.
    2) Si (querer, tú:　　　　), te (llevar, yo:　　　　) a la estación en mi coche.
    3) Si no (tener, usted:　　　　) inconveniente, le (enseñar:　　　　) mi ciudad.
    4) Si (salir, tú:　　　　) del trabajo pronto, ¿me (llamar:　　　　) a casa?
    5) Si le (molestar:　　　　) la música, (bajar, yo:　　　　) el volumen.

3. 次の文をスペイン語に訳しなさい。

    1) 明日は1日中雨が降るでしょう。
    2) 3ヶ月後にマヌエルと私は結婚する予定です。
    3) たぶん (posiblemente) 今ごろ僕の友人たちは大学にいるだろう。
    4) もし5時前に仕事を終えたら、あなたに電話します。
    5) 来週の月曜日、テストはあるだろうか？

Lección 23

第23課

1 直説法過去未来 (condicional simple de indicativo)
Sabía que María vendría a verme.

2 時制の一致 [2]
María dijo que Pedro volvería a casa al día siguiente.

1 直説法過去未来

)) 73

過去のある時点から見た未来のことを表すのがこの時制の基本的意味です。未来と同じように1種類の語尾 (-ía, -ías, -ía, -íamos, -íais, -ían) を不定詞の末尾に付け加えます。

過去未来の活用

hablar 話す	
hablaría	hablaríamos
hablarías	hablaríais
hablaría	hablarían

comer 食べる	
comería	comeríamos
comerías	comeríais
comería	comerían

vivir 住む	
viviría	viviríamos
vivirías	viviríais
viviría	vivirían

過去未来の不規則動詞は未来と同じ語根をもちます。覚えた未来の不規則語根を思い出して過去未来の語尾を付けてみましょう。

(i) poder できる	
podría	podríamos
podrías	podríais
podría	podrían

(ii) tener 持つ	
tendría	tendríamos
tendrías	tendríais
tendría	tendrían

(iii) hacer する、作る	
haría	haríamos
harías	haríais
haría	harían

(i) poder > podr-, haber > habr-, querer > querr-, saber > sabr-
(ii) tener > tendr-, poner > pondr-, salir > saldr-, venir > vendr-
(iii) hacer > har-, decir > dir-

チェックしよう 次の動詞を指示された主語に合わせて過去未来形に活用させなさい。

1. cantar (tú)
2. tener (Pedro)
3. poder (tú y yo)
4. hacer (Elena y Juan)
5. poner (nosotras)
6. decir (Juan y tú)
7. querer (yo)
8. saber (usted)
9. estar (vosotros)
10. salir (ellos)

過去未来の用法

(1) 過去から見た未来

基準になる過去のある時点から見て未来に起こることを述べるときに用います。次の例では主節の動詞の過去時制が表す時点が基準になっています。

　　Pedro dijo que me llamaría el domingo.
　　ペドロは日曜日に私に電話するつもりだと言いました。
　　Sabía que María vendría a verme.
　　私はマリアが会いに来ることを知っていました。
　　Pensé que no tardarían mucho en llegar.
　　私は彼らがすぐに着くだろうと思いました。

(2) 過去の状態の推量

未来が現在の推量を表すのと同じく、過去未来にも過去の状態を現時点からふりかえって推量する用法があります。

　　Cuando volvió mi hijo, serían las dos de la madrugada.
　　息子が帰宅したのは夜中の2時だっただろう。
　　Entonces tendría como 30 años.
　　そのとき私は30歳ぐらいだっただろう。

(3) 丁寧表現

　　Me gustaría hablar con el director.
　　部長とお話したいのですが。
　　¿Podrías dejarme tus apuntes?
　　君のノートを貸してもらえるかな。

チェックしよう カッコ内の動詞を過去未来形にして文を完成させなさい。

1. ¿(Poder, usted:　　　) traernos una botella de vino tinto?
   赤ワインを1本持ってきてもらえますか。
2. María dijo que (volver:　　　) pronto.
   マリアはすぐに戻ってくると言った。
3. Pensé que ellos me (ayudar:　　　).
   私は彼らが手伝ってくれるだろうと思った。
4. Me (gustar:　　　) conocer a tu madre.
   君のお母さんとお知り合いになれればいいのだけれど。
5. Me dijeron que (haber:　　　) mucha gente en la plaza.
   彼らは私にその広場には人出が多いだろうと言った。

コラム　仮定で用いられる過去未来

もう1つよく用いられる過去未来の表現として、
　　Yo no haría eso.
　　私なら、そんなことしないのに。
　　Sin ti yo no podría vivir.
　　君がいないと僕は生きてなんかいけないよ。
などがあります。これらの文には仮定の意味が隠されていますが、どの部分でしょうか？最初の文では yo「もしそれをするのが私なら」、2つ目の文では sin ti「君がいないようなことがあれば」ですね。文の形ではないので注意しましょう。
　同じように、過去未来の用法の(3)で見た丁寧表現にも「できれば〜」「よろしければ〜」と聞き手の気持ちを仮定する意味が隠されていると考えられます。相手の気持ちを思いやるところから丁寧の意味が生まれるわけですね。

2 時制の一致 [2]

Lec. 21 で時制の一致を学びました。ここでは従属節に未来形を含む文の時制の一致を見てみましょう。
例えば、María の発言内容が次の文だとします。ここには未来形が用いられています。

　　Pedro volverá a casa mañana.
　　ペドロは明日家へ帰るだろう。

＜主節＞		＜従属節＞	
María dice	que	Pedro volverá a casa mañana.	主節より後

訳：ペドロは明日家へ帰るだろうとマリアは言う。

主節が現在のときは、従属節は未来形のままです。
次に同じ内容を María が過去に述べたとすると、従属節内の動詞は過去未来形 (volvería) になります。

＜主節＞		＜従属節＞	
María dijo	que	Pedro volvería a casa al día siguiente.	主節より後

訳：ペドロは翌日家へ帰るだろう［帰ることになっている］とマリアが言った。

mañana「明日」が al día siguiente「翌日」に変わっていることに注意しましょう。また el mes próximo や指示詞の este mes などの表現は、それぞれ al mes siguiente、ese mes を伴う表現に変わります。

　　María dice que viajará el mes próximo.
　　マリアは来月旅行するだろうと言う。
　　　→ María dijo que viajaría al mes siguiente.
　　　　マリアは翌月旅行するだろうと言った。
　　María dice que estará ocupada este mes.
　　マリアは今月忙しくなると言う。
　　　→ María dijo que estaría ocupada ese mes.
　　　　マリアはその月は忙しくなると言った。

このような時制の一致をまとめてみましょう。

主節	従属節	
現在	未来	主節より後

⇒

主節	従属節	
過去	過去未来	主節より後

チェックしよう　主節に合わせて従属節の動詞形を書き換えなさい。

1. Juan dice que su padre vendrá este sábado.
   → Juan dijo que su padre (　　　　) ese sábado.
   フアンはお父さんがその週の土曜日に来るだろうと言った。

2. La madre piensa que a su hija le gustará su regalo.
   → La madre pensaba que a su hija le (　　　　) su regalo.
   母は娘が自分のプレゼントを気にいるだろうと思っていた。

3. Elena dice que estará en Sevilla mañana.
   → Elena dijo que (　　　　) en Sevilla al día siguiente.
   エレナは、翌日はセビリアにいるだろうと言った。

4. El jefe dijo que vería al cliente al mes siguiente.
   → El jefe dice que (　　　　) al cliente el mes próximo.
   上司は来月顧客に会うことになると言う。

5. El profesor creía que todos los estudiantes presentarían el trabajo.
   → El profesor cree que todos los estudiantes (　　　　) el trabajo.
   先生は学生全員がレポートを提出するだろうと思っている。

Nivel I Lección 23

Ejercicios 23

1. カッコ内の動詞を過去未来形にして、過去から見た未来の出来事を表す文 (1～3)、または過去の推量を表す文 (4,5) を完成させなさい。

    1) Yo creía que tú no (venir:) a la reunión.
    2) Pensé que el autobús (salir:) puntualmente.
    3) Mis amigos me dijeron que no (poder:) venir a la fiesta.
    4) Entonces no (haber:) nadie en casa.
    5) Tu madre (estar:) cansada cuando habló contigo.

2. 現在形の動詞を過去未来形に変えて、丁寧表現を含む文にしなさい。

    1) ¿Puede usted cerrar la ventana?
    2) Tenéis que volver a casa ya.
    3) Deseo hablar con el director.
    4) Debemos hablar directamente con el jefe.
    5) ¿Te importa esperar un poco más?

3. 次の文を間接話法に書き換えなさい。

    例) Juan me dijo: ‹‹No habrá clase el viernes››.
        → Juan me dijo que no habría clase el viernes.
    1) Juan me dijo: ‹‹Hablaré con el jefe el martes››.
    2) Juan me dijo: ‹‹Vendrá un tifón el fin de semana››.
    3) Juan me dijo: ‹‹Te escribiré muy pronto››.
    4) Juan me dijo: ‹‹Tendrás problemas con ese cliente››.
    5) Juan me dijo: ‹‹Tu abuela se pondrá contenta al verte››.

4. 次の文をスペイン語に訳しなさい。

    1) 私たちは、あなたがパーティーに行くだろうと思っていました。
    2) 私は子供たちが私に本当のことを言わないだろうということを知っていた。
    3) 当時 (por entonces)、人々はまだスマートフォン (teléfono inteligente) を使っていなかっただろう。
    4) 君の車を明日貸してもらえるかなあ？
    5) 私はいつかこの美術館を訪ねてみたいなあ。

Lección 24

第24課

1. **接続法 (subjuntivo) とは**
   No creo que Julio hable japonés.
2. **命令形 (formas de imperativo)[1]**
   Habla despacio.

1　接続法とは

これまで学んできた動詞の活用はすべて「直説法」と呼ばれる表現法に属していました。スペイン語の動詞には「接続法」と呼ばれるもう1つの表現法と活用体系があります。この課では接続法とはどんなものかを紹介し、接続法現在の規則活用とその基本的な用法を覚えて Nivel II の接続法の用法への導入とします。

接続法現在の活用（規則動詞）

-ar 動詞では語尾の母音が -e に、-er / -ir 動詞では -a に変わります。1人称単数形と3人称単数形は同じ形になります。

hablar 話す	
hable	hablemos
hables	habléis
hable	hablen

comer 食べる	
coma	comamos
comas	comáis
coma	coman

vivir 住む	
viva	vivamos
vivas	viváis
viva	vivan

次のような動詞ではつづり字に注意しましょう。
buscar > busque (×busce), llegar > llegue (×llege), coger > coja (×coga)

接続法の基本的用法

直説法現在を用いて次のように言うと、Julio が日本語を話す能力があることを話し手は知っていて事実をそのまま述べていることを表します。

Julio habla japonés.［直説法］
フリオは日本語を話します。

creer「思う」「信じる」という動詞を用いて次のように述べても、事実を述べているのでやはり直説法が使われます。

　　Creo que Julio habla japonés.［直説法］

　　私はフリオが日本語を話すと思います。

ところが話し手が、Julio が日本語を話せることに疑いを持っていたり、話せないことを知っている場合には、次のように発言します。

　　No creo que Julio hable japonés.［接続法］

　　フリオが日本語を話せるとは思いません。

このように主節に「疑い・否定」の意味が含まれている場合には、que 以下の従属節の動詞は接続法になります。

さらに「願望・要求」が表される場合を見てみましょう。

　　Quiero que me llames esta noche.［接続法］

　　私は君に今夜電話してほしい。

上の文では、「私」が「君」に「今夜私に電話してくれること」を今の願望として伝えています。ところが今夜「君」から電話があるかどうかはこの時点では不明です。すなわち、事実としてその内容にふれることができません。このような場合も接続法になります。

以上をまとめてみましょう。

> 「事実をありのままに述べる内容」には　直説法
> 「事実かどうかについてはふれない内容」には　接続法

という関係になります。接続法の詳しい用法については Nivel II で学びます。

チェックしよう　カッコ内の動詞を接続法現在形にして「疑い・否定」あるいは「願望・要求」の文を完成させなさい。

1. Queremos que (llegar:　　　) a tiempo el autobús.
　私たちはバスが時間どおりに着くことを望みます。
2. No creo que Teresa (vivir:　　　) en Yokohama.
　私はテレサが横浜に住んでいるとは思いません。

3. Luis quiere que le (dejar:　　　) mis apuntes.
   ルイスは私にノートを貸してほしいと願っています。
4. No creo que a Ana le (gustar:　　　) la comida japonesa.
   僕はアナが日本料理を好むとは思いません。
5. Mi madre quiere que yo (levantarse:　　　) más temprano.
   私の母は私がもっと早く起きることを望んでいます。

2 命令形［1］

命令形は肯定形と否定形で作り方が違います。この課では肯定形のみを扱います（⇒否定命令形は Nivel II, Lec. 12）。

肯定命令

hablar 話す	
—	hablemos
habla	hablad
hable	hablen

comer 食べる	
—	comamos
come	comed
coma	coman

subir 乗る, 乗せる	
—	subamos
sube	subid
suba	suban

(1) tú に対する肯定命令

直説法現在 3 人称単数形と同じ形になります。

　　Habla despacio.
　　ゆっくり話しなさい。
　　Come más.
　　もっと食べなさい。
　　Corre, que se va el tren.
　　急いで。電車が出るから。
　　　命令形の後ろに〈, que ＋直説法〉を続けると、命令する理由を付け加えることができます。

tú に対する命令の不規則形

| decir > di　hacer > haz　ir > ve　poner > pon　salir > sal　ser > sé |
| tener > ten　venir > ven |

　　Pepito, ven aquí.
　　ペピート、ここへいらっしゃい。

(2) vosotros に対する肯定命令

不定詞の -r を -d に変えた形。不規則形はありません。

  Pasad, pasad.
  （君たち）入って。
  Tomad cerveza.
  （君たち）ビールを飲んで。

参考 スペインでは話しことばで vosotros に対する命令に不定詞と同じ形を用いることがあります。
  Chicos, pasar y tomar asiento.
  みんな、入って席について。

(3) tú と vosotros 以外の人称の肯定命令

接続法現在の活用形を用います。

  Suban.
  （あなた方）乗ってください。
  Gire usted a la derecha en la segunda esquina.
  （あなた）2つめの角を右へ曲がってください。
   主語を伴うときは動詞の後ろに置きます。
  Hablemos de nuestro viaje.
  僕たちの旅行について話そう。(= Vamos a hablar de...)
   1人称複数形は「〜しよう」（勧誘）の意味 (= vamos a + 不定詞) になります。

(4) 肯定命令形と目的語人称代名詞

目的語人称代名詞は、肯定命令では動詞の末尾に付けます。アクセント記号に注意しましょう（⇒ 再帰代名詞との組み合わせは Nivel II, Lec. 12）。

  Pásame la sal.
  （君）塩を回して。
  Pregúntaselo.
  （君）彼にそれを聞いて。

肯定命令形の作り方をまとめましょう。

主語	作り方
(1) tú	直説法現在3人称単数形と同じ形
(2) vosotros / -as	不定詞の -r を -d に変えた形
(3) usted	接続法現在の活用形
ustedes	
nosotros / -as（勧誘）	

チェックしよう　次の文を同じ主語に対する肯定命令形にしなさい。

1. Hablas de eso.　　　　　　→ _____ de eso.
   君はそのことについて話す。
2. Me llama mañana.　　　　　→ _____ mañana.
   あなたは明日私に電話する。
3. Coméis aquí.　　　　　　　 → _____ aquí.
   君たちはここで食べる。
4. Le escribes cuanto antes.　　→ _____ cuanto antes.
   君はなるべく早く彼に手紙を書く。
5. Ustedes pasan al salón.　　　→ _____ al salón.
   あなた方は居間に入る。

序数を覚えよう

DL

（男性形）　1.º primer(o)　2.º segundo　3.º tercer(o)　4.º cuarto　5.º quinto
　　　　　　6.º sexto　　　7.º séptimo　　8.º octavo　　9.º noveno　10.º décimo

primero, tercero は男性単数名詞の前で primer, tercer となります。
　el primer día / el 1.er día　最初の日　el tercer capítulo / el 3.er capítulo　第3章

（女性形）　1.ª primera　2.ª segunda　3.ª tercera　4.ª cuarta　5.ª quinta
　　　　　　6.ª sexta　　7.ª séptima　8.ª octava　9.ª novena　10.ª décima

女性形は -a で終わります。
　la segunda calle / la 2.ª calle　2つ目の角

Ejercicios 24

1. 例にならって、否定文で答えなさい。

    例）¿Crees que Elena trabaja mucho?– No, no creo que trabaje mucho.

    1) ¿Creéis que canta bien el tío Antonio?
    2) ¿Cree usted que yo gasto demasiado en ropa?
    3) ¿Creen ustedes que se vive bien en este país?
    4) ¿Tu madre cree que asistes a todas las clases?
    5) ¿Crees que el profesor explica bien las lecciones?

2. 例にならって、接続法現在形を使った文に書き換えなさい。

    例）Quiero estudiar. (tú) → Quiero que estudies.

    1) Quieren trabajar más. (usted)
    2) ¿Quieres ayudar a Begoña? (yo)
    3) ¿Quiere llamar al médico? (nosotros)
    4) Quiero leer esta novela. (vosotros)
    5) No queremos marcharnos tan pronto. (ustedes)

3. カッコ内の主語に対する肯定命令形で答えなさい。目的語がある場合には代名詞に変えること。

    例）¿Puedo abrir la ventana? (tú) – Sí, ábrela.

    1) ¿Puedo apagar la televisión? (usted)
    2) ¿Podemos dejar aquí la maleta? (vosotros)
    3) ¿Puedo escribirte después? (tú)
    4) ¿Podemos invitar a Juan? (vosotros)
    5) ¿Podemos usar el ordenador? (ustedes)

4. 次の文をスペイン語に訳しなさい。

    1) 彼が私に電話してくるとは思わない。
    2) 私は君にタバコを吸ってもらいたくない。
    3) ここにあなたの名前を書いてください。
    4) （君）私をカフェテリアで待っていてね。
    5) （私たちは）その件 (asunto) について後で話しましょう。

Nivel II

Lección 1

1 動詞 ser と estar
 Tu madre es muy alegre.
 Tu madre está cansada.

2 出来事を表す ser
 ¿Dónde es el concierto? – Es en el salón de actos.

3 数詞 — 100 以上
 trescientos alumnos　trescientas alumnas

4 接尾辞 -ísimo
 Los exámenes de ayer fueron dificilísimos.

1 動詞serとestar

これまでに学んだ ser と estar の用法をまとめておきましょう。

	ser	estar
＋名詞	Ella es Clara.（名前など） Es enfermera.（職業、身分など)	
＋副詞(句)		Mi casa está en el centro.（所在） Mi abuelo está muy bien.（状態）
＋de 名詞	Clara es de La Paz.（出身） Este paraguas es de mi abuelo.（所属） Esta camisa es de algodón.（材料）	El jefe está de vacaciones.（状態）
＋形容詞	Tu madre es muy alegre.（性質・特性）	Tu madre está cansada.（状態）

☞ 〈estar ＋ 名詞〉や〈ser ＋ 副詞〉の組み合わせは許されません。
　× Clara está enfermera.
　× Mi abuelo es muy bien.

〈ser / estar ＋ 形容詞〉

同じ形容詞が ser とも estar とも使われることがあります。ser は主語の性質や特性を、estar は主語の状態を述べます。

Elena es alegre.（性質）
エレナは陽気な人です。

Elena está alegre.（状態）
エレナははしゃいでいます。

Nuestro perro es un poco nervioso.（性質）
僕たちの犬は少し神経質だ。

Estamos un poco nerviosos porque hoy tenemos una presentación.（状態）
今日はプレゼンがあるので僕たちは少し緊張しています。

チェックしよう カッコ内に ser か estar を適切な形にして入れなさい。

1. ¿Por qué (　　　) tan serias?
   君たち何でそんなに深刻な顔をしているの？
2. Mi hijo (　　　) muy serio. Nunca hace tonterías.
   私の息子はとてもまじめです。バカなことは絶対にしません。
3. Hoy (　　　) muy guapo.
   今日君はずいぶんハンサムに見えるね。
4. El novio de María (　　　) muy guapo.
   マリアの彼氏はとてもハンサムです。
5. Cuando los niños (　　　) aburridos, los llevamos al zoo.
   子供たちが退屈しているときは、私たちは動物園に連れていきます。

2 出来事を表す ser

出来事［活動］が行われる場所や時間は ser を用いて表します。次の例では演奏や講演などの活動が行われる場所や時間を表しています。

¿Dónde es el concierto? – Es en el salón de actos.
そのコンサートはどこで行われるのですか？ – 講堂です。

具体的なものや人の所在は estar を用います。

¿Dónde está el salón de actos?
講堂はどこにありますか。

¿Cuándo es la conferencia? – Es mañana, a las cuatro de la tarde.
講演会はいつですか？－明日、午後 4 時からです。

出来事を表す名詞には他に fiesta「パーティー」、reunión「会議」、examen「試験」などがあります。

チェックしよう 　カッコ内に ser か estar を適切な形にして入れなさい。

1. ¿Dónde (　　　) el ayuntamiento?
   市役所はどこにありますか？
2. ¿A qué hora (　　　) la fiesta?
   パーティーは何時からなの？
3. La reunión (　　　) aquí.
   ミーティングはここです。
4. La clase (　　　) en el aula 202.
   授業は 202 教室です。
5. La clase (　　　) al fondo del pasillo.
   教室は廊下の突き当りにあります。

3　数詞 ―100 以上

Down Load 79

100 より大きい数詞を学びましょう。

100 cien/ciento	600 seiscientos	2000 dos mil
200 doscientos	700 setecientos	10.000 diez mil
300 trescientos	800 ochocientos	81.000 ochenta y un mil
400 cuatrocientos	900 novecientos	100.000 cien mil
500 quinientos	1000 mil	300.000 trescientos mil

1.000.000　un millón（100 万）	10.000.000　diez millones（1000 万）
2.000.000　dos millones（200 万）	100.000.000　cien millones（1 億）
3.000.000　tres millones（300 万）	

(1) 100 は端数がない時には cien、端数があると ciento と読みます。％（パーセント）は por ciento と読みます。

　　100　cien　　111　ciento once　　68%　sesenta y ocho por ciento

162

(2) doscientos から novecientos までは後続の名詞の性に合わせて変化します。名詞との間に 10 の位や 1 の位の数字が入っていても同様です。

  trescient**os** alumnos 300 人の生徒 trescient**as** alumnas 300 人の女子生徒 **DL**
  trescient**as** veintiuna alumnas 321 人の女子生徒

(3) mil は複数でも変化しません。直前に 1 が付く場合は uno ではなく un が使われます。ただし、1000 の場合、un mil とは言いません。

  7000 siete mil   21.000 veinti**ún** mil **DL**

(4) millón は名詞なので、100 万は un millón です。名詞の前では前置詞 de が必要です。

  En esta ciudad hay tres millones **de** habitantes. **DL**
  この都市の人口は 300 万です。

millón の後ろに数字が続く場合には de は不要です。

  tres millones doscientos mil habitantes 320 万の住民

(5) 10,000 以上の表記には、スペインでは 3 桁ごとにピリオドを付けます。

  235.806 yenes (doscientos treinta y cinco mil ochocientos seis yenes) **DL**

参考 ピリオドを置く代わりにスペースを空ける表記法もあります。
  1 234 567 （＝ 1.234.567）

☞ 小数点の表記にはスペインではコンマが用いられます（⇒ Nivel II, Lec.16）。
  50,25 euros (cincuenta con [coma] veinticinco euros)

チェックしよう 日本語に合うように数字をスペイン語のつづりで書きなさい。

1. Este vino cuesta ＿＿＿＿＿＿ yenes.
 このワインは 2500 円です。
2. En este curso hay ＿＿＿＿＿＿ estudiantes.
 この学年には 250 人の学生がいます。
3. En esta ciudad hay unos ＿＿＿＿＿＿ de habitantes.
 この都市の人口は約 300 万です。
4. Mi hijo nació en (el año) ＿＿＿＿＿＿.
 うちの息子は 2007 年に生まれました。
5. En total son ＿＿＿＿＿＿ dólares.
 全部で 18,740 ドルです。

4 接尾辞 -ísimo

形容詞の語尾につけて、「とても～な」とその意味を強調します。形容詞が母音で終わる場合には、語尾の母音をとってから -ísimo を付けます。また、名詞に性数一致します。アクセントが移動するので注意しましょう。

difícil 難しい → dificilísimo とても難しい
 Los exámenes de ayer fueron dificilísimos.
 昨日の試験はとても難しかった。
mucho 多い → muchísimo とても多い
 Muchísimas gracias.
 本当にありがとう。
bueno よい → buenísimo とてもよい
 Esta sopa está buenísima.
 このスープはとてもおいしい。

語形が変わるものもあります。
 amable 親切な → amabilísimo とても親切な

チェックしよう　次の形容詞に接尾辞 -ísimo を付けなさい。

1. rápido　　　→
2. claros　　　→
3. simpática　→
4. fácil　　　　→
5. rico　　　　→

Nivel II　Lección 1

Ejercicios 1

1．カッコ内に ser または estar の現在形を入れて文を完成させなさい。

   1) ¿Dónde (　　　) usted? – (　　　) en la universidad.
   2) ¿Dónde (　　　) el examen? – (　　　) en el aula 125.
   3) Hoy tú (　　　) muy seria. ¿Te ha pasado algo?
   4) Mi novio (　　　) serio. Nunca dice bromas.
   5) Todavía ustedes (　　　) jóvenes.
   6) En esta foto tú (　　　) muy joven.
   7) Fumar no (　　　) bueno para la salud.
   8) La situación actual no (　　　) muy bien.
   9) Este libro (　　　) muy aburrido. No te lo recomiendo.
   10) Los estudiantes (　　　) aburridos porque el profesor cuenta el mismo chiste.

2．次の数字をスペイン語のつづりで書きなさい。

   1) 112 años　　　2) 560 yenes　　　3) 2700 mujeres
   4) 45.000 niños　　5) 2.000.000 de dólares

3．例にならって、–ísimo を付けた形容詞で答えなさい。

   例) ¡Qué caro es el vino! – Sí, es carísimo.
   1) ¡Qué interesante es la película!
   2) ¡Qué malo está este café!
   3) ¡Qué guapas son sus hijas!
   4) ¡Qué pequeñas son las letras!
   5) ¡Qué contentos están tus padres!

4．次の文をスペイン語に訳しなさい。

   1) 君たちのお母さんはどんな人ですか？ – 陽気で働き者 (trabajador) です。
   2) この写真で君はとてもきれいだね。
   3) ミーティングは 112 教室で 4 時 45 分にあります。
   4) 私たちの大学には約 50,000 人の学生がいる。
   5) 私はひどく疲れている。(接尾辞 -ísimo を使って)

Lección 2

1 直説法現在 [5] ― 不規則活用のまとめ
　Mi tía Teresa me envía muchas cartas.

2 比較表現 [2] ― 副詞の最上級
　El abuelo es el que se levanta más temprano de toda la familia.

3 比較表現 [3] ― その他の比較表現
　Mi hermano es diez centímetros más alto que yo.

1 直説法現在 [5] ― 不規則活用のまとめ

直説法現在の不規則動詞をまとめておきましょう。

(1) 1人称、2人称複数以外の活用で -i-, -u- にアクセントのかかる動詞

enviar 送る		continuar 続く、続ける	
envío	enviamos	continúo	continuamos
envías	enviáis	continúas	continuáis
envía	envían	continúa	continúan

　　　　confiar, variar　　　　　　　　actuar, situar

Mi tía Teresa me envía muchas cartas.
テレサおばさんは私にたくさん手紙を送ってくれます。
Este programa continúa la próxima semana.
この番組は来週に続きます。

☞ -iar, -uar で終わる動詞であっても、規則活用をするものもあります。
cambiar (cambio, cambias...); averiguar (averiguo, averiguas...)

(2) 語根の母音が変化する動詞（⇒ Nivel I, Lec. 7）

　(i) e → ie (pensar など); (ii) o → ue (contar など); (iii) e → i (pedir など)

Recuerdo con cariño los días que pasé contigo.
君と過ごした日々を懐かしく思い出すよ。

(3) 1人称単数形が -go となる動詞 （⇒ Nivel I, Lec. 8, 9, 10）

> caer (caigo)　hacer (hago)　oír (oigo)　poner (pongo)　tener (tengo)
> valer (valgo)　decir (digo)　salir (salgo)　venir (vengo)

La nueva jefa me cae muy bien.　　DL
私は今度の上司をとても気に入っている。

(4) 1人称単数形が -zco となる動詞（語尾が〈母音＋-cer, -cir〉）（⇒ Nivel I, Lec. 9）

> agradecer (agradezco)　conocer (conozco)　parecer (parezco)
> conducir (conduzco)　producir (produzco)　traducir (traduzco)

Te lo agradezco mucho.　　DL
そのことで君にとても感謝するよ。

¿Qué te parece este libro? – Me parece muy interesante.
この本を君はどう思う？－とても面白いと思う。

(5) その他の1人称単数形が不規則な動詞（⇒ Nivel I, Lec. 9）

> caber (quepo)　dar (doy)　ver (veo)　saber (sé)

Esta sopa no sabe a nada.　　DL
このスープは何の味もしない。（saber a... 〜の味がする）

Ahí no caben los libros.
そこには本が入らないよ。

Le doy las gracias por su ayuda.
あなたのご援助に感謝します。

(6) -y- が挿入される動詞（語尾が -uir）　DL

huir 逃げる	
huyo	huimos
huyes	huis
huye	huyen

construir, destruir

Construyen muchos edificios nuevos en aquella zona.
あの地域では新しい建物がたくさん建てられている。
¿Por qué siempre huyes de mí?
どうして君はいつも僕から逃げるの？

(7) どのグループにも入らない動詞

> ser, estar, haber, ir

チェックしよう カッコ内の動詞を現在形にして文を完成させなさい。

1. Le (agradecer:) mucho su colaboración.
   （私は）あなたのご協力に感謝します。
2. ¿Cuándo (enviar, tú:) el paquete a Elena?
   – Ahora mismo se lo (enviar:).
   君はいつエレナに小包を送るの？－いますぐ送るよ。
3. Este caramelo (saber:) a menta.
   このキャンディーはミントの味がする。
4. El sol (salir:) antes de las cinco.
   日の出は5時より前です。
5. ¿(Caber:) todos en este coche?
   僕たち全員この車に乗れるかな？

2 比較表現［2］— 副詞の最上級

Down Load 82

副詞は形容詞のように定冠詞を付けて最上級（⇒ Nivel I, Lec.13）を作ることができません。次の2つの方法を使います。

(1) el [la / los / las / lo] que... を用いる表現

```
          定冠詞（＋名詞）      ＋ que ＋ 動詞 ＋ 比較級（＋ de ＋ 比較の範囲）
    ⎡ el / la / los / las（＋名詞）⎤
    ⎣      lo                    ⎦
                         「… の中で最も（副詞）〜する」
```

El abuelo es el que se levanta más temprano de toda la familia. **DL**
祖父が家族みんなの中で一番早起きです。

この表現では比較級 más や mejor が関係節の動詞の前に置かれる傾向があります。

Alicia es la que mejor canta de todas. **DL**
アリシアはみんなの中で一番歌が上手です。

¿Cuál es la comida japonesa que más te gusta?
君が一番好きな日本食は何？

Lo que más me gusta de la cocina peruana es el ceviche.
ペルー料理で一番好きなものはセビーチェです。

(2) nunca や nadie, nada などの否定語を用いる表現

Mi tía canta mejor que nadie. **DL**
私の叔母は誰よりも歌が上手です。

Anoche nuestro equipo jugó mejor que nunca.
昨夜私たちのチームはこれまでないほど上手くプレーできた。

形は比較級ですが、比較される相手をすべて打ち消すために意味的に最上級になります。

チェック しよう カッコの中に適切な語を入れて副詞の最上級の文を完成させなさい。

1. Pedro bailó anoche (   ) que nunca.
   ペドロは昨夜今までで一番上手に踊った。
2. Mi papá cocina mejor que (   ).
   パパは誰よりも料理が上手です。
3. Julio es (   ) que más tarde se acuesta de toda la familia.
   フリオは家族みんなの中で一番遅く寝ます。
4. El baloncesto es el deporte (   ) más me gusta.
   バスケットボールが私が一番好きなスポーツです。
5. Esta chica trabaja (   ) que nadie.
   この女の子は誰よりもたくさん働く。

3　比較表現[3] ― その他の比較表現　**Download 83**

(1) 比較の程度の差を表す語句は比較級の más [mayor, mejor など] の前に置かれます。

Mi hermano es diez centímetros más alto que yo. **DL**
僕の弟［兄］は僕より 10 センチ背が高いです。

　　　　Mi maleta pesa tres veces más que la tuya.
　　　　私のスーツケースは君のより3倍重い。

程度の差を強調するmuchoが前置されることもあります。
　　　　Mi hermano baila mucho mejor que yo.
　　　　弟の方がぼくよりずっと上手に踊ります。

(2) 比較対象が数字や判断の基準を表す場合は que ではなく de を用います。
　　　　Este libro tiene más de 300 páginas.
　　　　この本は300ページを超えている。
　　　　La película es mucho más divertida de lo que creía.
　　　　その映画は思っていたよりずっとおもしろい。

(3) 比較の慣用表現
no ... más que ~　～しか…ない
　　　　Mi hermano no quiere comer más que carne.
　　　　兄［弟］は肉しか食べたがりません。
lo + 比較級 + posible　できるだけ～
　　　　Le contestaremos lo más pronto posible.
　　　　私たちはできるだけ早くあなたにお返事いたします。
cuanto más..., (tanto) más~　…すればするほど～
　　　　Cuanto más ganas, tanto más gastas.
　　　　君は稼げば稼ぐほど、むだ遣いしている。

チェックしよう　カッコ内に de か que を入れて文を完成させなさい。

1. Pagué más (　) veinte mil yenes.
　　私は2万円より多く払いました。
2. Tu bolsa pesa dos veces más (　) la mía.
　　君のバッグは僕のより2倍重い。
3. No tenemos más (　) diez euros.
　　私たちにはたった10ユーロしかない。
4. Julia es mucho mayor (　) Ana.
　　フリアはアナよりずっと年上です。
5. Esta novela es más interesante (　) lo que pensaba.
　　この小説は思っていたよりおもしろいです。

Ejercicios 2

1. カッコ内の動詞を直説法現在形にして文を完成させなさい。

    1) Mi abuela me (enviar:) verdura todos los meses.

    2) En este coche (caber:) ocho personas.

    3) La envidia (destruir:) las amistades.

    4) ¿Qué te (parecer:) los nuevos profesores?

    5) Yo no (confiar:) en el nuevo jefe.

2. 例にならって最上級の文を作りなさい。

    例) Carlos come rápido. (la familia)
        → Carlos es el que más rápido come de la familia.

    1) Mi abuela se levanta temprano. (la familia)

    2) Estas chicas cantan bien. (todas)

    3) Pepe estudia mucho. (todos los alumnos)

    4) Fernando lee poco. (los cuatro)

    5) Me gustan mucho estos zapatos. (la tienda)

3. カッコ内の選択肢の中から文に合う適切な語を選びなさい。

    1) Beatriz tiene más (de / que) diez bolsos.

    2) Sandra no tiene más (de / que) un bolso.

    3) Cuanto más tienes, tanto (como / más) quieres.

    4) Mi hijo come dos veces más (de / que) yo.

    5) Esta asignatura es más fácil de (la / lo) que creía.

4. 次の文をスペイン語に訳しなさい。

    1) このメガネをあなたはどう思いますか？ーとてもいいと思います。

    2) このエレベーターは12人乗りだ (caber)。

    3) この車がすべての中で一番速く走る (correr mucho)。

    4) 私の祖母は誰よりも料理が上手だ。

    5) 私はこの作家の本を10冊より多く持っている。

> **第3課**　**Lección 3**
>
> **1** 主語の後置
>   Me duelen las piernas.
>
> **2** 目的語人称代名詞のまとめ
>   La chaqueta la dejé en el sofá.
>
> **3** 接続詞［2］
>   No lo hago por dinero sino por amistad.

1　主語の後置　　　　　　　　　　　　　　　　　　Download 84

スペイン語には主語が動詞に後置される文が多くみられます。ここでまとめておきましょう。

(1) gustar 型構文

gustar や gustar 型動詞を用いる構文では主語が後置されます（⇒ Nivel I, Lec.11）。

　A mi hermana le gustan los cuadros de Velázquez.　　　DL
　私の姉［妹］はベラスケスの絵が好きです。

gustar 型動詞（句）には、Nivel I, Lec. 11 で学んだ表現の他に dar miedo「怖がらせる」、doler「痛む」、hacer ilusión (= ilusionar)「期待させる」、impresionar「印象づける」、parecer「思える」などがあります。

　Me duelen las piernas.　　　DL
　私は脚が痛い。
　A María le hace mucha ilusión viajar por Europa.
　マリアはヨーロッパを旅行することをとても楽しみにしています。

(2) se 受動文

se を用いた受動文では一般に主語は動詞に後置されます（⇒ Nivel I, Lec.15）。

　En España se produce mucho aceite de oliva.　　　DL
　スペインではオリーブオイルがたくさん生産される。

(3) 出現・存在などを表す文

aparecer「現れる」、faltar「欠けている」、ocurrir「起こる」、pasar「通る」、quedar「残る」、

sobrar「余っている」、suceder「起こる」などでは主語が動詞の後に置かれる傾向があります。

 Anoche ocurrió un accidente de tráfico cerca de aquí. DL
 昨夜この近くで交通事故が起こった。
 Por aquí no pasan taxis.
 このあたりはタクシーが通らない。
 Me sobra tiempo, pero me falta dinero.
 僕は、時間はあるけど、お金がない。

(4)「意図しないで〜が起こる」を表す se を伴う構文

間接目的語で表される人が意図することなしに、その人に起こるような出来事を表します。

> se ＋ 間接目的語人称代名詞 ＋ 動詞（3人称）＋ 主語

 Se me perdió la llave. DL
 私はうっかり鍵をなくした。

主語の la llave「鍵」は動詞 se perdió「失われた」に後置されています。se と動詞の間に間接目的語人称代名詞の me が挿入され、うっかり鍵を失くした「私」を表します。類例には caerse「落ちる」、irse「行ってしまう」、ocurrirse「思いつく」、olvidarse「忘れられる」、romperse「こわれる、折れる」などがあります。

 Oye, se te ha caído el pañuelo. DL
 ねえ、君ハンカチ落としたよ。
 Se me ocurre una idea.
 僕にいい考えが浮かんだ。
 A Pedro se le ha roto la silla.
 ペドロのイスがこわれてしまった。
  間接目的語 le と (a) Pedro は同じ人を指しています。

(5) 主語が長い文

その他の構文でも、不定詞や節あるいは関係節を伴う長い語句が主語となる場合には、動詞の後ろに置かれる傾向があります。

 Será mejor terminarlo hoy. DL
 今日それを終えておいた方がいいでしょう。
 Es cierto que no pueden venir a vernos.
 彼らが私たちに会いに来られないのは確かだ。
 Aquí están las fotos que saqué contigo en el viaje.
 ここに君と旅行中に撮った写真があるよ。

チェックしよう　カッコ内に適切な語を入れなさい。

1. A mi padre (　　) gusta pasear por el parque por la tarde.
   私の父は午後公園を散歩するのが好きです。
2. A mí (　　) encanta el cine español.
   私はスペイン映画が大好きです。
3. No (　　) agua mineral en la nevera.
   冷蔵庫にはミネラルウオーターが残っていない。
4. Se (　　) fue el perro.
   私の犬がいなくなった。
5. Al camarero se (　　) han caído los platos.
   そのウエイターは皿を落してしまった。

2　目的語人称代名詞のまとめ　　DownLoad 85

すでに学んだ直接目的語人称代名詞と間接目的語人称代名詞をまとめておきましょう。再帰代名詞も合わせて復習しましょう。

	直接		間接		再帰	
	me	nos	me	nos	me	nos
	te	os	te	os	te	os
男性	lo	los	le	les	se	se
女性	la	las				
中性	lo					

3人称ではそれぞれ代名詞の形が異なるので、動詞や文型を考慮して区別しましょう。

　　Le gusta el café. / × Se gusta el café.　　DL
　　彼［彼女、あなた］はコーヒーが好きです。

直接目的語人称代名詞中性の lo は、ser や estar の補語の働きをする名詞や形容詞の代わりをすることもできます。名詞や形容詞が女性でも複数でも lo で代わりをします。

　　¿Es Pilar actriz? – Sí, lo es.　　DL
　　ピラールは女優なの？ーうん、そうなんだ。

目的語（直接・間接）の前置

強調や対比、明示化のために目的語を文頭に出すことがあります。この場合は直接目的語と同じ性と数の目的語人称代名詞を繰り返します。

La chaqueta la dejé en el sofá. ← Dejé la chaqueta en el sofá.
ジャケットならソファーの上に置いたよ。

目的語が人の場合は〈前置詞 a ＋ 名詞〉〈前置詞 a ＋ 前置詞とともに用いられる目的語人称代名詞〉の形で目的語を前置し、人称代名詞を繰り返します。

A María la estamos llamando desde hace una hora.
マリアには1時間前から電話しているんだ。
A ti te vieron, pero a mí no.
君は見られてしまったけど、僕は見られなかったよ。
A mis padres ya les escribí la carta.
両親にはもう手紙を書きました。

チェックしよう カッコ内に適切な語を入れなさい。

1. A mí no (　　　) gusta viajar en barco.
   私は船で旅行するのは好きではありません。
2. A Pedro (　　　) conocí el año pasado.
   ペドロなら去年知り合った。
3. A (　　　) no nos llamó el jefe.
   私たちには上司は電話をしてくれなかった。
4. A tus hermanos (　　　) invitaré a la fiesta.
   君の兄弟はパーティーに招待するつもりです。
5. A (　　　) la vi ayer, pero a él no.
   彼女には昨日会ったけど、彼には会わなかった。

3 接続詞 [2]

句や節を並列する接続詞の主なものを覚えましょう。

y　　そして (i-, hi- で始まる語の前では e)
　　Mañana vendrán María y Teresa [María e Isabel].
　　明日はマリアとテレサ［マリアとイサベル］が来るでしょう。

☞ 並列する要素をすべて否定する場合は no... (ni)... ni... が用いられます（⇒ Nivel I, Lec.20）。

  No vendrán (ni) María ni Teresa mañana. DL
  明日はマリアもテレサも来ないでしょう。
    動詞の前に ni があるときには、no は必要ありません。
    Ni María ni Teresa vendrán mañana.

o あるいは (o-, ho- で始まる語の前では u)

  Mañana vendrá Pedro o Javier [Pedro u Óscar]. DL
  明日はペドロかハビエル［ペドロかオスカル］が来るでしょう。

pero しかし

  Me gustaría ayudarla, pero estoy ocupado. DL
  あなたのお手伝いをしてあげたいのですが、私は忙しいんです。

no... sino 〜 …ではなく〜

  No lo hago por dinero sino por amistad. DL
  僕はお金のためではなく友情のためにそれをするんだ。

no solo [solamente] ... sino (también) 〜 …だけでなく〜も

  Teresa habla no solo japonés sino también chino. DL
  テレサは日本語だけではなく中国語も話します。

チェックしよう カッコ内に適切な語を入れなさい。

1. A la fiesta no (　　) ha venido Julián (　　) también su novia.
 パーティーにはフリアンが来ただけでなく、その彼女もやって来た。

2. No lo pagué yo (　　) ella.
 私が払ったのではなくて、彼女が払ったのです。

3. Me invitaron a cenar, (　　) no pude ir porque tenía otro compromiso.
 私は夕食に招待されました。しかし、別の約束があったので行けませんでした。

4. Ellos no vendrán el sábado (　　) el domingo.
 彼らは土曜日ではなくて日曜日に来るんですよ。

5. Hemos viajado (　　) solo a Roma (　　) también a Nápoles.
 私たちはローマだけではなくナポリへも旅行しました。

Ejercicios 3

1. 次の文の主語に下線を引き、カッコ内の動詞を直説法現在形に活用させなさい。

    1) (Faltar:　　　) unos días para las vacaciones.

    2) Me (hacer:　　　) mucha ilusión volver a verte.

    3) Todavía no (aparecer:　　　) mis maletas.

    4) ¿Le (importar:　　　) cerrar la ventana?

    5) Me (doler:　　　) los ojos.

2. カッコ内に適切な代名詞を入れなさい。

    1) A mi hermana se (　　) perdió el pasaporte.

    2) Últimamente se (　　) olvidan muchas cosas a mis padres.

    3) ¿Sois estudiantes de esta universidad? – No, no (　　) somos.

    4) La culpa (　　) tengo yo.

    5) A ti (　　) quiero, no a él.

3. カッコ内に枠内から適切な語を選んで入れなさい。同じ語を複数回使わないこと。

    | e | ni | o | sino | solo | también | u | y |

    1) ¿Qué prefieres, vino, cerveza (　　) otra bebida?

    2) Mi padre ni fuma (　　) bebe.

    3) La droga no (　　) destruye la salud sino (　　) la persona.

    4) Aprendemos español (　　) inglés.

    5) En este campo no se produce trigo (　　) arroz.

4. 次の文をスペイン語に訳しなさい。

    1) 私たちには時間が足りない。

    2) そのとき、私たちには何のいい考えも浮かばなかった。

    3) 昨日、私は彼に電話するのを忘れてしまった。

    4) 私は彼女のお母さんなら知っていますが、お父さんは知りません。

    5) これらの子供たちは疲れているのではなく、退屈しているのです。

Lección 4

1 再帰動詞の用法
Ana y Teresa se respetan.

2 前置詞とともに用いられる人称代名詞の再帰形
Rosa siempre habla de sí misma.

3 変化を表す再帰動詞
Joaquín estudió mucho y se hizo médico.

4 縮小辞・増大辞
chiquito hombrón

1 再帰動詞の用法

再帰動詞の基本的な用法をこれまで3種類学びました。ここではその他の用法を扱います。

再帰代名詞を伴う基本的な構文（⇒ Nivel I, Lec.14）	
直接再帰	Normalmente me levanto a las siete. 私は普通7時に起きます。
間接再帰	Los niños siempre se lavan las manos al volver a casa. 子供たちは家に帰るといつも手を洗います。
ニュアンスを変える	¿Ya te vas?–Sí, ya me voy. もう帰るの？ – うん、帰るよ。 Julio se comió una paella para tres. フリオは3人前のパエリャを平らげた。

相互再帰

複数主語が互いに行う行為を表します。再帰代名詞は直接目的語または間接目的語の働きをします。「互いに」を表す mutuamente や el uno al otro などで相互の関係を強調することができます。

　　Ana y Teresa se respetan (mutuamente).【直接目的語の働き】
　　アナとテレサは（互いに）尊敬し合っている。

Nosotros nos escribíamos emails.【間接目的語の働き】
私たちは互いにメールを書いていました。

常に再帰代名詞を伴う動詞

arrepentirse (de...)「(〜を) 後悔する」、atreverse (a...)「あえて（〜）する」、quejarse (de...)「(〜の) 不平をいう」などは、常に再帰代名詞を伴って用いられます。

No me atreví a decirles la verdad.
彼らに真実を言うなんてことは私にはとてもできなかった。

チェックしよう　カッコ内に適切な語を入れなさい。

1. Ellos (　　) (　　) mutuamente.
   彼らはお互いに尊敬し合っています。
2. Pedro y yo (　　) (　　) mucho.
   ペドロと私はとても愛し合っています。
3. Él no (　　) (　　) de nada.
   彼は何をしても後悔しない。
4. No debes (　　) de tus colegas.
   君は同僚の不満を言うべきじゃない。
5. Tú y Carmen (　　) (　　) mucho, ¿verdad?
   君とカルメンはよく助け合うんでしょ？

2 前置詞とともに用いられる人称代名詞の再帰形 88

目的語人称代名詞が主語と同じ人を表すときに再帰代名詞が使われることはすでに学びました（⇒ Nivel I, Lec. 14）。目的語人称代名詞と再帰代名詞は、3人称（単数形・複数形）のみに形の違いが見られました。

  Ana la despierta.   Ana se despierta.
  アナは彼女を目覚めさせる。 アナは目覚める。

前置詞 (a, de, en, para, por など) とともに用いられる人称代名詞にも主語と同じ人を指す時に用いられる再帰形があります。

前置詞とともに用いられる人称代名詞 （再帰ではない形）	
mí	nosotros/-as
ti	vosotros/-as
él, ella, usted	ellos, ellas, ustedes

前置詞とともに用いられる人称代名詞 （再帰形）	
mí	nosotros/-as
ti	vosotros/-as
sí	sí

  Rosa siempre habla de ella. （ella は主語 Rosa とは別の人を表します）
  ロサはいつも彼女のことを話します。
  Rosa siempre habla de sí. （再帰形 sí は主語と同じ Rosa 自身のことを表します）
  ロサはいつも自分のことを話します。

前置詞とともに用いられる再帰形は mismo [-a / -os / -as] を伴って、「自分自身」という意味を明確にすることができます。

  Rosa siempre habla de sí misma.
  ロサはいつも自分自身のことを話します。

前置詞の con とともに用いられる人称代名詞 conmigo, contigo については Nivel I, Lec.9 で学びましたが、3人称単数・複数の再帰形も consigo となります。

  Marta siempre lleva consigo el pasaporte.
  マルタはいつもパスポートを身につけている。

チェックしよう　カッコ内に適切な語を入れて文を完成させなさい。

1. Ella tiene mucha confianza en (　　　) misma.
 彼女は自分にとても自信をもっている。

2. Tú siempre piensas en (　　) mismo.
   君はいつも自分のことばかり考えている。

3. Mi abuelo siempre habla (　　) sí mismo.
   祖父はいつでも自分のことを話す。

4. Ella está enfadada (　　) misma.
   彼女は自分自身に腹を立てている。

5. Juan se lo preguntó a (　　) mismo.
   フアンはそのことを自問自答した。

3　変化を表す再帰動詞

「～になる」という変化を表すのには hacerse（長期的、意図的変化）、ponerse（瞬時的、一時的変化）、volverse（性質の反転変化）、quedarse（最終局面を表す変化）などの再帰動詞が用いられます。

　　Joaquín estudió mucho y se hizo médico.
　　ホアキンはたくさん勉強して医者になった。
　　Al saberlo, Teresa se puso muy triste.
　　それを知るとテレサはとても悲しくなった。
　　Cuando ella me mira, me vuelvo loco.
　　彼女が僕を見ると、僕はおかしくなりそうだ。
　　Se quedó sin dinero.
　　彼は一文なしになった。

☞ 他に ser の点過去や〈llegar a ＋ 不定詞〉などを使っても変化を表すことができます。
　　Trabajó mucho y fue [llegó a ser] director de sucursal.
　　一生懸命働いて、彼は支店長になった。

チェックしよう　hacerse, ponerse, volverse, quedarse のいずれかを用いた文を完成させなさい。

1. A los 30 años Ana se (　　) médica.
   30歳でアナは医者になった。

2. Pedro se ha (　　) enfermo.
   ペドロは病気になった。

3. Me he (　　) solo en la playa.
   僕はビーチで最後の1人になってしまった。

4. Elena se ha (　　　) egoísta.
   エレナは利己的になった。
5. Tomó solo una copita y se (　　　) muy roja.
   彼女はちょっと1杯飲んだだけで、真っ赤になった。

4　縮小辞・増大辞　　　Down Load 90

元の名詞や形容詞に付加されて「小ささ」や「愛らしさ」の意味を付け加える接尾辞を縮小辞と呼びます。

 -ito / -ita: pequeño 小さい > pequeñito ちっちゃい　　DL
      casa 家 > casita 小さな家、拙宅
 -illo / -illa: chica 少女 > chiquilla 女の子
      pan パン > panecillo 小さいパン、ロールパン
      -ito, -illo には -cito, -cillo, -ecito, -ecillo などの形も見られます。
 -uelo / -uela: plaza 広場 > plazuela 小さい広場

一方、「大きさ」や「軽蔑的意味」を付け加えるのは増大辞です。

 -ón / -ona: hombre 男 > hombrón 大男　　DL
      mujer 女 > mujerona 大柄な女
 -ote / -ota: amigo 友人 > amigote 仲間、悪友
      palabra ことば > palabrota 汚いことば

場合によって、元の語とは異なるものを表すこともあります。

 coche 車 > cochecito ベビーカー　　ventana 窓 > ventanilla 窓口　　DL
 caja 箱 > cajón 引き出し

チェックしよう　縮小辞や増大辞を付けない元の単語とその意味を書きなさい。必要なら辞書を使うこと。

1. bolsillo ポケット　　　　2. pobrecito かわいそうな
3. lentillas コンタクトレンズ　4. chiquito ちっちゃい
5. cabezota 石頭、大きな頭

Ejercicios 4

1. 例にならって書き換えなさい。

    例）Juan escribe a María. María escribe a Juan. → Juan y María se escriben.

    1) Andrés me quiere. Yo quiero a Andrés.

    2) Desde ese día Víctor no habla a Jorge. Desde ese día Jorge no habla a Víctor.

    3) Tú respetas mucho a Mario. Mario te respeta mucho.

    4) Ella me saludó con dos besos. Yo la saludé con dos besos.

    5) Elena lo ayudaba mucho. Usted ayudaba mucho a Elena.

2. 下線部の語を文に合う形に直しなさい。

    1) Tú siempre piensas en tú : _____ mismo.

    2) Ella está contenta con sí : _____ misma.

    3) Tus hijos no tienen confianza en sí mismo : _____ .

    4) Eso me lo pregunto a sí : _____ mismo.

    5) ¿Puedo llevarme este paraguas con mí : _____ ?

3. カッコ内の選択肢の中から適切な動詞を選びなさい。

    1) Al oírlo Marta (se hizo / se puso) pálida.

    2) Quiero (hacerme / ponerme) millonario.

    3) Joaquín (se ha puesto / se ha vuelto) loco.

    4) Como no sabía qué decir, (me quedé / me volví) callada.

    5) ¿Por qué (se hizo / se puso) famoso este hombre?

4. 次の文をスペイン語に訳しなさい。

    1) 私たちは去年メキシコで知り合いました。

    2) 君たちは互いをもっと尊重し合ったらどうなの？

    3) 私は彼女に本当のことはとても言えない。

    4) 彼はいつも自分自身に対して腹を立てている。

    5) その子犬はこの写真で (por...) 有名になった。

Lección 5

1 点過去と線過去
Cuando volví a casa, mi hermano estudiaba en su habitación.

2 点過去と現在完了
Ayer hablé con el director.
Esta semana he hablado con el director.

3 過去と過去完了
A las diez ya había salido de casa.

4 序数
los primeros días   la quinta línea

1　点過去と線過去

点過去（⇒ Nivel I, Lec. 16, 17）は過去の出来事や状態を 1 つの完結したものとして表す過去時制です。一方、線過去（⇒ Nivel I, Lec. 18）は過去のある時点における出来事を継続したものとして表す過去時制です。

　　Mi abuelo nació en 1935 y murió hace dos años.
　　祖父は 1935 年に生まれ、2 年前に亡くなりました。
　　Cuando volví a casa, mi hermano estudiaba en su habitación.
　　私が家に帰ったとき、弟は部屋で勉強していた。

2 つ目の例では、点過去が過去のある時点を指し、線過去がその時点において継続していた出来事を表しています。

過去時制の組み合わせ

点過去と線過去の組み合わせでは、点過去が出来事、線過去がその背景を表します。
　　Como llovía mucho ayer, no salimos de compras.
　　昨日はたくさん雨が降っていたので、私たちは買い物に出かけなかった。

点過去と点過去の組み合わせは、連続して起こる出来事を表します。
　　Cuando dejó de llover, salieron de compras.
　　雨が止むと、彼らは買い物に出かけた。

線過去と線過去の組み合わせは、並行している複数の状況や同じときに行われている２つの行為を表します。

　　　Cuando era estudiante, trabajaba después de las clases.
　　　私は学生のころは、放課後働いたものです。
　　　Mientras yo leía el periódico, mi hijo veía la televisión.
　　　私が新聞を読んでいる間、息子はテレビを見ていた。

チェックしよう　カッコ内の動詞を文に合うように点過去形または線過去形に活用させなさい。

1. (Vivir:　　　) tres años en Lima.
　私は３年間リマに暮らしました。
2. Ayer (ir:　　　) a la universidad y (hablar:　　　) con el profesor.
　私は昨日大学へ行き先生と話しました。
3. Cuando (entrar:　　　) en el aula, no (haber:　　　) nadie.
　私たちが教室に入ったときには誰もいませんでした。
4. Cuando (ser:　　　) niño, (ir:　　　) a la piscina todos los fines de semana.
　僕は子供のころ週末になるとプールへ行ったものです。
5. Cuando (llegar:　　　) a casa, todos (estar:　　　) en el salón.
　私が帰宅したときみんなは居間にいました。

2　点過去と現在完了

点過去は現在と切り離された過去に起こった出来事を、現在完了は現在とのつながりがある完了した出来事を表します（⇒ Nivel I, Lec. 20）。

　　　Ayer hablé con el director.　⇔　He hablado con el director.
　　　私は昨日部長と話した。　　　　　（いま）私は部長と話したところだ。

hoy「今日」や esta mañana「今朝」、esta semana「今週」、este mes「今月」などの時の副詞（句）は現在を含む時を表すので、動詞が現在完了になります。一方、ayer「昨日」、la semana pasada「先週」などの副詞（句）は現在完了とともに使うことはできません。

　　　Esta semana he hablado con el director.
　　　今週、部長と話した。
　　　Mi hijo volvió de Europa la semana pasada.
　　　息子は先週ヨーロッパから帰って来ました。

現在に近い過去かそうでないかにかかわらず、現時点との心理的つながりが感じられる場合にも現在完了が用いられます。

　　Mi abuelo ha muerto hace dos años.
　　私の祖父は２年前に亡くなりました。

参考 このようなスペインの用法に比べ、ラテンアメリカではいま完了した出来事に対しても点過去を用いる地域が少なくありません。たとえば、スペイン語で ¿Ya has comido?「君はもう食べたの？」と言うところが、ラテンアメリカでは ¿Ya comiste? と言います。ただし、「継続」や「経験」を表す用法では、ラテンアメリカでも点過去よりも現在完了が用いられます。

チェックしよう　カッコ内の動詞を文に合うように点過去形または現在完了形に活用させなさい。

1. ¿Ya (desayunar:　　　　)?
   君はもう朝食を食べたの？
2. En junio (llover:　　　　) mucho.
   ６月にはたくさん雨が降った。
3. Esta semana (llover:　　　　) mucho.
   今週はたくさん雨が降った。
4. ¿Qué (decir:　　　　)?
   君、いま何て言ったの？
5. ¿Qué te (decir:　　　　) tu padre ayer?
   昨日君のお父さんは君に何て言ったの？

3　過去と過去完了

点過去、線過去、過去完了の違いを過去のある時点との関係で比べてみましょう。

(1) 過去のある時点に起こった出来事は点過去で表します。
　　A las diez salí de casa.
　　私は10時に外出した。

(2) 過去のある時点における継続的な出来事は線過去で表します。
　　A las diez todavía estaba en casa.
　　10時には私はまだ家にいました。

(3) 過去のある時点にはすでに起こっていた出来事は過去完了で表します。
　　A las diez ya había salido de casa.
　　10時には私はもう外出していました。

過去完了は、過去のある時点で終わっていた出来事だけではなく、過去のある時点よりずっと前に起こった出来事も表すことができます。

Ayer me puse la pulsera que me había regalado mi novio el año pasado.
昨日、私は昨年彼氏にプレゼントしてもらったブレスレットをつけた。

チェックしよう　カッコ内の動詞を点過去形または過去完了形に活用させなさい。

1. Cuando (llegar:　　　) a la estación, el tren ya (salir:　　　).
 私が駅に着いたときには電車はすでに出発していました。
2. A los dieciséis años yo ya (empezar:　　　) a aprender español.
 16歳のときには私はもうスペイン語を学び始めていました。
3. Cuando te (conocer:　　　), ya (estar:　　　) en España dos veces.
 君と知り合ったとき、私はすでに2度スペインへ行ったことがあったよ。
4. Cuando (verse:　　　), yo ya (hacer:　　　) la compra.
 私たちが会ったとき、私はもう買い物を終えていました。
5. Hasta aquel momento no (saludarse:　　　).
 そのときまで私たちは（互いに）挨拶することもありませんでした。

コラム　過去進行形

過去進行形には estar を線過去にするもの (estaba cantando) だけではなく、点過去にするもの (estuve cantando) もありますが、使い分けは線過去と点過去の違いと基本的に同じです。

Cuando salimos estaba lloviendo mucho.
私たちが外に出たときたくさん雨が降っていました。
Ayer estuve trabajando todo el día.
昨日私は1日中ずっと働いていました。

点過去を用いた進行形は「1日中働いていた」という事柄をひとまとまりの出来事として表現します。点過去を単独で用いる場合 (Ayer trabajé todo el día.) と比べ、点過去による過去進行形は出来事が刻々と進んでいった現場を眺めているような意味合いが加わります。

4　序数

序数（⇒ Nivel I, Lec. 24）の使い方を覚えましょう。

| 1.º primer(o) | 2.º segundo | 3.º tercer(o) | 4.º cuarto | 5.º quinto |
| 6.º sexto | 7.º séptimo | 8.º octavo | 9.º noveno | 10.º décimo |

(1)「○番目の」や「第○の」を表す形容詞として用いられ、修飾する名詞の性数に応じて語尾が -o, -a, -os, -as と変化します。

　　los primeros días　最初の数日　　　la quinta línea　5 行目

primero と tercero は直後に男性単数名詞が来ると、末尾の -o を脱落させます。

　　el primer semestre　1 学期　　　el tercer mundo　第 3 世界

(2) 通常は名詞の前に置かれますが、世紀や王の名前の「○世」の場合には、慣用的に後ろに置かれます。またページや章の場合も、名詞の後ろに置かれることがあります。

　　Carlos V (quinto)　カルロス 5 世　　la cuarta página / la página cuarta　第 4 ページ
　　el siglo X (décimo) 10 世紀　　　el primer capítulo / el capítulo primero　第 1 章

11 以上は通常基数を用います。

　　el siglo XXI (veintiuno) 21 世紀

チェックしよう　日本語に合うようにカッコ内に適切な序数をスペイン語のつづりで入れなさい。

1. el (　　　) volumen　第 5 巻
2. la (　　　) lengua　第 2 言語
3. el (　　　) premio　3 等賞
4. la (　　　) semana　第 4 週
5. las (　　　) páginas　最初の数ページ

Ejercicios 5

1. カッコ内の選択肢の中から適切な活用形を選びなさい。

    1) Cuando (éramos / fuimos) jóvenes, (íbamos / fuimos) al cine todos los viernes.

    2) Cuando (ocurría / ocurrió) el terremoto, yo (estaba / estuve) en la ducha.

    3) ¿(Estuvo / Ha estado) usted alguna vez en Argentina?
       – Sí, en 2006 (fui / he ido) a Buenos Aires por el trabajo.

    4) Ayer yo no (iba / fui) a clase porque (tenía / había tenido) fiebre.

    5) Cuando yo (llamaba / llamé) a mi mujer, ella ya (preparó / había preparado) la cena.

    6) Hasta entonces nunca (había hablado / he hablado) con el director.

    7) Aquel día (llovía / llovió) mucho.

    8) A esa hora los niños ya (se acostaron / se habían acostado).

    9) Cuando (me despertaba / me desperté), mi madre (lavaba / lavó) la ropa.

    10) ¿Cuántas películas (habías visto / has visto) este año?

2. 指示された数字に該当する序数をスペイン語のつづりでカッコ内に入れなさい。

    1) ¿En qué piso vives? – Vivo en el (   ). (9)

    2) ¿En qué línea está la frase? - En la (   ). (7)

    3) Giras en la (   ) calle a la derecha. (2)

    4) Conseguimos el (   ) lugar en el campeonato. (3)

    5) Esta fiesta se celebra en la (   ) semana de octubre. (1)

3. 次の文をスペイン語に訳しなさい。

    1) 君たちは今までに沖縄に行ったことがあるの？
       – うん、去年石垣島 (la Isla de Ishigaki) に行ったよ。

    2) そのときまで、私は一度も飛行機で旅行したことがなかった。

    3) 私がダニエルと知り合ったとき、彼は18歳だった。

    4) この子たちは2000年にはまだ生まれていなかった。

    5) 最初の日は（私たちは）中心街 (centro) を散歩して、2日目にはビーチに行った。

Lección 6

第6課

1 現在分詞
　　Al oír el grito los niños salieron corriendo.

2 過去分詞
　　Las ventanas están abiertas.

3 不定詞
　　Me alegro mucho de haberte conocido.

4 知覚構文
　　Oí cantar a Juana.

1　現在分詞

Nivel I, Lec. 19で学んだ動詞の非人称形（現在分詞、過去分詞、不定詞）をさらに詳しく見ていきましょう。

現在分詞は副詞として動詞や文を修飾したり、estarとともに進行形を作ったりします。

　　Al oír el grito los niños salieron *corriendo*.
　　その叫び声を聞くと子供たちは走って出て行った。
　　Estaba lloviendo cuando salimos ayer.
　　昨日私たちが出かけたとき雨が降っていました。

estarの代わりにseguir「〜し続ける」、ir「〜していく」、venir「〜してきている」を用いることもあります。

　　Mi abuelo *va mejorando* día a día.
　　祖父は日々よくなっていく。
　　El perro del vecino *sigue ladrando*.
　　隣の犬がずっと吠え続けているよ。

分詞構文

〈接続詞＋主語＋動詞〉の接続詞や主語を省略し、動詞を現在分詞にすることによって、主節に対して時、条件、理由、譲歩などの関係を表すことができます。このような文を分詞構文と呼びます。

Paseando por el centro, me encontré con la novia de Pedro.
(= Cuando paseaba... / 時)
僕は中心街を散歩しているときペドロの彼女に会った。

Siguiendo su consejo, podrás resolver el problema. (= Si sigues... / 条件)
彼の忠告にしたがえば、君はその問題を解決できるよ。

Estando su mujer enferma, no puede salir hoy. (= Como su mujer está... / 理由)
妻が病気なので、今日彼は外出できません。

省略される主語は基本的に主節の主語と同一ですが、最後の例のように異なる主語が示されることもあります。

チェックしよう

カッコ内の動詞を現在分詞にして、分詞構文を完成させなさい。また訳の □ に枠内から適切な語を選んで入れなさい。

| けれど と とき ので |

1. (Estar:) tan mal, no pudo ir a la escuela.
   彼女は調子がとても悪かった □、学校へ行けなかった。

2. (Ir:) en coche, podrás llegar allí en diez minutos.
   車で行く □、そこへは10分で行けるよ。

3. (Ser:) tan pequeño, ya sabe escribir.
   あんなに小さい □、あの子はもう字が書けるんです。

4. (Ver:) la televisión, oí aquel grito.
   私はテレビを見ていた □、その叫び声を聞きました。

5. (Llegar:) la primavera, los cerezos darán flores muy bonitas.
   春が来る □、桜の木がとてもきれいな花をつけるでしょう。

2 過去分詞

これまで形容詞として名詞を修飾する用法 (la semana pasada「先週」) や完了時制の用法を見ました (⇒ Nivel I, Lec. 19-21)。ここではそれ以外の用法をいくつか見ることにします。

estar + 過去分詞

完了した行為の結果として生じる状態を表します。過去分詞は主語と性数一致します。

Las ventanas están abiertas.
窓が開いている。

Los niños ya están acostados.
子供たちはもう寝ています。

それぞれ、すでに窓が開いている状態や子供たちがベッドでもう横になっている状態を表しています。acostarse のような再帰動詞の過去分詞では再帰代名詞が不要になることに注意しましょう。

tener ＋ 過去分詞 ＋ 直接目的語

「すでに～してある」という意味を表します。過去分詞は直接目的語と性数一致します。

Tengo preparada la cena.
夕食の準備ができています（←私は夕食の準備をしてあります）。

過去分詞構文

〈過去分詞＋意味上の主語〉で、「…が～してしまうと」「…が～されると」という意味になり、主節に対して完了した出来事を表します。過去分詞は意味上の主語と性数一致します。

Terminados los deberes, los niños se fueron a jugar.
宿題を終えると、子供たちは遊びに出て行った。

チェックしよう　カッコ内の動詞を過去分詞にして文を完成させなさい。

1. (Lavar:　　　　) la ropa, la tendimos.
   衣類を洗って(衣類が洗われると)、私たちはそれを干しました。
2. El banco está (abrir:　　　　) hasta las tres.
   その銀行は3時まで開いています。
3. Mis padres están (sentarse:　　　　) en el sofá.
   私の両親はソファーにすわっています。
4. El director ya tiene (firmar:　　　　) el documento.
   部長はその書類にもう署名してあります。
5. (Decir:　　　　) estas palabras, él salió.
   こう言うと、彼は出て行きました。

3 不定詞

不定詞は名詞と同じように、主語、直接目的語、ser の補語、前置詞の目的語などの働きをします（⇒ Nivel I, Lec.19）。不定詞には単純形と複合形〈haber ＋ 過去分詞〉があり、複合形はすでに完了した出来事や状態を表します。

　　Me alegro mucho de haberte conocido.
　　君と知り合いになれたのでとてもうれしいです。
　　　　目的語人称代名詞は不定詞 haber の後ろに付けるので注意しましょう。

また他の動詞とともに〈tener que / ir a ＋不定詞〉のような慣用表現を作ります（⇒ Nivel I, Lec. 8）。他に acabar de…「～したばかりである」、empezar a…「～し始める」、terminar de…「～し終える」、volver a…「再び～する」、llegar a…「（ついに）～するようになる」などがあります。

チェックしよう　カッコ内に適切な前置詞を入れなさい。

1. El escritor ha terminado (　　) escribir una novela muy larga.
   その作家はとても長い小説を書き終えました。
2. Empezó (　　) llover hace una hora.
   1時間前に雨が降り始めた。
3. Paco volvió (　　) hacer la misma pregunta al profesor.
   パコは再び先生に同じ質問をした。
4. Acabo (　　) comprar un coche nuevo.
   私は新車を買ったばかりです。
5. Finalmente llegó (　　) saber el secreto.
   ついに彼はその秘密を知ることになった。

4 知覚構文

「誰か［何か］が～する」ところを見たり、聞いたりすることを表す構文です。動作をするのが特定の人の場合は a を伴います。

知覚動詞 ＋	不定詞 ＋	(a ＋) 名詞
[ver, oír]	[動作]	[動作をする人・もの]

Oí cantar a Juana. 　　　　　　　　　　　　　　　　DL

　　　私はフアナが歌うのを聞いた

　　　Vimos abrir la puerta al portero.

　　　私たちは守衛が扉を開けるのを見た。

　　　Oímos caer agua.

　　　私たちは雨が降る音を聞いた。

動作をする人が代名詞のときは知覚動詞の前に置かれます。

　　　Te vimos correr por el parque. 　　　　　　　　　　　DL

　　　私たちは君が公園を走るのを見た。

　　　Nos oyeron cantar canciones mexicanas.

　　　彼らは私たちがメキシコの歌を歌うのを聞いた。

　　　La oí cantar.

　　　私は彼女が歌うのを聞いた。

☞ 不定詞を現在分詞にすると、動作が進行していることを表します。また、動作の主語が現在分詞より前に置かれます。

　　　Oí a Juana cantando. 　　　　　　　　　　　　　　　DL

　　　私はフアナが歌っているのを聞いた。

チェックしよう　枠内から適切な不定詞を選んでカッコ内に入れなさい。

　　　jugar　　tocar　　subir　　salir　　explotar

1. Oí (　　) el piano a la niña.

　私はその子がピアノを弾くのを聞いた。

2. Vimos (　　) al fútbol a los chicos.

　私たちは少年たちがサッカーをするのを見た。

3. En ese momento oyeron (　　) algo.

　そのとき彼らは何かが爆発するのを聞いた。

4. La maestra las vio (　　) del aula.

　先生は彼女たちが教室から出るのを見た。

5. Vi (　　) al autobús a la vecina.

　私は近所の人がバスに乗るのを見た。

Nivel II　Lección 6

Ejercicios 6

1．必要なら不定詞を現在分詞または過去分詞の適切な形に直しなさい。

　　1) Gracias por (venir:　　　　).

　　2) Mi madre sigue (trabajar:　　　　) en esta oficina.

　　3) Esta carta está (escribir:　　　　) en japonés.

　　4) (Vivir:　　　　) en el mismo edificio, nunca he hablado con él.

　　5) (Terminar:　　　　) los deberes, los niños se fueron al parque.

　　6) Tienen (abrir:　　　　) la puerta.

　　7) (Girar:　　　　) a la izquierda, verás un edificio muy alto.

　　8) Siento haber (tardar:　　　　) tanto en contestar.

　　9) En esta sala está (prohibir:　　　　) hacer fotos.

　　10) Los precios van (subir:　　　　) cada año.

2．例にならって、文を完成させなさい。

　　例) 　Oí (cantar, ella)　　　→　　La oí cantar.

　　　　Oí (cantar, mi madre)　→　　Oí cantar a mi madre.

　　1) Vi (salir de esa casa, él)

　　2) ¿Has visto (llorar, Patricia)?

　　3) He oído (discutir, alguien)

　　4) He visto (cruzar la calle, tú)

　　5) Desde aquí la gente ve (ponerse, el sol)

3．次の文をスペイン語に訳しなさい。

　　1)（私は）朝食の準備をしてあります。

　　2) 君に会えて私はうれしい。

　　3) あなたはまだ同じ町に住んでいらっしゃるのですか？

　　4) ここで食事することは禁じられています。

　　5) 私は昨日君が銀行に入っていくのを見たよ。

Lección 7

第7課

1 直説法未来と過去未来
  Hoy comeré en casa con mi familia.
  Mis padres nos dijeron que viajaríamos a Santander en verano.

2 直説法未来完了と過去未来完了
  A estas horas mis hijos ya habrán llegado a Kioto.
  Mis padres ya habrían llegado a Tokio cuando ocurrió el terremoto.

3 使役構文
  La madre hizo estudiar en casa a Juanito.

1 直説法未来と過去未来

(1) 本来の用法

未来が現時点から後に起こる出来事や状態を述べるのに対して、過去未来は過去のある時点から後に起こる出来事や状態について述べる時制です（⇒ Nivel I, Lec. 22-23）。

  Hoy comeré en casa con mi familia.
  今日は家で家族と一緒に昼食をとるよ。
  Mis padres nos dijeron que viajaríamos a Santander en verano.
  両親は僕たちに夏にはサンタンデールへ旅行するよと言いました。

(2) 推量の用法

未来が「現在」の推量を表すのに対し、過去未来は今から「過去」の出来事や状態をふり返って推量する用法です。

  ¿Dónde está mamá? – Estará en la cocina.
  ママはどこかな？－台所じゃないかな。
  Cuando murió mi abuelo, yo tendría siete u ocho años.
  祖父が死んだとき、僕は７つか８つだったんだろうな。

チェックしよう カッコ内の動詞を未来または過去未来の適切な形にして入れなさい。

1. Juan no viene a la fiesta hoy. (Tener:　　) mucho trabajo.
   ファンは今日のパーティーに来ないよ。たくさん仕事があるんだろう。
2. (Ser:　　) las once de la noche cuando volvieron.
   彼らが戻ってきたのは夜の11時だっただろう。
3. (Estar:　　) enfadada porque no la hemos llamado.
   私たちが彼女に電話していないので、彼女は怒っているだろう。
4. Como lo llevaron al zoo, Paquito (estar:　　) contento ayer.
   昨日、動物園に連れていってもらって、パキートはうれしかったでしょうね。
5. Llaman a la puerta. ¿Quién (ser:　　)?
   玄関で誰かが呼んでいる。誰なんだろう。

2　直説法未来完了と過去未来完了

未来完了

haber の未来形		+ 過去分詞
habré	habremos	
habrás	habréis	+ hablado ／ comido ／ vivido
habrá	habrán	

(1) 本来の用法

未来に完了しているはずの出来事を表します。

　　Habremos terminado la obra para finales de diciembre.
　　12月末までに私たちは工事を終了してしまっているでしょう。

(2) 推量の用法

未来を用いると「現在起こっている」と思われる出来事を推量するのに対し、未来完了では「現在すでに完了してしまっている」と思われる出来事を推量します。

　　A estas horas mis hijos ya habrán llegado a Kioto.
　　今頃うちの子供たちはもう京都に着いているでしょう。

Usted ya habrá notado la diferencia.
あなたはもうその違いにお気づきになったことでしょう。
Los niños se habrán perdido.
子供たちは迷子になったのかもしれない。

未来時制が「現在の推量」だとすると、未来完了は「現在完了の推量」と言えます。

過去未来完了

haber の過去未来形		+ 過去分詞
habría	habríamos	
habrías	habríais	+ hablado / comido / vivido
habría	habrían	

(1) 本来の用法

過去から見た未来に完了しているはずの出来事を表します。

Me dijeron que habrían terminado la obra para finales de diciembre.
12月末までには工事は終わっているだろうと彼らは私に言った。

(2) 推量の用法

過去未来が「過去に起こった」と思われる出来事を推量するのに対し、過去未来完了は「過去にすでに完了してしまっていた」と思われる出来事を推量します。

Mis padres ya habrían llegado a Tokio cuando ocurrió el terremoto.
地震が起こったときには両親はもう東京へ着いて（しまって）いたのでしょう。
Ana ya sabía la noticia. Alguien se la habría comentado.
アナはその知らせを知っていましたよ。誰かが彼女に伝えてあったのでしょう。
A las ocho de la mañana los niños ya habrían salido de casa.
朝の8時には子供たちはもう家を出てしまっていただろう。

過去未来が「過去の推量」だとすると、過去未来完了は「過去完了の推量」と言えます。

未来、未来完了、過去未来、過去未来完了の4つの用法を比べてみましょう。

	本来の用法	推量の用法
未来	未来の出来事	現在の推量
未来完了	未来に完了しているはずの出来事	現在完了の推量
過去未来	過去から見た未来の出来事	過去の推量
過去未来完了	過去から見た未来に完了しているはずの出来事	過去完了の推量

チェックしよう カッコ内の動詞を適切な形にして推量表現を完成させなさい。

1. Ya son las dos. El tren ya (irse:　　　　).
   もう2時だ。電車は出てしまっただろう。
2. Cuando mi amigo llegó a casa, su esposa ya (preparar:　　　　) la cena.
   私の友人が家に着いたとき、奥さんはもう夕食の準備をしてしまっていたんだろう。
3. Los niños tardan en llegar. (Perder:　　　　) el tren.
   子供たちは時間がかかっている。子供たちは電車に乗り遅れたのだろう。
4. A las doce ella no estaba en casa. Seguramente (salir:　　　　) de compras.
   12時に彼女は家にいなかった。おそらく買い物に出てしまったのでしょう。
5. Son las nueve. Mis colegas ya (terminar:　　　　) el trabajo.
   9時です。同僚たちはもう仕事を終えていることでしょう。

3 使役構文

使役動詞 hacer「〜させる（強いる）」、dejar「〜させる（容認する）」を用いた構文で、知覚構文（⇒ Nivel II, Lec. 6）と同じ語順になります。動作をするのが特定の人の場合はaを伴います。

```
  使役動詞     ＋   不定詞   ＋   (a+) 名詞
[hacer, dejar]    [動作]      [動作をする人・もの]
```

La madre hizo estudiar en casa a Juanito. / La madre lo hizo estudiar en casa.
お母さんはファニートに［彼に］家で勉強させた。

La madre dejó salir de noche a María. / La madre la dejó salir de noche.
お母さんはマリアに［彼女に］夜に外出させてやった（外出することを許した）。

Mi novio siempre me hace esperar.
私の彼はいつも私を待たせる。

コラム　使役構文と目的語人称代名詞

不定詞が「出る」など自動詞の場合は、「彼女を出させる」の「彼女を」の部分は直接目的語人称代名詞の la で表されるのが普通です。ところが不定詞が「終える」などの他動詞の場合は、「彼女に宿題を終えさせる」の「彼女に」は間接目的語人称代名詞の le が用いられます。「彼に終えさせる」も同じように le を取ります。

El profesor la hace salir.　⇔　El profesor le hace terminar la tarea.
先生は彼女を外へ出させる。　　先生は彼女に宿題を終えさせる。

チェックしよう

日本語を参考に（　）内の選択肢から適切な動詞形を選びなさい。また、枠内から文に合う不定詞を選んで ［　］ に入れなさい。

| bajar　dormir　entrar　llorar　subir |

1. La madre no les (hizo / dejó) [　　　] a la cama con los zapatos.
   母親は彼らが靴を履いたままベッドに上るのを許さなかった。

2. La madre le (hizo / dejó) [　　　] del coche al niño.
   母親は子供に車から下りるようにさせた。

3. No nos (hicieron / dejaron) [　　　] en la sala de exposiciones.
   私たちはその展示室には入れてもらえなかった。

4. El bebé no (hace / deja) [　　　] a sus padres.
   赤ちゃんは両親を寝かせてくれない。

5. Sus palabras me (hicieron / dejaron) [　　　] de emoción.
   彼の言葉に私は感動で泣かされた。

Ejercicios 7

1. 例にならって未来形または過去未来形を使った文に書き換えなさい。

    例） Creo que tu hermana está en el hospital. → Tu hermana estará en el hospital.

    1) Creo que mis padres no saben nada.

    2) Creo que por entonces no había Internet.

    3) Imagino que Lucía tenía más de cuarenta años cuando se casó.

    4) Seguramente tu amiga estaba muy enfadada cuando la llamaste.

    5) Supongo que en tu pueblo hace mucho calor en esta época del año.

2. カッコ内の動詞を未来完了形または過去未来完了形に活用させなさい。

    1) Víctor no ha llegado todavía. ¿(Perder:) el autobús?

    2) No encuentro mis gafas. ¿Dónde las (dejar, yo   )?

    3) Son las cinco de la mañana. Nadie (levantarse:) todavía.

    4) Entonces la luz estaba apagada. Todos (acostarse:) ya.

    5) Ayer mi hijo salió tarde de casa. Cuando llegó a la escuela, la clase ya (empezar:).

3. カッコ内の選択肢の中から、より適切な動詞を選びなさい。

    1) Este accidente nos (deja / hace) pensar en la seguridad.

    2) Estos ruidos no me (dejan / hacen) dormir.

    3) Elsa no (deja / hace) vivir solo a su hijo.

    4) Los exámenes de este profesor nos (dejan / hacen) sufrir.

    5) Esta canción me (deja / hace) llorar.

4. 次の文をスペイン語に訳しなさい。

    1) あなたはとても疲れていらっしゃることでしょう。

    2) 当時は誰もパソコンを使っていなかっただろう。

    3) 私は車の鍵をどこに置いたんだろう？

    4) その日、6時には父は職場 (trabajo) を出ていただろう。

    5) 彼のジョーク (chistes) はいつも私を笑わ (reír) せる。

Lección 8

第8課

1 受動文 ― se 受動文と ser 受動文
  En España se producen muchas naranjas.
  Esta carta fue escrita por su mujer.

2 不定人称文 [2]
  Últimamente se habla mucho del medio ambiente.
  Me pagan bien en esta empresa.

1 受動文― se 受動文と ser 受動文

[Down Load] 102

スペイン語には se 受動文と ser 受動文の2種類の受動文があります。

se 受動文

se 受動文については Nivel I, Lec.15 で学びました。
  En España se producen muchas naranjas.
  スペインではたくさんのオレンジが生産される。
  Esta torre se construyó en 2012.
  このタワーは2012年に建てられた。

se 受動文の主語はもの（動詞は3人称）で、誰がその行為を行ったか（行為者）は表されません。行為者を表したいときは ser 受動文が用いられます。
☞ 主語が例外的に不特定な人の場合もあります。この場合、人がもののようにみなされています。
  Se buscan dos camareros.
  ウエイター2名募集。

ser 受動文

スペイン語にはもう1つ、動詞 ser を使った ser 受動文があります。
  Esta carta fue escrita por su mujer.
  この手紙は彼の妻によって書かれた。

ser 受動文は、能動文と次のように対応します。

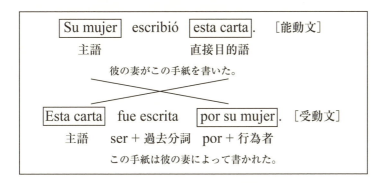

能動文の直接目的語 (esta carta) が受動文では主語になり、元の主語 (su mujer) は、前置詞 por に導かれる行為者として動詞の後ろに置かれます。動詞は〈ser ＋ 過去分詞〉になります。ser の時制は能動文と同じ時制に、また過去分詞は主語の性数に一致します。この例では、ser の時制は点過去 (fue) に、過去分詞は主語 carta に一致して、escrita（女性単数形）になっています。

Todos respetan al alcalde. → El alcalde es respetado por todos.
みんなが市長を尊敬している。　　市長はみんなから尊敬されている。
La policía ha detenido al ladrón. → El ladrón ha sido detenido por la policía.
警察はその泥棒を逮捕した。　　その泥棒は警察によって逮捕された。

ser 受動文は新聞などの書きことばで主に用いられます。日常の話しことばではあまり用いられないので注意しましょう。

se 受動文と ser 受動文の違いをまとめておきましょう。

	se 受動文	ser 受動文
主語	もの	人・もの
動詞の人称	3人称	全ての人称
(por ＋) 行為者	×	○

受動文の主語がものの場合は、se 受動文も ser 受動文も可能になることがあります。ser 受動文では行為者に注目する傾向があります。

El edificio fue construido hace diez años por un arquitecto francés.
その建物は 10 年前にフランス人建築家によって建てられた。
El edificio se construyó hace diez años.
その建物は 10 年前に建てられた。

☞ 間接目的語をとるような動詞（robar, dar など）の場合には能動文の間接目的語を受動文の主語にすることはできません。次で学ぶ 3 人称複数による不定人称文を用います。

A mi madre le robaron el bolso en el autobús. **DL**
母はバスの中でバッグを盗まれた。
× Mi madre fue robada el bolso en el autobús.

チェックしよう 受動文を能動文に書き換えなさい。

1. Mi abuelo es respetado por todos.
   私の祖父はみんなから尊敬されている。
2. La ciudad fue destruida por los romanos.
   その町はローマ人によって破壊された。
3. El médico es conocido por todos.
   その医師はみんなに知られている。
4. Las propuestas han sido aceptadas por el comité.
   その提案は委員会によって承認された。
5. Esta medicina fue descubierta por un japonés.
   この薬はある日本人によって発見された。

2 不定人称文 [2] 103

不定人称文とは行為を行う人をはっきり誰とは示さずに表す文を指します（⇒ Nivel I, Lec.15）。

se 不定人称文

se 不定人称文は〈se ＋ 動詞 3 人称単数形〉の形で、話し手も聞き手も含んだ誰にでも当てはまる一般的な内容の出来事や状態を表します。動詞は自動詞の場合と、人を目的語としてとる他動詞の場合があります。

| se ＋ 自動詞（3 人称単数形） |

Últimamente se habla mucho del medio ambiente. **DL**
最近環境についてよく話題になります。

> se + 他動詞（3人称単数形）＋ a ＋ 直接目的語（人）

 Ahora no se respeta tanto a los ancianos.
 今はあまり老人を敬わない。
 Antes se educaba más estrictamente a los niños.
 以前はもっと厳しく子供をしつけていたものです。

直接目的語がものの場合は、この構文ではなく se 受動文が用いられます。
 En Japón se conocen estas canciones.
 日本でこれらの歌は知られている。（se 受動文）
 × En Japón se conoce estas canciones.

3人称複数による不定人称文

動詞の3人称複数による不定人称文は話し手や聞き手ではない誰か他の人（第3者）の行為を表します。また具体的な行為を表す傾向があります。
 Me pagan bien en esta empresa.
 この会社は給料がいい。
 Producen mucho vino en España.
 スペインではたくさんワインを生産している。

その他の不定人称文

uno を使った不定人称文や、2人称単数や1人称複数による不定人称文があります。
(1) uno は一般的なことを述べますが、暗に話し手自身のことを指して使われます。
 Uno se cansa más cuando no tiene interés en lo que hace.
 自分がすることに興味がないときには、人はより疲れるものです。

una は話し手を含めて女性のことを一般的に述べるのに用いられます。
 A veces una necesita salir de compras y relajarse.
 時々女性は買い物にでかけてリラックスしないといけないものなんです。

(2) 2人称単数による不定人称文（主語 tú は付けない）は話しことばで多用されます。
 Cuando tienes hambre, no puedes pensar.
 お腹がすいているとちゃんと考えられないものです。

El AVE te lleva a Sevilla en dos horas y media.
AVEに乗るとセビリアまで2時間半で行けますよ。

(3) 1人称複数による不定人称文（主語 nosotros は付けない）は話し手を含まない場合は使えません。

En Japón nos quitamos los zapatos al entrar en la casa.
日本では家に入るときに靴を脱ぎます。

 カッコ内の選択肢の中から適切な形を選び、se 不定人称文あるいは3人称複数による不定人称文を完成させなさい。

1. Ahí (vende / venden) libros usados.
   そこで古本を売っているよ。
2. ¿Cómo (se va / se van) al ayuntamiento?
   市役所へはどう行けばいいのですか？
3. Antes (se respetaba / se respetaban) más a los ancianos.
   以前はお年寄りをもっと尊敬したものだ。
4. En este bar (come / se come) muy bien.
   このバルはおいしい。
5. Últimamente (se produce / producen) muchos automóviles en México.
   最近メキシコでは自動車がたくさん製造されます。

Ejercicios 8

1. 例にならって次の文を se 受動文に書き換えなさい。

    例）Compramos coches usados. → Se compran coches usados.

    1) Para preparar una sangría rica necesitamos buen vino.

    2) Ayer tomamos la decisión de cerrar la oficina.

    3) En este país todos conocen muy bien esta canción.

    4) Algún día realizarás tus sueños.

    5) Vendo libros de segunda mano.

2. 次の文を ser 受動文に書き換えなさい。

    1) Anoche el portero cerró todas las puertas.

    2) Todos quieren a la maestra.

    3) Un tifón ha destruido el puente.

    4) Todo el mundo conoce a esta actriz.

    5) Newton descubrió la gravedad.

3. カッコ内の選択肢の中から適切な形を選びなさい。

    1) Aquí no se (critica / critican) a los políticos.

    2) (Ponen / Pone) buenas películas en este cine.

    3) Cuando se divorció, le (quitó / quitaron) a su hijo.

    4) A veces uno (necesita / necesitas) estar solo.

    5) Nos (atendemos / atienden) muy bien en esta tienda.

4. 次の文をスペイン語に訳しなさい。

    1) 最近、東京では多くの外国人が見られる。

    2) この詩はみんなに知られている。

    3) この小説は17歳の少女によって書かれた。

    4) この番組ではよい音楽をかける (poner)。

    5) 兄は空港でパスポートを盗まれた。

Lección 9

1 関係詞 [5] — その他の関係詞
  Esta es la chica con quien sale Fernando.

2 強調構文
  Es Tomás el que se va a París hoy.

3 定冠詞を使った名詞化表現
  El coche blanco es mío y el negro es de Luisa.

1 関係詞 [5] — その他の関係詞　　104

quien / quienes

人を先行詞としてとる関係代名詞です。前置詞とともに用いられ、el que と置きかえられます。

  Esta es la chica con quien [con la que] sale Fernando. **DL**
  これが、フェルナンドが付き合っている女の子です。
  ← Esta es la chica. + Fernando sale con la chica.
  La mujer a quien [que / a la que] hemos visto es la directora. **DL**
  私たちが会った女性は部長です。

quien(es) は関係節内の主語としては用いられません。主語の場合は que にします。

  ¿Conoces al hombre que (× quien) está hablando por teléfono? **DL**
  電話で話している男の人を君は知ってる？

quien は独立用法でも用いられ、その場合は関係節内の主語として働き、前置詞を伴わないことがあります。

  Si te pasa algo, siempre hay quien te ayuda. **DL**
  何かあれば常に助けてくれる人がいるものだ。

el cual / la cual / los cuales / las cuales

人とものを先行詞としてとる関係代名詞です。先行詞の性・数に一致して変化します。関係節内の主語としては用いられません。長い前置詞句とともによく用いられます。el que と似ていますが、el cual は文語的で独立用法はありません。

En la habitación había una pequeña ventana a través de la cual apenas entraba luz.
部屋には（それを通して）わずかな光しか入ってこない小さな窓があった。

cuyo / cuya / cuyos / cuyas

所有を表す関係形容詞です。後の名詞を修飾するので、その名詞に性・数一致します。

Tengo un amigo cuya madre es abogada.
私にはお母さんが弁護士の友人がいます。
← Tengo un amigo . + Su madre es abogada.
cuyo を先行詞の amigo に性・数一致させないように注意しましょう。

チェックしよう　下線部に quien、cuyo の適切な形を入れなさい。

1. Tenemos una vecina ＿＿＿＿＿ hijos estudian en el extranjero.
   私たちには子供さんたちが留学している隣人がいます。
2. En la fiesta conocí a un profesor ＿＿＿＿＿ esposa hablaba bien francés.
   私はパーティーで奥さんがフランス語を上手に話すある先生と知り合いました。
3. Tengo un amigo a ＿＿＿＿＿ le gusta mucho el fútbol.
   私にはサッカーが大好きな友人が１人います。
4. Tengo un jefe en ＿＿＿＿＿ confío mucho. (confiar en... ～を信頼する)
   私にはとても信頼している上司が１人います。
5. Tengo una amiga mexicana ＿＿＿＿＿ padre trabaja en la embajada.
   私にはお父さんが大使館で働くメキシコ人の友人がいます。

2　強調構文

独立用法の関係節を使って強調構文を作ることができます。強調したい要素を ser の後ろに置きます。前置詞句の場合には前置詞を付けたまま ser の後ろに置きます。

Es Tomás el que se va a París hoy. ← Tomás se va a París hoy.
今日パリへ行ってしまうのはトマスです。

Es a Laura a quien [a la que] vimos ayer. ← Vimos a Laura ayer.
　　　私たちが昨日会ったのはラウラです。
　　　Es la paz lo que todos deseamos. ← Todos deseamos la paz.
　　　私たちが望んでいるのは平和です。

場所を表す場合には donde を用います。

　　　Es en este sofá donde se sienta mi abuelo. ← Mi abuelo se sienta en este sofá.
　　　祖父がすわるのはこのソファーです。

この他に「時」を表す cuando や「様態」を表す como を使った強調構文もあります。

　　　Fue antes de ayer cuando se pelearon.
　　　彼らがけんかしたのは一昨日でした。
　　　Fue así como llevó a cabo el proyecto.
　　　彼が計画を実現させたのはこうやってです。

チェックしよう　カッコ内に適切な語句を入れて強調構文を作りなさい。（複数解答可）

1. Son mis padres ＿＿＿＿＿＿ quieren viajar a Europa.
　ヨーロッパへ旅行したがっているのは僕の両親なんです。
2. Es en la fiesta ＿＿＿＿＿＿ nos conocimos.
　私たちが知り合ったのはパーティーでです。
3. Es tiempo ＿＿＿＿＿＿ necesito.
　私が必要としているのは時間です。
4. Es con Pedro ＿＿＿＿＿＿ quiere salir Alicia.
　アリシアが一緒に出かけたいのはペドロとです。
5. Es a Rodrigo ＿＿＿＿＿＿ vamos a ver esta tarde.
　私たちが今日の午後に会うのはロドリゴです。

3　定冠詞を使った名詞化表現

定冠詞が名詞の働きをすることがあります。これを「定冠詞を使った名詞化表現」と呼ぶことにしましょう。名詞化により文中で繰り返される名詞の省略ができます。

(1)　定冠詞 ＋ 名詞 ＋ 形容詞 → 定冠詞 ＋ 形容詞

　　　¿Te gusta la cocina española? – Sí, pero prefiero la (~~cocina~~) japonesa.
　　　君はスペイン料理が好き？ – うん、でも日本料理の方がいいなあ。
　　　El coche blanco es mío y el (~~coche~~) negro es de Luisa.
　　　白い車は私ので、黒いのがルイサのです。

210

所有形容詞が名詞化して所有代名詞になることはすでに学びました。(⇒ Nivel I, Lec.12)。

    Aquí está mi coche. ¿Dónde está el tuyo?
    ここに僕の車があるよ。君のはどこ？

中性定冠詞 lo ＋ 形容詞

中性の定冠詞と形容詞で抽象名詞を作ることができます。

    lo bueno いいこと［もの］   lo hermoso 美しいもの
    lo mejor 最良のこと   lo peor 最悪のこと

    Lo mejor es contestarles cuanto antes.
    一番いいのはできるだけ早く返事をすることだ。
    Lo triste dura poco.
    悲しいことは長く続かない。

(2) 定冠詞 ＋ 名詞 ＋ de... → 定冠詞 ＋ de...

    Aquí está tu pasaporte. ¿Dónde está el (pasaporte) de tu madre?
    ここに君のパスポートがある。君のお母さんのはどこだ？
    Mis hijos son más traviesos que los (hijos) de mi primo.
    私の子供たちは従兄弟の子供たちよりもいたずらっ子です。

中性定冠詞 lo ＋ de...

ばくぜんとした出来事や事情を表します。

    Gracias por lo de ayer.
    昨日のことありがとう。
    Siento lo de Julio.
    フリオのことは残念です。

(3) 定冠詞 ＋ 名詞 ＋ que... → 定冠詞 ＋ que...

que 以下は関係節で、名詞化したものは関係節の独立用法ということになります（⇒ Nivel I, Lec. 18)。

    Esta novela es más entretenida que la (novela) que compré la semana pasada.
    この小説は私が先週買ったのよりおもしろいです。
    Este café no está bueno. El (café) que tomamos ayer estaba mucho mejor.
    このコーヒーはおいしくない。昨日私たちが飲んだほうがずっとおいしかった。

中性定冠詞 lo ＋ que...

話の内容などばくぜんとしたものに用います (⇒ Nivel I, Lec.18)。

Entiendo perfectamente lo que dices.
君の言うことは十分わかるよ。

以上をまとめましょう。

(1) 定冠詞＋名詞＋形容詞 → 定冠詞＋形容詞	el coche blanco → el blanco
中性定冠詞 lo ＋ 形容詞	lo mejor
(2) 定冠詞＋名詞＋ de... → 定冠詞＋ de...	el coche de mi padre → el de mi padre
中性定冠詞 lo ＋ de...	lo de ayer
(3) 定冠詞＋名詞＋ que... → 定冠詞＋ que...	el coche que tengo → el que tengo
中性定冠詞 lo ＋ que...	lo que dices

チェックしよう カッコ内に適切な定冠詞を入れて文を完成させなさい。

1. Me gusta más la música pop que (　) clásica.
   私はクラシック音楽よりポップミュージックの方が好きです。

2. ¿Te gustan los zapatos grises? – No, me gustan más (　) azules.
   君はそのグレーの靴が好き？－いいえ、ブルーの方が好きです。

3. Mi casa es mucho más pequeña que (　) de tus padres.
   私の家は君のご両親のよりずっと小さいです。

4. Tienes unos ojos muy parecidos a (　) de tu madre.
   君は君のお母さんのにとても似た目をしている。

5. Este programa es más divertido que (　) que vimos anoche.
   この番組は昨晩私たちが見たのより楽しいです。

Ejercicios 9

1. 下線部に que, quien, el que の適切な形を入れなさい（複数解答可）。

    1) Ahí está la chica con _____ se casó Jorge.

    2) El enfermero _____ me atendió era muy simpático.

    3) _____ está tocando la guitarra es la novia de Enrique.

    4) ¿Es esta la actriz de _____ siempre me hablas?

    5) Todavía hay _____ piensan que la tierra no es redonda.

2. 例にならって下線部を強調する文を書きなさい。

    例）<u>Pedro</u> quiere comer fuera. → Es Pedro quien [el que] quiere comer fuera.

    1) <u>Mi madre</u> necesita ayuda.

    2) El accidente ocurrió <u>en aquella calle</u>.

    3) Ellos quieren <u>dinero</u>.

    4) Os recomiendo <u>este hotel</u>.

    5) Vi a Ernesto <u>ayer</u>.

3. 適切な定冠詞を入れて文を完成させなさい。

    1) Nuestra casa está cerca de (　　) del profesor.

    2) (　　) barato cuesta caro.

    3) Los niños de ahora se acuestan más tarde que (　　) de antes.

    4) Tenemos que hablar sobre (　　) de esta mañana.

    5) Me gustan más estas manzanas que (　　) que compré el otro día.

4. 次の文をスペイン語に訳しなさい。

    1) ラウラが付き合っている男の子はとても背が高い。

    2) あそこに先日（私が）あなたにお話しした先生がいます。

    3) 私にはお母さんが国連 (la ONU) で働いている友達が1人いる。

    4) 私が必要としているのは君たちの助けだ。

    5) 君のおじいさんのことは残念です。

Lección 10

第10課

1 接続法現在の活用［1］— 規則動詞、語根母音変化動詞
　No creo que Julio hable bien japonés.

2 名詞節の中で用いられる接続法［1］
　No pienso que mis padres quieran viajar a España.

1　接続法現在の活用［1］— 規則動詞、語根母音変化動詞　107

直説法は述べられている内容が「事実だとしてありのままに述べる」ときに使われる動詞形で、「事実かどうかについてはふれない内容」には接続法が用いられます（⇒ Nivel I, Lec. 24）。

　Creo que Julio habla bien japonés.（直説法）
　フリオが上手に日本語を話すと私は思います。
　No creo que Julio hable bien japonés.（接続法）
　フリオが上手に日本語を話すとは私は思いません。

接続法現在の規則活用を復習しましょう。

hablar	hable, hables, hable, hablemos, habléis, hablen
comer	coma, comas, coma, comamos, comáis, coman
vivir	viva, vivas, viva, vivamos, viváis, vivan

不規則活用 — 語根母音変化動詞

(1) -ar, -er 動詞
語根の母音が人称によって e → ie, o → ue と変化します (⇒ Nivel I, Lec.7)。

(i) pensar		(ii) volver	
piense	pensemos	vuelva	volvamos
pienses	penséis	vuelvas	volváis
piense	piensen	vuelva	vuelvan

(i) e → ie : cerrar, empezar*; entender, perder, querer （*つづり字に注意）

(ii) o → ue : contar, encontrar, recordar; poder, mover

(2) -ir 動詞

-ar, -er 動詞と異なり、1人称、2人称の複数形でも語根の母音に変化があります。

(i) sentir (e → ie / i)	
sienta	sintamos
sientas	sintáis
sienta	sientan

(ii) dormir (o → ue / u)	
duerma	durmamos
duermas	durmáis
duerma	duerman

(iii) pedir (e → i / i)	
pida	pidamos
pidas	pidáis
pida	pidan

preferir

morir

servir, repetir, seguir*

*つづり字に注意

No creemos que nuestro hijo vuelva de Europa antes del sábado.
私たちは息子が土曜日までにヨーロッパから帰ってくるとは思いません。

No creo que prefieran quedarse en casa.
私は彼らが家にいる方を望むとは思わない。

No creo que sigamos teniendo los mismos problemas.
私たちが同じ問題を抱え続けるとは私は思わない。

チェックしよう カッコ内の動詞を文に合う接続法現在形に活用させなさい。

1. No creo que Inés (pedir:　　　) cerveza.
私はイネスがビールを注文するとは思いません。

2. No creen que yo (contar:　　　) la verdad.
彼らは私が真実を語るとは思っていません。

3. No creo que el banco (cerrar:　　　) tan temprano.
私は銀行がそんなに早く閉店するとは思いません。

4. No creo que mi hija (dormir:　　　) tantas horas.
私は娘がそんなに長時間も眠るとは思いません。

5. Mis padres no creen que yo (entender:　　　) la situación.
両親は私がその状況を理解しているとは思っていません。

2 名詞節の中で用いられる接続法 [1]

次の文の□で囲まれた部分は、それぞれ creo の直接目的語と no es cierto の主語の働きをしている従属節です。

No creo que Julio hable bien japonés.
フリオが上手に日本語を話すとは（私は）思わない。

No es cierto que Julio hable bien japonés.
フリオが上手に日本語を話すことは確かではない。

主語や直接目的語の機能をもつ従属節は、名詞と同じ役割を果たすので名詞節と呼ばれます。この課と次の課で名詞節の中で用いられる接続法の用法を3つ（1. 疑い・否定、2. 願望・要求、3. 感情・評価）学びましょう。

疑い・否定

名詞節が表す内容に対して疑いや否定の判断をする用法です。

> 疑い・否定の述語：
> no creer 思わない　no pensar 考えない、思わない　dudar 疑う　negar 否定する
> no ser cierto 確かではない　no ser verdad 真実ではない
> no estar seguro de... 〜を確信していない　など

No pienso que mis padres quieran viajar a España.
私は両親がスペインへ旅行したがっているとは思いません。

No estoy seguro de que nuestros hijos nos ayuden.
子供たちが私たちを手伝ってくれるかどうか私は確信していません。

No es cierto que el novio de Juana hable alemán.
フアナの彼氏がドイツ語を話すか確かではありません。

可能性を表す ser posible / imposible / probable「〜かもしれない／〜はあり得ない／〜かもしれない」なども「疑い」の述語に入ります。

Es posible que llueva mañana.
明日は雨になるかもしれない。

同じ述語でも、creer, pensar, ser cierto, ser verdad, estar seguro de などは肯定形で使われると、「疑い」の意味がないので直説法になります。

Estoy seguro de que el novio de Juana habla alemán.
フアナの彼氏がドイツ語を話すことは確かだと思います。

Nivel II Lección 10

チェックしよう　カッコ内の動詞を文に合う形に活用させなさい。

1. No creo que Isabel (vivir:　　　) en Madrid.
   私はイサベルがマドリードに住んでいるとは思いません。
2. Mi madre cree que yo (beber:　　　) demasiada cerveza.
   母は僕がビールを飲み過ぎていると思っている。
3. No es verdad que Juan (trabajar:　　　) los sábados.
   フアンが土曜日に働いているというのは本当ではない。
4. Mi hermana está segura de que Pedro la (querer:　　　).
   姉はペドロが自分のことを愛していることを確信している。
5. Es imposible que tú (perder:　　　) el tren.
   君が電車に乗り遅れることはありえない。

願望・要求

名詞節が主語の願う内容や誰かに要求する内容を表す用法です。

| 願望の述語：querer 望む　desear 願う　esperar 期待する |
| ser necesario 必要である |
| 要求の述語：pedir 頼む　mandar 命じる　decir （～するように）言う |
| permitir 許す　dejar ～させてやる　prohibir 禁じる |
| aconsejar 忠告する　recomendar 勧める　など |

　　Quiero que viajes a Cuba.
　　私は君にキューバへ旅行してほしい。

　　　　Quiero viajar a Cuba.
　　　　私はキューバへ旅行したい。
　　　　不定詞を用いると望む人と旅行する人が同じになります。

　　Esperamos que el tren llegue a tiempo.
　　私たちは電車が時間通りに着くことを期待しています。

「要求」では望む内容が間接目的語で表される相手に向けられます。また、間接目的語で表される人は従属節中の動詞の主語に相当します。

　　Te pido que me dejes los apuntes.
　　君にノートを貸してくれるようお願いするよ。

　　Mis amigos me aconsejan que viaje a Escocia.
　　友人たちは私にスコットランドへ旅行するようアドバイスしてくれます。

　　Les recomiendo que prueben este plato típico.
　　あなた方にはこの名物料理を試すことをお勧めします。

> **コラム**　動詞 decir の 2 つの意味：「～だと言う」「～するように言う」
>
> 動詞 decir「言う」には伝達動詞の「～だと言う」と、要求動詞の「～するように言う」の 2 つの意味があります。伝達動詞の場合、従属節の動詞は直説法ですが、要求動詞の場合には接続法になります。
>
> El jefe dice que nos reuniremos mañana a las once.【伝達：直説法】
> 上司は私たちが明日 11 時に集合する予定だと言います（伝達します）。
> El jefe dice que nos reunamos mañana a las once.【要求：接続法】
> 上司は私たちが明日 11 時に集合するようにと言います（命じます）。

チェックしよう　カッコ内の動詞を文に合う接続法現在形に活用させなさい。

1. Mamá quiere que la (ayudar:　　　).
  ママは私たちに手伝ってもらいたがっているよ。
2. Mamá me dice que (comer:　　　) más verdura.
  ママは僕にもっと野菜を食べるように言います。
3. El padre le dice a su hija que (volver:　　　) a casa antes de las diez.
  父親は娘に 10 時までに帰宅するよう言います。
4. Te aconsejo que (aprender:　　　) una lengua extranjera.
  君に外国語を 1 つ覚えるようにアドバイスするよ。
5. El director nos manda que (terminar:　　　) el trabajo antes de las seis.
  部長は私たちに 6 時までに仕事を終えるように命じます。

Ejercicios 10

1. 例にならって、肯定と否定で答えなさい。

    例）¿Subirá el precio de la gasolina?
    　　– Sí, creo que subirá.　/　– No, no creo que suba.

    1) ¿Ganará nuestro equipo?
    　　– Sí,　　　　　　　　　　　　/ – No,

    2) ¿Empezará la reunión a la hora prevista?
    　　– Sí,　　　　　　　　　　　　/ – No,

    3) ¿Llegará Carlos a tiempo?
    　　– Sí,　　　　　　　　　　　　/ – No,

    4) ¿Volverán los ninõs antes de las cinco?
    　　–Sí,　　　　　　　　　　　　/ – No,

    5) ¿Le gustará el regalo a la abuela?
    　　– Sí,　　　　　　　　　　　　/ – No,

2. 枠内から適切な動詞を選び、接続法現在形に活用させてカッコ内に入れなさい。

    | comer dormirse perder recordar terminar |

    1) No queremos que nuestro equipo favorito (　　) el partido de hoy.

    2) Es imposible que nosotros (　　) los nombres de todos los alumnos.

    3) Os aconsejo que (　　) más pescado.

    4) El profesor me manda que (　　) la tarea antes del viernes.

    5) Es posible que (　　) en el cine porque estamos muy cansados.

3. 次の文をスペイン語に訳しなさい。

    1) 私はオフィスが5時前に閉まるとは思いません。

    2) 私は君に私のことを理解してもらいたい。

    3) 君たちにこの本を読むよう勧めるよ。

    4) 私は君たちがスペイン語を勉強し続けることを期待しています。

    5) 父は私たちが彼の部屋に入るのを許さない。

Lección 11

第11課

1 接続法現在の活用［2］— その他の不規則動詞
Me alegro de que estés mejor.

2 名詞節の中で用いられる接続法［2］
Siento mucho que os vayáis.

3 形容詞節の中で用いられる接続法
Quiero un coche que corra mucho.

1 接続法現在の活用［2］— その他の不規則動詞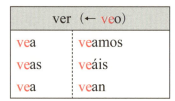

(1) 直説法現在1人称単数形から作れるもの

poner (← pongo)	
ponga	pongamos
pongas	pongáis
ponga	pongan

decir (← digo)	
diga	digamos
digas	digáis
diga	digan

ver (← veo)	
vea	veamos
veas	veáis
vea	vean

caer > caiga, hacer > haga
tener > tenga, traer > traiga

oír > oiga, salir > salga,
venir > venga

conocer (← conozco)	
conozca	conozcamos
conozcas	conozcáis
conozca	conozcan

huir (← huyo)	
huya	huyamos
huyas	huyáis
huya	huyan

aparecer > aparezca
nacer > nazca, parecer > parezca

construir > construya

(2) その他（直説法現在1人称単数形が -o で終わらない動詞）

ser	
sea	seamos
seas	seáis
sea	sean

estar	
esté	estemos
estés	estéis
esté	estén

dar	
dé	demos
des	deis
dé	den

Nivel II **Lección 11**

ir	
vaya	vayamos
vayas	vayáis
vaya	vayan

haber	
haya	hayamos
hayas	hayáis
haya	hayan

saber	
sepa	sepamos
sepas	sepáis
sepa	sepan

チェックしよう 次の動詞をカッコ内の主語に合わせて接続法現在形にしなさい。

1. conocer (ellos) ＿＿＿＿＿
2. ver (nosotros) ＿＿＿＿＿
3. estar (tú) ＿＿＿＿＿
4. decir (vosotros) ＿＿＿＿＿
5. dar (ella) ＿＿＿＿＿

2　名詞節の中で用いられる接続法 [2]　　Down Load 110

感情・評価

名詞節で述べられる内容に対して主語の感情や評価を表す用法です。

感情の述語：alegrarse (de...) (～を)喜ぶ　sentir 残念に思う
　　　　　　ser una lástima [pena] 残念である　sorprender 驚かせる
　　　　　　estar contento (de...) (～に)満足する　importar 迷惑に思わせる　など
評価の述語：ser raro [extraño] 珍しい　ser lógico 当然である　ser bueno よい
　　　　　　ser malo 悪い　など

Me alegro de que estés mejor.
君が元気になってうれしいよ。

Siento mucho que os vayáis.
君たちが帰ってしまうのはとても残念だ。

¿Te importa que abra la ventana? – Claro que no.
窓を開けてもいいですか？ – もちろんです。

Es raro que ella hable mal de alguien.
彼女が誰かの悪口を言うのは珍しい。

Es lógico que Isabel no te conteste.
イサベルが君に返事をしないのは当然だ。

チェックしよう カッコ内の動詞を適切な接続法現在形にして文を完成させなさい。

1. Es extraño que los niños no nos (llamar:　　　).
   子供たちから私たちに電話がないのはおかしい。
2. Estoy contento de que te (gustar:　　　) la cena.
   君が夕食を気に入ってくれて私はうれしいです。
3. Siento que su padre (estar:　　　) enfermo.
   あなたのお父さんがご病気でお気の毒です。
4. Es una lástima que no (poder:　　　) venir a la fiesta.
   君がパーティーに来られないのは残念です。
5. ¿Te importa que yo (fumar:　　　)? – No, pero fuera, por favor.
   (僕が) タバコを吸ってもいいかな？－いいよ。でも外でね。

コラム　不定詞と従属節

不定詞は次の文の viajar のように動詞が活用していない形式で、主語を持ちません。

　Quiero viajar por Europa.

　私はヨーロッパを旅行したい。

この文では quiero の主語が yo であることを手がかりに viajar についても yo が主語に相当すると理解できます。旅行する人を私以外の人にした文を見てみましょう。

　Quiero que mi hijo viaje por Europa.

　私は息子にヨーロッパを旅行してほしい。

主語が異なるときはこのように従属節の形式になることがわかります。

importar「～に迷惑になる」を用いた次のペアの文ではどうでしょうか。

　¿Te importa abrir la ventana?

　窓を開けてもらえる？

　¿Te importa que yo abra la ventana?

　私が窓を開けてもいいですか？

最初の文では、間接目的語代名詞の te があるので、不定詞 abrir の主語は 2 人称単数の tú「君」だと解釈されます。一方、2つ目の文では従属節で主語 yo が明示されています。

このように不定詞が用いられているときには、いつもその主語に相当するものは何か [誰か] を考える必要があります。

また、接続法が用いられる文では、多くの場合、これらの例のように、主節の主語と従属節の主語が異なることを覚えておきましょう。

3　形容詞節の中で用いられる接続法

　形容詞の働きをする従属節は形容詞節と呼ばれます。次の2文はどちらも関係代名詞 que を使って前の名詞（先行詞）un coche を修飾している形容詞節です。しかし動詞は直説法現在 corre と接続法現在 corra とが使い分けられています。どのようなときに接続法になるのか考えてみましょう。

　　　Tengo un coche que corre mucho.
　　　僕はスピードが出る車を持っている。
　　　Quiero un coche que corra mucho.
　　　僕はスピードが出る車が欲しい。

最初の文では速い車を持っていると述べているのでどの車なのか特定できることがわかります。一方、2つ目の文では、速い車を欲しがっているので、実際にそのような車が存在するかどうかわかりません。つまり先行詞は不特定だということになります。このように、形容詞節中の動詞は先行詞が特定なのか不特定なのかによって直説法と接続法を区別します。
　さらに次の文のように、速い車の存在が否定された場合も接続法をとります。

　　　No tengo ningún coche que corra mucho.
　　　僕はスピードが出る車を1台も持っていません。

形容詞節中の直説法と接続法の選択は次のようにまとめることができます。

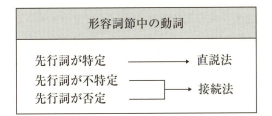

　　　Conozco un bar que sirve buenas tapas.　　　【先行詞が特定】
　　　私はおいしいタパスを出してくれるバルを知っています。
　　　Busco un bar que sirva buenas tapas.　　　【先行詞が不特定】
　　　私はおいしいタパスを出してくれるようなバルを探しています。
　　　No conozco ningún bar que sirva buenas tapas.　　　【先行詞が否定】
　　　私はおいしいタパスを出してくれるバルを知りません。
　　　En esta clase hay varias personas que conocen México.　【先行詞が特定】
　　　このクラスにはメキシコに行ったことのある人が何人かいます。
　　　¿Aquí hay alguien que conozca México?　　　【先行詞が不特定】
　　　ここにメキシコへ行ったことがある人は誰かいますか？

チェックしよう　カッコ内の動詞を適切な形にして文を完成させなさい。

1. Aquí hay algunos estudiantes que (hablar:　　　) italiano.
   ここにはイタリア語が話せる学生が何人かいます。
2. Aquí no hay ningún estudiante que (hablar:　　　) italiano.
   ここにはイタリア語が話せる学生が誰もいません。
3. ¿Aquí hay algún estudiante que (hablar:　　　) italiano?
   ここにはイタリア語が話せる学生が誰かいますか？
4. Conocemos a una secretaria que (saber:　　　) informática.
   私たちは情報処理がわかる秘書を知っています。
5. Buscamos una secretaria que (saber:　　　) informática.
   私たちは情報処理がわかる秘書を求めています。

コラム　不定冠詞の意味

　すぐ上の例の Buscamos una secretaria…「秘書を（1人）探しています」や、それに似た Necesitamos una secretaria…「秘書を（1人）必要としています」のように、秘書を募集しているような場合には、まだその「秘書」が未知の存在であることがわかります。この場合には una secretaria は「不特定」です。

　しかし、このような不定冠詞がいつでも不特定なものを表すとはかぎりません。例えば Conocemos a una secretaria…「秘書を（1人）知っています」にすると、話し手はその秘書を思い浮かべて述べているので、「特定」な人物を指していることになります。話し手にとって特定された人物でも、聞き手にとっては知らない人なので、不定冠詞が使われているのです。

　同じように、次の文の una señorita は、主語である私がすでに知っている特定された人物であることがわかるでしょう。したがって、従属節内の動詞は直説法 (trabaja) になります。

　Esta tarde voy a ver a una señorita que trabaja en la embajada.
　今日の午後、私は大使館で働いている女性に会うつもりです。

Ejercicios 11

1．枠内から適切な動詞を選び、接続法現在形にして文を完成させなさい。

   | enfadarse estar haber querer tener |

   1) Me alegro mucho de que ustedes (　　　　) bien de salud.
   2) Es lógico que tus padres (　　　　) contigo.
   3) Es extraño que no (　　　　) nadie en casa a esta hora.
   4) Siento que (　　　　) que iros tan pronto.
   5) Me sorprende que mi hijo (　　　　) comprar un coche tan caro.

2．カッコ内の動詞を文に合う直説法現在形または接続法現在形に活用させなさい。

   1) En esta clase no hay ningún estudiante que (querer:　　　) estudiar en España.
   2) ¿En esta clase hay algún estudiante que (ser:　　　) de Osaka?
   3) En esta clase hay varios estudiantes que (conocer:　　　) México.
   4) Quiero vivir en un país donde no (hacer:　　　) mucho frío.
   5) Vivimos en un país donde (llover:　　　) mucho.
   6) No conozco ningún país donde no (haber:　　　) discriminación.
   7) Necesitamos un guía que (saber:　　　) árabe.
   8) Tenemos un guía que (tener:　　　) mucha experiencia.
   9) ¿Conoces algún restaurante que (estar:　　　) cerca de aquí?
   10) Conozco un restaurante que (servir:　　　) una paella muy buena.

3．次の文をスペイン語に訳しなさい。

   1) あなたが私の結婚式に来られないのは残念です。
   2) 君が私の国を気に入ってくれて、私は満足です。
   3) ルイスが到着するのにこんなに時間がかかる (tardar en...) のはおかしい。
   4) 私たちは駅から遠くない家を買いたいです。
   5) このクラスには運転ができる学生は1人もいない。

Lección 12

1 命令形 [2]
Míralo. Escríbame.

2 理由と結果の表現
Fuimos en taxi porque llovía mucho.

3 義務表現
Debemos respetar el código de la circulación.

1 命令形 [2]

肯定命令形

tú, vosotros の肯定命令形には特別な形がありました（⇒ Nivel I, Lec.24）。それ以外の人称では接続法現在の活用形を用います。

mirar 肯定命令			
yo	——	nosotros/-as	miremos
tú	mira	vosotros/-as	mirad
usted	mire	ustedes	miren

目的語人称代名詞は動詞の末尾に付けます（⇒ Nivel I, Lec.24）。音節の数が増えてアクセント記号が必要になる場合があるので注意しましょう。

　　Míralo. ← mirar (tú) + lo
　　（君）彼を見て。
　　Escríbame. ← escribir (usted) + me
　　（あなた）私に（手紙を）書いてください。

再帰代名詞も同様に肯定命令では動詞の末尾に付けます。

　　Levántate. ← levantarse (tú)
　　（君）起きなさい。
　　Lávese las manos. ← lavarse (usted) las manos
　　（あなた）手を洗いなさい。

再帰動詞の1人称複数、2人称複数の肯定命令は、次のように、それぞれ動詞の末尾の -s、-d が消えるので注意しましょう。

>Sentémonos. (×Sentémosnos) ← sentarse (nosotros)
>（私たち）座りましょう。

>Acostaos. (×Acostados) ← acostarse (vosotros)
>（君たち）寝なさい。

例外として、irse「立ち去る」は1人称複数では直説法現在を使って vámonos、また2人称複数では -d を残して idos となります（ただし、日常的には iros の形がよく用いられます）。

否定命令形

否定命令はすべて接続法現在と同じ形を使います。

mirar 否定命令			
yo	——	nosotros/-as	no miremos
tú	no mires	vosotros/-as	no miréis
usted	no mire	ustedes	no miren

>No hables tan alto.
>（君）そんなに大声で話さないで。

>No corráis aquí.
>（君たち）ここでは走らないで。

目的語人称代名詞や再帰代名詞は動詞の直前に置かれます。

>No me lo preguntes.
>（君）私にそれを聞かないで。

>No os levantéis.
>（君たち）立たないで。

チェックしよう　次の文を肯定命令と否定命令にしなさい。

1. Cantas. ＿＿＿＿＿＿＿＿＿. / No ＿＿＿＿＿＿＿＿＿.
   君は歌う。

2. Le escribe. ＿＿＿＿＿＿＿＿＿. / No ＿＿＿＿＿＿＿＿＿.
   あなたは彼に手紙を書く。

3. Lo leéis. _____. / No _____.
   君たちはそれを読む。
4. Te sientas aquí. _____ aquí. / No _____ aquí.
   君はここにすわる。
5. Se acercan. _____. / No _____.
   あなた方は近づく。

2　理由と結果の表現　　　Down Load 113

理由

> como... ～なので　porque... なぜなら～　puesto que... ～である以上は
> ya que... ～であるから　pues... というのも～

Fuimos en taxi porque llovía mucho.
私たちは雨がひどかったのでタクシーで行った。

Como no le he dicho nada, no sabrá la noticia.
私は彼には何も言っていないので、その知らせを知らないでしょう。

　　como... は文頭に、porque... や pues... は後ろに置かれて理由を説明する傾向があ
　　ります（⇒ Nivel I, Lec. 18）。

Tú tienes que resolver el problema puesto que eres el responsable.
君が責任者なのだからその問題を解決しないといけないよ。

☞　その他に事情や理由を説明する es que... があります。日常的な話しことばで事情を説明する場合によく使われます。

　　¿Por qué has llegado tarde? – Es que me dormí en el tren.
　　どうして遅刻したの？ – 電車で居眠りしてしまいまして。

結果

> por eso... だから～　así que... だから～　de modo [manera] que... だから～
> tan(to) ... que ～ とても…なので～

Me pagan bastante bien, así que no me puedo quejar.
私はかなり給料をもらっている。だから文句は言えない。
Tengo tanto trabajo que no puedo descansar ni un rato.
私はあまりに仕事が多いので少しの間も休めません。
Está tan cansada que no recuerda qué tiene que hacer hoy.
彼女はとても疲れているので今日何をしないといけないのかも思い出せないほどです。
　　(⇒ tan, tanto については Nivel I, Lec.13)

☞ 接続詞の y が結果の意味を持つことがあります。
Su hijo estudió mucho y pasó el examen.
彼の息子はたくさん勉強したので、テストに合格した。

チェックしよう　次の枠の中から文に合う適切な語を選んでカッコ内に入れなさい。

tan　tanto　tanta　tantos　tantas　como　porque

1. Su hijo estudió (　　) que pasó fácilmente el examen.
   彼の息子はとてもよく勉強したので簡単に試験に受かった。
2. Papá tiene (　　) prisa que no tiene tiempo de desayunar.
   パパはとても急いでいるので朝食をとる時間もない。
3. (　　) habéis terminado el trabajo, ya podéis iros.
   君たちは仕事を終えたので帰ってもいいですよ。
4. Paco está (　　) borracho que no sabe dónde está.
   パコはとても酔っ払っているので自分がどこにいるのかわかりません。
5. Hoy no ha venido Fernando (　　) está resfriado.
   今日フェルナンドは来ませんでした。というのも風邪ですから。

3　義務表現

不定詞を伴う義務の表現には次のようなものがあります。

deber / tener que / haber que + 不定詞　〜しなければならない

Debemos respetar el código de la circulación.
私たちは交通法規を守らないといけません。
Tengo que terminar el trabajo antes de las cinco.
私は5時までに仕事を終えなければなりません。

〈haber que ＋ 不定詞〉は 3 人称単数形で用いられ、人がしなければならない一般的な義務を表します。

En Japón hay que conducir por la izquierda. **DL**
日本では左側を運転しなければなりません。

これらの表現が否定される場合には意味の違いに注意しましょう。

no deber ＋ 不定詞	～すべきではない（禁止）
no tener que ＋ 不定詞	～しなくてもよい（不必要）
no haber que ＋ 不定詞	～すべきではない（禁止）／～しなくてもよい（不必要）

No debes faltar a la reunión sin permiso. **DL**
君は許可なく会議に欠席してはいけない。
No tienes que esperarme si tienes prisa.
急いでいるのなら僕を待つ必要はないよ。
No hay que hablar mal de los otros.
他人の悪口を言ってはいけません。
No hay que preocuparse por los gastos.
経費のことは心配しなくていいですよ。

チェックしよう カッコ内に deber, tener, haber を適切な形にして入れなさい。（複数解答可）

1. (　　) pagar cada uno.
   私たちは各自で払わないといけないよ。
2. No (　　) que preparar la cena hoy.
   君たちは今日夕食を作らなくてもいいよ。
3. (　　) que tener paciencia para aprender algo.
   何かを習うのには忍耐力をもたないといけません。
4. (　　) que cumplir las promesas.
   君は約束を守らないといけない。
5. No (　　) que decir mentiras.
   人は嘘を言ってはいけません。

Ejercicios 12

1. 例にならって命令文で答えなさい。目的語がある場合は代名詞に変えること。

    例）¿Puedo abrir la ventana? (tú) – Sí, ábrela. / No, no la abras.

    1) ¿Puedo poner la televisión? (tú) – Sí, _____.
    2) ¿Podemos dejar aquí la bicicleta? (ustedes) – No, _____ ahí.
    3) ¿Puedo llamarte después? (tú) – No, _____, por favor.
    4) ¿Puedo llevarme el paraguas? (usted) – Sí, _____.
    5) ¿Podemos usar la toalla? (vosotros) – No, _____.

2. 肯定命令を否定命令に、否定命令を肯定命令に変えなさい。

    1) Ven aquí.   _____
    2) No los esperemos.   _____
    3) Dímelo.   _____
    4) No se acerque.   _____
    5) Pónganselos.   _____

3. 例にならって結果を表す文に書き換えなさい。

    例) Ayer no salimos porque llovía mucho. → Ayer llovía tanto que no salimos.

    1) Me comí tres empanadas porque tenía mucha hambre.
    2) Ayer, como estaba muy cansada, me acosté a las ocho.
    3) Todos se durmieron porque la película era muy aburrida.
    4) Como le gustó mucho el coche, lo compró ese mismo día.
    5) No pude ir a la fiesta porque tenía mucho trabajo.

4. 次の文をスペイン語に訳しなさい。

    1)（君）僕の隣に (a mi lado) すわって。
    2)（あなた）これらの絵 (cuadro) に触れないでください。
    3)（あなた方）家の中では靴を脱いでください。
    4) 明日の授業は休講になった (cancelarse)。だから私たちは大学に来なくてもよい。
    5) その女優はあまりに上手に歌ったので、皆が驚いた (sorprenderse)。

Lección 13

第13課

1 接続法現在完了
No creo que Ana haya viajado sola.

2 副詞節の中で用いられる接続法［1］— 目的、条件、時
Te envío las fotos para que las veas.
En caso de que llueva, nos quedaremos en casa.
Viajaré a España cuando tenga tiempo.

1 接続法現在完了

115

haber の接続法現在形と過去分詞で作ることができます。

haber の接続法現在		+ 過去分詞
haya	hayamos	
hayas	hayáis	+ hablado / comido / vivido
haya	hayan	

接続法を使う文で que 以下が今の時点ですでに完了している内容を表すとき、que 以下には接続法現在完了が使われます。

No creo que Ana haya viajado sola.
私はアナが1人で旅行したとは思いません。

Es posible que los invitados se hayan marchado.
招待客たちは帰ってしまったかもしれません。

¿Hay alguien que haya estado en Machu Picchu?
マチュピチュへ行ったことがある人誰かいますか。

チェックしよう　カッコ内の動詞を接続法現在完了形にして文を完成させなさい。

1. Mi padre está contento de que le (tocar:　　　　) la lotería.
   父は宝くじが当たったので満足している。
2. No es cierto que ellos ya (llegar:　　　　) a Kioto.
   彼らがもう京都に着いたか確かではありません。
3. Siento que su abuelo (morirse:　　　　).
   あなたのお祖父さんが亡くなってお気の毒です。
4. No hay nadie que me lo (decir:　　　　).
   私にそれを言ってくれた人は誰もいません。
5. Es lógico que María no te (llamar:　　　　).
   マリアが君に電話をしていないのは当然だ。

2　副詞節の中で用いられる接続法[1] ― 目的、条件、時　116

次の文には時の副詞 ayer が使われています。

　　La llamé ayer.
　　僕は昨日彼女に電話した。

ここで ayer の代わりに cuando で導かれた文を考えてみましょう。

　　La llamé cuando llegué a Tokio.
　　僕は東京に着いたとき彼女に電話した。

このように副詞の働きをする節を副詞節と呼びます。副詞節には主節を修飾する意味により、さまざまな種類があります。また、副詞節中の動詞には直説法・接続法の使い分けが見られます。ここでは「目的」「条件」「時」の3種類の副詞節について学びます。

目的

「目的」を表す副詞節中の動詞は常に接続法をとります。

> para que...　～のために　　a fin de que...　～の目的で
> con el objeto de que...　～の目的で

Te envío las fotos para que las veas.
君に見てもらうように写真を送ります。
Le escribo a fin de que me ayude en un asunto.
あなたに助けてほしいことがあって（←助けてもらうために）お便りをしています。

条件

「条件」の副詞節でも常に接続法が用いられます。

> en caso de que... ～の場合は　con tal (de) que... ～ならば、～という条件で
> a condición de que... ～という条件で　a no ser que... ～でなければ

En caso de que llueva, nos quedaremos en casa.
雨の場合は、私たちは家にいます。
Te dejo el libro con tal de que me lo devuelvas el lunes.
月曜日に返してくれるのなら本を君に貸してあげるよ。
A no ser que mejore el tiempo, haremos la excursión otro día.
天気がよくならなければ遠足は別の日にしましょう。
　　a no ser que... が表す条件は否定を含んでいるので注意しましょう。

☞ si...「もし～なら」を用いる条件文では si の節には直説法が用いられます（⇒ Nivel I, Lec. 22）。

Si llueve, nos quedaremos en casa.　もし雨なら私たちは家にいます。

チェックしよう　カッコ内の動詞を接続法現在形にして文を完成させなさい。

1. Te dejo el libro para que lo (leer:　　　).
   君が読めるようにその本を貸してあげるよ。
2. Te digo mi secreto con tal de que no se lo (decir:　　　) a nadie.
   誰にも言わないなら君に私の秘密を教えてあげる。
3. A no ser que (ir:　　　) en coche, llegaremos tarde.
   車で行かないと私たちは遅刻するよ。
4. Lo llamo a fin de que usted (conocer:　　　) la situación.
   状況を知っていただけるようあなたにお電話しています。
5. Avísenos en caso de que (tener:　　　) problemas.
   問題がある場合には私たちにご連絡ください。

時

「時」の副詞節には次のような接続詞が用いられます。

> cuando... ～するとき　en cuanto... ～するとすぐに　mientras... ～している間
> hasta que... ～するまで　después de que... ～した後で

「時」の副詞節中の動詞は、副詞節がすでに起こった出来事を表すときは直説法、これから起こる出来事を表す場合には接続法というように区別して用いられます。次の最初の例文は過去の出来事を表すので tenía と直説法の時制（線過去）が用いられています。一方、2つ目の文ではこれから起こる出来事を表すので接続法現在 tenga になっています。

  Viajaba a España cuando tenía tiempo. [すでに起こった出来事（直説法）] DL
  私は暇があるときはスペインへ旅行していた。
  Viajaré a España cuando tenga tiempo. [これから起こる出来事（接続法）]
  私は暇があるときはスペイン旅行をするつもりだ。

習慣として行う行為は、その内容が実現されることを確信しているので直説法になります。

  Siempre viajo a España cuando tengo tiempo. [習慣（直説法）] DL
  私は暇があるときにはいつもスペインへ旅行します。

以上をまとめると、「時」の副詞節の動詞は次のように直説法と接続法を区別します。

cuando 以外の時の接続詞の場合にも同じように区別します。

  En cuanto sepa algo, te avisaré. DL
  何かわかりしだい、君に知らせるよ。
  No veamos la tele mientras comamos.
  食べている間は、テレビを見ないでおこう。
  Estaré aquí hasta que vuelvan.
  彼らが戻ってくるまで私はここにいるつもりです。

antes de que ...「～より前に」に導かれる節内では例外的に常に接続法が用いられます。

  Los niños siempre vuelven a casa antes de que se ponga el sol. DL
  子供たちはいつも日が沈む前に家に戻ります。

チェックしよう カッコ内の動詞を適切な形にして文を完成させなさい。

1. Cuando (llegar:　　　) a Madrid, te llamaré.
   マドリードへ着いたら、君に電話するよ。
2. Cuando Julio (venir:　　　) a Japón, siempre nos visita.
   フリオは日本に来るといつも私たちを訪問してくれます。
3. En cuanto (terminar:　　　) el trabajo, podemos salir a cenar.
   君たちが仕事を終えたらすぐ夕食に出かけられるよ。
4. Mientras (estar:　　　) en Barcelona, siempre te cuido el perro.
   君がバルセロナにいる間、私はいつも君の犬の世話をしています。
5. El año pasado, cuando yo (estudiar:　　　) en Lima, me visitaron unos amigos.
   去年私がリマで勉強していたとき何人か友人が会いに来ました。

コラム 条件を表す como

〈como +直説法〉は、主節の前に置かれて理由を表すことはすでに学びました（⇒ Nivel I, Lec.18, Nivel II, Lec. 12）。

Como tenía fiebre, no fui al trabajo.
熱があったので、私は仕事に行かなかった。

一方、〈como +接続法〉は、「脅しや悪いことの予告」を表す条件（「〜するなら」「〜したりしたら」）として用いられることがあります。

Como no te calles, no te doy el helado.
静かにしないと、アイスクリームをあげないよ。

Como nieve mañana, tendremos que cancelar el viaje.
明日雪なんてことになったら、旅行を延期しないといけないだろうね。

Ejercicios 13

1. カッコ内の動詞を接続法現在完了形にして文を完成させなさい。

    1) Me sorprende que Vicente no (hacer:) los deberes.

    2) Es lógico que Luisa (dejar:) ese trabajo.

    3) Me preocupa que mis padres no (volver:) todavía.

    4) ¿Hay alguien en esta clase que (estar:) en México?

    5) Necesitamos un empleado que (aprender:) a programar.

2. [ ] の中から適切な語を選び、( ) 内の動詞を接続法現在形に活用させなさい。

    1) Te doy mi teléfono [hasta / para] que (poder:) llamarme en caso necesario.

    2) Se cancelará el partido en [caso / condición] de que (llover:).

    3) Te llamaré en [cuando / cuanto] (llegar:) a la estación.

    4) El director te atenderá [a / de] no ser que (estar:) ocupado.

    5) Queremos llegar ahí [antes de / hasta] que (empezar:) a llover.

3. カッコ内の動詞を接続法現在形または直説法現在形にして文を完成させなさい。

    1) Mi marido siempre me llama cuando (llegar:) a la estación.

    2) Tendrás que estar en cama mientras (tener:) fiebre.

    3) Le avisaré en cuanto (encontrar, yo:) algo mejor.

    4) Puedes llamarme cuando (querer:).

    5) Vamos a recoger la mesa antes de que (venir:) los invitados.

4. 次の文をスペイン語に訳しなさい。

    1) 私は彼が本当のことを言ったとは思いません。

    2) 君の友人たちは事故にあった (tener un accidente) のかもしれない。

    3) 私たちがあなたの言うことがよくわかるように、もっと大きい声で (más alto) 話していただけますか？

    4) 子供たち、6時前に戻るんだったら、公園へ行っていいよ。

    5) （君）映画が始まったら、私を呼んでね。

Lección 14

1 接続法過去
No pensábamos que María estuviera tan enfadada.

2 副詞節の中で用いられる接続法［2］— 譲歩、様態
Aunque haga buen tiempo mañana, nos quedaremos en casa.
Te lo prepararé como digas.

1 接続法過去

接続法過去の語尾は -ar 動詞 / -er, -ir 動詞でそれぞれ次のように変化します。

hablar		comer		vivir	
hablara	habláramos	comiera	comiéramos	viviera	viviéramos
hablaras	hablarais	comieras	comierais	vivieras	vivierais
hablara	hablaran	comiera	comieran	viviera	vivieran

直説法点過去 3 人称複数形 (hablaron, comieron, vivieron) の語尾の -ron を取り、その代わりに語尾 -ra を付け、下線の語尾のように -ra, -ras, -ra, -◯ramos, -rais, -ran と変化させます。1 人称複数形のアクセント記号に気をつけましょう。不規則動詞も同じように変化形を作ることができます。

```
leer  >  leyeron  →  leyera,...
dormir  >  durmieron  →  durmiera,...
tener  >  tuvieron  →  tuviera,...
ser / ir  >  fueron  →  fuera,...
estar  >  estuvieron  →  estuviera,...
```

参考 -ra で終わる -ra 形の他に -se, -ses, -se... の語尾をとる -se 形もあります。

hablar		comer		vivir	
hablase	hablásemos	comiese	comiésemos	viviese	viviésemos
hablases	hablaseis	comieses	comieseis	vivieses	vivieseis
hablase	hablasen	comiese	comiesen	viviese	viviesen

接続法過去は過去の内容を表すときに用いられますが、名詞節、形容詞節、副詞節における用法はそれぞれ接続法現在と同じです。

(1) 主節が過去で従属節も過去の出来事を表すとき　　DL

No pensábamos que María estuviera tan enfadada.　　【名詞節 / 疑い・否定】
私たちはマリアがそんなに怒っているとは思いませんでした。
El médico me aconsejó que comiera más verdura.　　【名詞節 / 要求】
医師は私にもっと野菜を食べるように忠告してくれた。
¿En la conferencia hubo alguien que le hiciera preguntas?
講演会では彼に質問する人は誰かいましたか？　　【形容詞節 / 不特定の先行詞】
Habló despacio para que lo entendiéramos mejor.　　【副詞節 / 目的】
彼は私たちがより理解できるようにゆっくり話した。
Te dije el secreto a condición de que no se lo dijeras a nadie.　　【副詞節 / 条件】
君が誰にも言わないということで秘密を教えてあげたんだ。

(2) 主節が現在、従属節が過去の出来事を表すとき　　DL

No creo que María viajara a Rusia el año pasado.　　【名詞節 / 疑い・否定】
マリアが去年ロシアへ旅行したとは思わない。

チェックしよう　カッコの中の動詞を適切な形にして文を完成させなさい。

1. No creía que la película (ser:　　　) tan entretenida.
   私はその映画がそんなにおもしろいとは思わなかった。
2. Te envié las fotos para que las (ver:　　　).
   君に見てもらおうと君に写真を送ったんだ。
3. Esperábamos que (hacer:　　　) buen tiempo.
   私たちはいい天気になることを期待していた。
4. No había nadie que (saber:　　　) alemán.
   ドイツ語が話せるものは誰もいなかった。
5. Fue una lástima que ella no (poder:　　　) venir a la fiesta.
   彼女がパーティーに来られないのは残念だった。

> **コラム**　〈過去未来＋接続法過去〉の丁寧（婉曲）表現
>
> 「過去未来」と「接続法過去」を組み合わせて丁寧（婉曲）表現を作ることができます。次の例文では現在（あるいは未来）のことを述べています。
>
> 　Sería mejor que usted asistiera a la reunión.
> 　あなたは会合に出席された方がいいと思いますが。
> 　Me gustaría que estuvieras aquí.
> 　（できれば）君にここにいてほしいんだが。
>
> 「過去未来」にはすでに学んだように丁寧表現の用法がありました（⇒ Nivel I, Lec.23）。例文の主節がそれに相当します。過去未来は過去時制の１つなので、従属節の接続法はこれに時制を一致させて過去にしますが、あくまで内容は現在・未来のことを表します。

2　副詞節の中で用いられる接続法 [2] ― 譲歩、様態　　118

副詞節の中で用いられる接続法の用法のうちの「譲歩」と「様態」を覚えましょう。

譲歩

主節と対立する内容を表す譲歩の節の中では直説法も接続法も用いられます。

> aunque... たとえ〜でも（＋接続法）/ 〜なのだが（＋直説法）
> a pesar de que... たとえ〜でも（＋接続法）/ 〜にもかかわらず（＋直説法）

　Aunque hace buen tiempo, nos quedaremos en casa.
　いい天気なのだが、私たちは家にいることにしよう。
　Aunque haga buen tiempo mañana, nos quedaremos en casa.
　明日いい天気でも私たちは家にいることにしよう。

直説法を用いる１つ目の文では実際にいい天気であることがわかっていて、それを事実として述べた上で、予想と反対の行動をとります。一方、接続法を用いる２つ目の文では、明日がいい天気であることが事実かどうかにふれず、たとえいい天気でも予想と反対の行動をとると述べています。

接続法を用いた次の文は、相手の気が進まないかどうか分からない状況でも、気が進まないとわかっている状況でも使うことができます。後者の場合は、相手の気持ちに話し手があえてふれないようにして述べているといえます。

　　Aunque no tengas ganas, debes ir a ver al director.
　　たとえ気が進まなくても、君は部長に会いに行くべきだよ。

コラム　譲歩の慣用表現

譲歩を表す他の表現も見てみましょう。

〈por muy [más] + 形容詞 / 副詞 + que + 接続法 , ...〉「どんなに〜であろうとも…」

　　Por muy rico que sea, él no te invitará ni a un café.
　　彼はどんなに金持ちだろうと、コーヒー1杯もおごってくれないだろう。

〈接続法 + 関係詞 (cuando / donde / adonde / como / quien / lo que) + 接続法 , ...〉
「いつ / どこで / どこへ / どのように / 誰が / 何が 〜しようとも…」
この構文では、同じ動詞の接続法の形をくり返します。

　　Esté donde esté, os escribiré.
　　私はどこにいようとも、君たちに便りをするつもりです。

　　Pase lo que pase, nosotros te ayudaremos.
　　何が起ころうとも、私たちは君を助けてあげるつもりです。

チェックしよう　カッコ内の動詞を適切な形にして文を完成させなさい。

1. Aunque (llover:　　　), quiero ir en bici.
   雨が降っているけど、私は自転車で行きたい。
2. Aunque (llover:　　　), quiero ir en bici.
   雨が降っても、私は自転車で行きたい。
3. Aunque (tener:　　　) miedo, tienes que verlo.
   君は恐くても、彼に会わないといけないよ。
4. Aunque mañana (estar:　　　) en Madrid, no iré a verlo.
   明日僕はマドリードにいるんだけど、彼に会いには行かないよ。
5. Aunque mañana (estar:　　　) en Madrid, no iré a verlo.
   明日僕はたとえマドリードにいても、彼には会いに行かないよ。

様態

「様態」は、やり方や様子を表します。

> como... 〜するように、〜のやり方で　sin que... 〜することなしに

como... に導かれる節の動詞は、その内容がわかっている場合には直説法を、どんな内容かもわからない場合には接続法をとります。

　　Te lo prepararé como dices.
　　君が言っているその通りにそれを準備するよ。
　　Te lo prepararé como digas.
　　君が（何を言うか知らないが）言うようにそれを準備するよ。

sin que... は que 以下の内容が否定されているので、動詞は必ず接続法をとります。

　　Tienes que salir sin que te vea nadie.
　　君は誰にも見られないように外出しないといけないよ。

チェックしよう　カッコ内の動詞を適切な形にして文を完成させなさい。

1. Lo haré como (decir:　　　).
   私は今あなたがおっしゃっているようにやりましょう。
2. Lo haré como (decir:　　　).
   私はこれからあなたがおっしゃるようにやりましょう。
3. Puedes vestirte como (querer:　　　).
   君の好きな服を着ていいよ。
4. Salí sin que me (ver:　　　) nadie.
   私は誰にも見られないように外へ出た。
5. El niño cogió una galleta sin que su madre (darse:　　　) cuenta.
   その子は母親に気付かれないようにクッキーを1枚取った。

Ejercicios 14

1. 例にならって、下線部の動詞をカッコ内の時制に変えて全文を書き換えなさい。

    例）No creo que él venga.（線過去）→ No creía que él viniera.

    1) Quiero que veas esta película.（線過去）

    2) Es lógico que tu madre esté de mal humor.（線過去）

    3) Me sorprende que él siga fumando.（点過去）

    4) En la clase no hay ningún estudiante que conozca esta obra.（線過去）

    5) Tenemos que hablar con Tomás para que su hija pueda estudiar en Japón.（点過去）

2. [ ] 内の選択肢から適切な語句を選び、( ) 内の動詞を直説法現在形または接続法現在形に活用させなさい。

    1) [Aunque / Como] no (tener, tú:　　) ganas, tienes que hacerlo.

    2) Él fuma en la oficina [a pesar de que / sin que] lo (saber:　　) nadie.

    3) Marta nunca limpia su habitación [a pesar de que / para que] su madre siempre (ponerse:　　) de mal humor.

    4) Puedes decorar la habitación [como / sin que] (decir:　　) en tu carta.

    5) El tiempo pasa [para que / sin que] (darse, tú:　　) cuenta.

3. カッコ内の選択肢の中から適切な形を選びなさい。

    1) Queríamos que (vendrías / vinieras) a la fiesta pero no viniste.

    2) Elegí esta música para que la (pusieran / pusieron) en la ceremonia.

    3) Te dije que podías salir con tal de que (hablarías / hablaras) primero con tu padre.

    4) Creía que me (llamarías / llamaras) al llegar a la estación.

    5) Organizamos la fiesta como nos (mandara / mandó) el profesor.

4. 次の文をスペイン語に訳しなさい。

    1) 私は母に自転車を買ってほしかったのだが、母は買ってくれなかった。

    2) 私は祖父がそんなに調子が悪いとは思っていなかった。

    3) 私たちはたとえ難しくても、週末までにこの仕事を終えるつもりだ。

    4) 僕はとても疲れていたにもかかわらず、授業の後に仕事に行った。

    5) 私たちは誰にも見られないでリビング (salón) に入らなければならなかった。

Lección 15

第15課

1 接続法過去完了
No creía que Pedro hubiera estado en Japón antes.

2 直説法と接続法の時制の対応
No esperaba que mis hijas me ayudaran.

3 独立文の中で用いられる接続法
Tal vez vengan mañana.
¡Ojalá no llueva mañana!

1 接続法過去完了

Down Load 119

haber の接続法過去と過去分詞の組み合わせで作ります。接続法を使う構文で、que 以下の内容が過去のある時点より前に起こったことを表すときに用います。

haber の接続法過去 -ra 形		+ 過去分詞
hubiera	hubiéramos	
hubieras	hubierais	+ hablado / comido / vivido
hubiera	hubieran	

参考 -se 形を用いた接続法過去完了は次のようになります。

haber の接続法過去 -se 形		+ 過去分詞
hubiese	hubiésemos	
hubieses	hubieseis	+ hablado / comido / vivido
hubiese	hubiesen	

No creía que Pedro hubiera estado en Japón antes.
私はペドロが以前日本に来たことがあるとは思わなかった。
Me sorprendió que tus padres no te lo hubieran contado.
君の両親が君にそのことを話さなかったことに私は驚いた。

チェックしよう カッコ内の動詞を接続法過去完了形にして文を完成させなさい。

1. No pensé que María te lo (decir:).
   マリアが君にそのことを言ったと私は思いませんでした。
2. Fue una lástima que tus padres (marcharse:).
   君のご両親が帰ってしまったことは残念でした。
3. En la clase no había nadie que (estar:) en México.
   クラスにはメキシコへ行ったことがある人は誰もいなかった。
4. Me sorprendió que (ocurrir:) un terremoto allí.
   そこで地震が起こったことに私は驚きました。
5. Me alegré de que ellos os (llamar:).
   彼らが君たちに電話をしたのを私はうれしく思いました。

2 直説法と接続法の時制の対応

Down Load 120

直説法には、現在、未来、点過去、線過去、過去未来、現在完了、未来完了、過去完了、過去未来完了の9つの時制がありますが、接続法には現在、過去、現在完了、過去完了の4つしかありません。どのように対応するか基本的な関係を見ておきましょう。

直説法と接続法の時制の対応

直説法		接続法	
現在	habla	現在	hable
未来	hablará		
点過去	habló	過去	hablara
線過去	hablaba		
過去未来	hablaría		
現在完了	ha hablado	現在完了	haya hablado
未来完了	habrá hablado		
過去完了	había hablado	過去完了	hubiera hablado
過去未来完了	habría hablado		

ここでは、主節の動詞が現在の場合と過去の場合に分けて、従属節の時制の対応関係を見てみましょう。まず、主節の動詞が現在の場合です。

直説法	
現在	同時 / 後のこと
Creo que viajan / viajarán.	
現在	前のこと
Creo que han viajado / viajaron.	

⇔

接続法	
現在	同時 / 後のこと
No creo que viajen.	
現在	前のこと
No creo que hayan viajado / viajaran.	

Nos alegramos mucho de que usted haya participado en este congreso.
あなたがこの学会に参加してくださったことを私たちはとてもうれしく思います。
Siento que no tuvieras tiempo para entrar en el museo el domingo.
君が日曜日に美術館に入る時間がなかったのを僕は残念に思うよ。

次に主節の動詞が過去の場合です。

直説法	
過去	同時 / 後のこと
Creía que viajaban / viajarían.	
過去	前のこと
Creía que habían viajado.	

⇔

接続法	
過去	同時 / 後のこと
No creía que viajaran.	
過去	前のこと
No creía que hubieran viajado.	

No esperaba que mis hijas me ayudaran.
私は娘たちが手伝ってくれることを期待していませんでした。
Fue una lástima que nuestro equipo hubiera perdido el partido.
我々のチームが試合に負けたのは残念でした。

チェックしよう 次の文を否定にして、全文を書き換えなさい。

1. Creemos que vendrán a vernos. →
   私たちは彼らが会いに来るだろうと思います。
2. Creíamos que vendrían a vernos. →
   私たちは彼らが会いに来るだろうと思っていました。
3. Es cierto que Elena lo conoce. →
   エレナが彼を知っていることは確かです。
4. Yo estaba seguro de que el alcalde había dicho la verdad. →
   私は市長が真実を語ったと確信していました。
5. Creo que a Carlos lo han suspendido. →
   私はカルロスが落第したと思います。

3 独立文の中で用いられる接続法

一般的に接続法は従属節の中で用いられますが、次のように独立文で使われることもあります。

(1) 〈疑いの副詞 quizá(s) / tal vez / acaso / posiblemente ＋ 接続法〉「たぶん」「おそらく」

Tal vez vengan mañana.
ひょっとしたら彼らは明日来るかもしれない。

Quizá esté enferma.
おそらく彼女は病気なのではないだろうか。

確信の度合いが大きい（事実をありのままに伝えたい）場合には直説法が用いられます。

Tal vez vienen [vendrán] mañana.
たぶん彼らは明日来るでしょう。

☞ a lo mejor や igual の後ろでは常に直説法が来ます。

A lo mejor [Igual] estoy equivocado.　たぶん僕は間違っている（かも知れない）。

(2) 願望文〈¡Ojalá ＋ 接続法 !〉「～であればいいのに」

接続法現在（これから起きること）／現在完了（すでに起きたこと）は実現可能な願望を、接続法過去（現在、またはこれからの起こりそうにないこと）／過去完了（これまでに起こらなかったこと）は実現困難な願望を表します。

¡Ojalá no llueva mañana!　　　　【接続法現在 / 可能】
明日雨にならなければいいけど。

¡Ojalá me haya tocado la lotería!　【接続法現在完了 / 可能】
私に宝くじが当たっていればいいんだけど。

¡Ojalá estuviera aquí mi novia!　　【接続法過去 / 困難】
ここに僕の彼女がいればいいんだけど（ここにはいない）。

¡Ojalá nos hubiéramos visto allí!　【接続法過去完了 / 困難】
あちらで私たちは会えればよかったんだけど（会えなかった）。

チェックしよう　カッコ内の動詞を接続法の適切な形にして文を完成させなさい。

1. Quizá (llegar:　　　) tarde a la estación.
たぶん私たちは駅に遅く着くでしょう。

2. Tal vez no le (gustar:　　　) el pescado.
　おそらく彼は魚が好きではないのかもしれません。

3. ¡Ojalá (ser:　　　) verdad!
　それが本当であればいいけど。【可能】

4. ¡Ojalá yo (ser:　　　) más joven!
　私がもっと若ければいいんだけど。【困難】

5. ¡Ojalá me lo (decir:　　　) antes!
　君は私にもっと早くそれを言ってくれればよかったのに。【困難】

(3) 聞き手に対する願望〈¡Que ＋ 接続法現在!〉「…であればいいですね」

話し手の聞き手に対する願いを伝える表現です。

　　¡Que descanses!
　　ゆっくりして／お休み。

　　¡Que os divirtáis!
　　（君たち）楽しんできて。

　　¡Que se mejore!
　　（体調が悪い相手に）どうか良くなりますように。

> 参考　¡Que aproveche!「おいしく召し上がれ」は、食事をしている人に対してかける決まったあいさつです。（aproveche は変化しません）。

(4)（第３者に対する）間接命令〈Que ＋ 接続法現在〉「(…に) ～させなさい」

一般的な命令形とは違い、相手を通じて間接的に第３者に何かをさせる命令表現です。

　　Que pase el siguiente.
　　次の方をお通しして（← あなた、次の人に入らせなさい）。

　　Que vengan a verme.
　　彼らに私に会いに来させてください。

チェックしよう　カッコ内の動詞を接続法現在形にして、間接命令もしくは願望文を作りなさい。

1. Que (esperar:　　　) un momento.
　（彼らに）少し待ってもらってください。

2. Que no (entrar:　　　) nadie.
　誰にも入らせないで。

3. ¡Que lo (pasar:　　　) bien!
　（君）楽しんできて。(pasarlo bien 楽しむ)

4. ¡Que (divertirse:　　　)!
　（君）楽しんできて。

5. ¡Que (tener:　　　) un buen viaje!
　（あなた）どうかいいご旅行を。

Ejercicios 15

1. 下線部の動詞をカッコ内の時制に変えて、文全体を書き換えなさい。

    1) <u>Me alegro</u> de que hayáis conseguido la beca.（点過去）
    2) <u>Es</u> lógico que tus hijos no quieran hablarte de sus amigos.（線過去）
    3) Yo no <u>digo</u> que eso sea mentira.（点過去）
    4) No <u>creo</u> que el profesor lo haya dicho en serio.（線過去）
    5) No me <u>gusta</u> que me pregunten cosas personales.（点過去）

2. カッコ内の動詞を適切な形に変えて文を完成させなさい。

    1) La luz está apagada. Tal vez no (haber:　　　　) nadie.（複数解答可）
    2) El niño sigue llorando. A lo mejor (tener:　　　　) hambre.
    3) Mañana pensamos pasear por Kioto. ¡Ojalá (hacer:　　　　) buen tiempo!
    4) ¡Qué bien canta ese señor! ¡Ojalá (saber, yo:　　　　) cantar como él!
    5) He suspendido tres asignaturas. ¡Ojalá (estudiar:　　　　) más antes de los exámenes!
    6) Yo quería mucho a mi padre. ¡Ojalá (estar:　　　　) aquí conmigo!
    7) Este ordenador es muy lento. ¡Ojalá no lo (comprar, yo:　　　　)!
    8) Buenas noches, Lidia. ¡Que (descansar, tú:　　　　)!
    9) Siento que tu madre esté mal. ¡Que (mejorarse:　　　　) pronto!
    10) Voy a dormir un poco. Que no (entrar:　　　　) nadie en mi cuarto.

3. 次の文をスペイン語に訳しなさい。

    1) 当時、私は統計学 (Estadística) を学んだことのある人を誰も知らなかった。
    2) 母がプレゼントを気に入ってくれますように！
    3) 私がアラビア語が話せたらなあ！
    4) 彼女ともっと前に知り合っていればなあ！
    5) （あなた方）パーティーでは楽しんでくださいね！

Lección 16

第16課

1 条件文 [2]
　Si yo tuviera dinero, viajaría a Sudamérica.

2 非現実的譲歩文
　Aunque fuera joven, no subiría a los Alpes.

3 丁寧表現
　Quisiera hablar con el director.

4 小数・分数
　cuatro coma setenta y cinco

1　条件文 [2] ― 非現実的条件文

DownLoad 122

条件文には、実現性のあることを仮定する現実的条件文（⇒ Nivel I, Lec.22）と、現実に起こりえないことやほとんど実現性のないことを仮定する非現実的条件文があります。この課では非現実的条件文を扱います。

	条件節	帰結節
(1) 現在・未来の出来事	si ＋ 接続法過去	直説法過去未来
(2) 過去の出来事	si ＋ 接続法過去完了	直説法過去未来完了

(1) 現在・未来の実現性がない、あるいはほとんどない出来事を仮定

　Si yo **tuviera** dinero, **viajaría** a Sudamérica.　　DL
　もし私にお金があれば、南米へ旅行するのだが。
　Si yo no **estuviera** tan ocupado, os **podría** acompañar.
　もし私がこんなに忙しくなければ、君たちと一緒に行けるのだが。

(2) 過去に実現しなかったことをいま仮定

　Si **hubiera hecho** buen tiempo el domingo, **habríamos salido** de excursión.　　DL
　もし日曜日がいい天気だったら、私たちは遠足に出かけていたのだが。
　Si **hubiéramos salido** cinco minutos antes, **habríamos podido** coger el tren.
　もし私たちが5分早く出かけていたら、その電車に乗れていたのだが。

条件節と帰結節の時制の組み合わせが異なるものもあります。

  Si me hubieras ayudado ［過去］, tendría tiempo ahora ［現在］.　　`DL`
  君が手伝ってくれていたら、今頃僕は暇なのに。

> **チェックしよう**　カッコ内の動詞を適切な形にして、日本語に合う非現実的条件文を作りなさい。

1. Si (tener:　　　) tiempo, lo (llamar:　　　　).
 もし時間があれば、彼に電話するのに。
2. Si yo (estar:　　　) en tu lugar, (aceptar:　　　　) la oferta.
 もし君の立場なら、その提案を受け入れるところだが。
3. Si (venir:　　　) conmigo, te (invitar:　　　　) a cenar.
 君が一緒に来られるのなら、夕食をごちそうするんだけどね。
4. Si mi hija (estudiar:　　　) un poco más, (aprobar:　　　　) el examen.
 娘がもうちょっと勉強してくれていたら、試験に合格したのだが。
5. Si (ir:　　　) en taxi, (llegar:　　　　) allí a tiempo.
 もし君がタクシーで行っていたら、時間通りにあちらに着いたはずだったのに。

2　非現実的譲歩文　　`Down Load 123`

Nivel II, Lec. 14 では現実的な譲歩文〈aunque ＋ 直説法〉や実現の可能性がある譲歩文〈aunque ＋ 接続法現在〉を見ました。この課では非現実的な譲歩文を学びます。

	譲歩節	帰結節
(1) 現在・未来の出来事	aunque ＋ 接続法過去	直説法過去未来
(2) 過去の出来事	aunque ＋ 接続法過去完了	直説法過去未来完了

(1) 現在・未来の実現性がない出来事を仮定

  Aunque fuera joven, no subiría a los Alpes.　　`DL`
  私はたとえ若くてもアルプスへは登らないでしょう。
  Aunque tuviera dinero, no viajaría al Polo Sur.
  たとえ僕がお金を持っていたとしても南極には旅行しないだろう。

(2) 過去に実現しなかったことをいま仮定

  Aunque me hubieran invitado a la fiesta, no habría ido.　　`DL`
  たとえそのパーティーに招待されていたとしても、私は行かなかったでしょう。

Aunque hubiéramos venido en coche, no habríamos llegado a tiempo.
たとえ私たちが車で来ていたとしても、時間通りには着かなかったでしょう。

チェックしよう カッコ内の動詞を適切な形にして日本語に合う非現実的な譲歩文を作りなさい。

1. Aunque (tener:　　) tiempo, no (ir:　　) a ver a sus padres.
   たとえ彼は時間があっても、両親に会いに行かないでしょう。
2. Aunque me (ofrecer:　　) mil euros, no (cuidar:　　) a tu perro.
   もし君が1000ユーロ支払うと言ったとしても、私は君の犬の世話はしなかっただろう。
3. Aunque (seguir:　　) trabajando allí, no (cambiar:　　) la situación.
   たとえ君たちがそこで働き続けても、状況は変わらないだろう。
4. Aunque yo (ser:　　) más joven, no (salir:　　) con ellos.
   たとえ僕がもっと若くても、彼らとは付き合わないでしょう。
5. Aunque me (ayudar:　　) el otro día, no (poder:　　) terminar el trabajo.
   たとえ先日君が助けてくれていたとしても仕事を終えることはできなかったでしょう。

コラム　como si... 「まるで～のように」

　como si... の節の動詞を接続法過去にすると、主節の動詞の時制（現在・過去）にかかわらず、それと同時に起こっている出来事をたとえとして出して、「まるで～であるかのように」という意味になります。

　　　Mario habla como si conociera a la actriz.
　　　マリオはまるでその女優を知っているかのように話します。
　　　Mario hablaba como si conociera a la actriz.
　　　マリオはまるでその女優を知っているかのように話していました。

　一方、como si... の節の動詞を接続法過去完了にすると、主節の動詞の時制より前に起こった出来事をたとえとして出して、「まるで～であったかのように」という意味になります。

　　　Mario habla como si hubiera viajado a Inglaterra.
　　　マリオはまるでイギリスへ旅行したかのように話します。
　　　Mario hablaba como si hubiera viajado a Inglaterra.
　　　マリオはまるでイギリスへ旅行したかのように話していました。

主節の動詞が現在か過去かには関わりなく、同時に起こっているのか、以前に起こったのどうかで como si の節の時制が決まるので、注意が必要です。

3 丁寧表現

願望や依頼を丁寧に表したり、遠回しに意見を言ったりする表現には以下のようなものがあります。

(1) 直説法過去未来形 (⇒ Nivel I, Lec. 23)

Me gustaría hablar con el director.
（私は）部長とお話したいのですが。
Deberías estudiar un poquito más.
お前はもうちょっと勉強すべきなんじゃないかな。

(2) querer の接続法過去 –ra 形

Quisiera hablar con el director.
（私は）部長とお話したいのですが。
　　　1人称（単数・複数）の肯定文でのみ用いられます。

(3) querer, desear などの線過去形

¿Qué quería? – Quería unos zapatos de piel.
（店頭などで）何をお求めでしょうか？ – 革靴が欲しいのですが。

チェックしよう　カッコの動詞を適切な形にして丁寧表現を作りなさい。（複数解答可）

1. Buenas tardes. (Querer:　　　) una camiseta.
   （店頭で）こんにちは。T シャツが欲しいのですが。
2. (Querer:　　　) ver al profesor. – Lo siento. Ahora no está.
   先生にお会いしたいのですが。 – 申し訳ありません。今は不在です。
3. ¿Le (importar:　　　) decirme dónde está el mercado?
   市場はどこにあるか教えていただけませんでしょうか。
4. ¿(Poder:　　　) dejar la bicicleta aquí? – Sí, claro.
   ここに自転車を置いてもいいでしょうか。 – ええ、もちろん。
5. Me (gustar:　　　) preguntarle una cosa.
   あなたに1つ質問させていただきたいのですが。

4 小数・分数

小数

コンマで表します。読み方は coma です。

  0,5 cero coma cinco   4,75 cuatro coma setenta y cinco

ユーロ (euro) などの通貨を数える場合には、小数点以下の単位は con を用いて表すのが普通です。

  50, 25 € cincuenta con veinticinco euros

参考 中南米では日本と同様、コンマを 1000 の桁に、ピリオドを小数点に使います。

分数

分母には序数、分子には基数が使われます。分子が複数のときは分母も複数になります。1/2, 1/3 には特別な形を用います。

1/2 un medio / la mitad		
1/3 un tercio		2/3 dos tercios
1/4 un cuarto		3/4 tres cuartos
1/5 un quinto		

序数 + parte で表すこともあります（⇒ Nivel II, Lec.5）。

  1/3 una tercera parte / la tercera parte   3/10 tres décimas partes

分母が 11 以上の場合には、〈基数 + -avo〉を用います。

  1/11 un onceavo   3/22 tres veintidosavos

チェックしよう 次の数字をスペイン語のつづりで書きなさい。

1. 0,25 _____   2. 8,75 euros _____
3. 5/7 _____   4. 7/8 _____
5. 1/20 _____

Ejercicios 16

1. カッコ内の動詞を適切な形に変え、1) ~ 5) と a) ~ e) を組み合わせて、現在・未来の実現性のない（少ない）仮定を表す非現実的条件文を3つ、過去に実現されなかった仮定を表す条件文を2つ作りなさい。

1) Si yo (saber:　　　) hablar portugués,	a) no te (permitir, yo:　　　) salir a estas horas.
2) Si te (tocar:　　　) la lotería,	b) no (enfadarse, tú:　　　) tanto con él.
3) Si yo (ser:　　　) tu madre,	c) (ir, yo:　　　) a Brasil.
4) Si yo no (estar:　　　) tan cansada aquel día,	d) te (acompañar, yo:　　　) al hospital.
5) Si ese día él te (pedir:　　　) permiso,	e) ¿qué (comprar, tú:　　　)?

2. カッコ内の動詞を適切な形にして譲歩文を完成させなさい。

   1) No sé qué dirán mis padres, pero aunque (oponerse:　　　), me casaré con Jorge.

   2) Mis padres están de acuerdo, pero aunque (oponerse:　　　), me casaría con Jorge.

   3) No me gusta cómo trabaja Jorge. No lo ayudaría, aunque me lo (pedir:　　　).

   4) No me gustaba cómo trabajaba Jorge. No lo habría ayudado, aunque me lo (pedir:　　　).

   5) Hoy llueve mucho, pero aunque no (llover:　　　), no saldría de casa.

3. 次の文をスペイン語に訳しなさい。

   1) （私は）今日もし仕事がなければ、君たちと一緒にコンサートに行くのだけれど。

   2) あの日、君たちがパーティーに行っていれば、この女優と知り合えたのに。

   3) 私はお腹がいっぱい (estar lleno) です。でもお腹がすいていたとしてもこのレストランでは食べないでしょう。

   4) できればあなたにお願いをし (pedir un favor) たいのですが。

   5) リンゴはキロあたり (el kilo) 2.30 ユーロです。

動詞の活用表

学習に役立つように、この本で用いられている動詞の活用表を掲載しました。

◆ 動詞活用型対応表

すべての動詞を活用タイプごとに分け、活用表に対応するように番号を付けました。まずこの表でどの活用タイプに属する動詞か確認してください。

◆ 活用表

規則動詞 –ar　　　　　　　1
規則動詞 –er　　　　　　　2
規則動詞 –ir　　　　　　　3
不規則動詞活用一覧　　　4 ～ 41

　規則動詞はすべての時制の活用を挙げました。また命令形も肯定・否定ともにすべての人称を示しています。不規則動詞については、直説法現在、点過去、線過去、未来、過去未来、接続法現在、過去 –ra 形のみ記載しています。また命令形については、接続法を使わない肯定命令の 2 人称単数・複数形のみ載せてあります。

◆ 使用に際しての注意事項

1) 一部の活用形でつづり字の変化がある動詞については、最も近い型の番号を示し、/ の後ろに注意が必要なつづりを示しました。

　　例) comenzar / -ce　25
　　⇒ pensar 25 と同じ型だが、一部の活用（点過去 1・単 comencé, 接続法現在 comience など）で –ze → -ce となる

2) 同じ活用型の中で過去分詞だけ、あるいは活用の一部だけが異なる場合には、最も近い型の番号を示し、見出しの部分に不規則な形を ( ) に入れて示しました。

　　例) volver（過分 vuelto）23
　　⇒ mover 23 と同じ型だが過去分詞のみ不規則
　　huir（点 hui）9
　　⇒ construir 9 と同じ型だが点過去の 1・単のみ不規則

3) 本文では再帰動詞としてしか使われない動詞であっても、活用表には再帰代名詞のついていない形で載せています。ただし、再帰代名詞を必ず伴う動詞については、見出しにのみ再帰代名詞を付けています。

　　例)　acostarse の場合　　acostar 10 （contar と同じ型）
　　　　arrepentirse の場合　arrepentirse 35 （sentir と同じ型）

動詞活用型対応表

動詞	型	動詞	型	動詞	型	動詞	型
abrir (過分 abierto)	3	coser	2	huir (現 huis, 点 hui)	9	producir	7
acabar	1	costar	10	ilusionar	1	programar	1
aceptar	1	creer	22	imaginar	1	prohibir	29
acercar / -que	1	criticar / -que	1	importar	1	publicar / -que	1
acompañar	1	cruzar / -ce	1	impresionar	1	quedar	1
aconsejar	1	cubrir (過分 cubierto)	3	interesar	1	quejarse	1
acostar	10	cuidar	1	invitar	1	querer	30
actuar	11	cumplir	3	ir	20	quitar	1
agradecer	8	dar	12	jugar	21	recibir	3
alegrar	1	deber	2	lavar	1	recomendar	25
amanecer	8	decir	13	leer	22	recordar	10
andar	4	dejar	1	levantar	1	regalar	1
anochecer	8	desayunar	1	limpiar	1	reír	31
apagar / -gue	1	descansar	1	llamar	1	relajar	1
aparcar / -que	1	descubrir (過分 descubierto)	3	llegar / -gue	1	repetir	26
aparecer	8	desear	1	llevar	1	resolver (過分 resuelto)	23
aprender	2	despertar	25	llorar	1	respetar	1
aprobar	10	destruir	9	llover	23	reunir	32
arrepentirse	35	detener	37	mandar	1	robar	1
asistir	3	devolver (過分 devuelto)	23	marchar	1	romper (過分 roto)	2
asustar	1	discutir	3	medir	26	saber	33
atender	15	divertir	35	mejorar	1	sacar / -que	1
atreverse	2	divorciar	1	mentir	35	salir	34
averiguar / -güe	1	doler	23	mirar	1	saludar	1
avisar	1	dormir	14	molestar	1	seguir / -go, -ga	26
ayudar	1	duchar	1	morir (過分 muerto)	14	sentar	25
bailar	1	dudar	1	mover	23	sentir	35
bajar	1	educar / -que	1	nacer	8	ser	36
bañar	1	elegir / -jo, -ja	26	nadar	1	servir	26
beber	2	empezar / -ce	25	necesitar	1	situar	11
buscar / -que	1	encantar	1	negar / -gue	25	sobrar	1
caber	5	encontrar	10	nevar	25	sorprender	2
caer	6	enfadar	1	ocurrir	3	suceder	2
cambiar	1	enseñar	1	ofrecer	8	sufrir	3
cancelar	1	entender	15	oír	24	suponer	28
cantar	1	entrar	1	olvidar	1	tardar	1
casar	1	entregar / -gue	1	oponer	28	tener	37
celebrar	1	enviar	16	organizar / -ce	1	terminar	1
cenar	1	escribir (過分 escrito)	3	pagar / -gue	1	tocar / -que	1
cerrar	25	escuchar	1	parecer	8	tomar	1
cocer / -zo	23	esperar	1	pasar	1	trabajar	1
cocinar	1	estar	17	pasear	1	traducir	7
coger / -jo, ja	2	estudiar	1	pedir	26	traer	38
comenzar / -ce	25	explicar / -que	1	pelear	1	usar	1
comer	2	explotar	1	pensar	25	valer	39
comprar	1	extrañar	1	perder	15	variar	16
comprender	2	faltar	1	permitir	3	vender	2
conducir	7	firmar	1	pesar	1	venir	40
confiar	16	freír (過分 freído, frito)	31	pescar / -que	1	ver	41
conocer	8	fumar	1	poder	27	vestir	26
conseguir / -go, -ga	26	ganar	1	poner	28	viajar	1
construir	9	gastar	1	preferir	35	visitar	1
contar	10	girar	1	preguntar	1	vivir	3
contestar	1	gustar	1	preocupar	1	volver (過分 vuelto)	23
continuar	11	haber	18	preparar	1		
correr	2	hablar	1	presentar	1		
cortar	1	hacer	19	probar	10		

動詞活用表

1. 規則動詞 -ar 動詞

不定詞	hablar		
現在分詞	hablando	過去分詞	hablado

直説法			
現在		現在完了	
hablo	hablamos	he hablado	hemos hablado
hablas	habláis	has hablado	habéis hablado
hablas	hablan	ha hablado	han hablado

点過去	
hablé	hablamos
hablaste	hablasteis
habló	hablaron

線過去		過去完了	
hablaba	hablábamos	había hablado	habíamos hablado
hablabas	hablabais	habías hablado	habíais hablado
hablaba	hablaban	había hablado	habían hablado

未来		未来完了	
hablaré	hablaremos	habré hablado	habremos hablado
hablarás	hablaréis	habrás hablado	habréis hablado
hablará	hablarán	habrá hablado	habrán hablado

過去未来		過去未来完了	
hablaría	hablaríamos	habría hablado	habríamos hablado
hablarías	hablaríais	habrías hablado	habríais hablado
hablaría	hablarían	habría hablado	habrían hablado

接続法			
現在		現在完了	
hable	hablemos	haya hablado	hayamos hablado
hables	habléis	hayas hablado	hayáis hablado
hable	hablen	haya hablado	hayan hablado

過去 (-ra 形)		過去完了 (-ra 形)	
hablara	habláramos	hubiera hablado	hubiéramos hablado
hablaras	hablarais	hubieras hablado	hubierais hablado
hablara	hablaran	hubiera hablado	hubieran hablado

過去 (-se 形)		過去完了 (-se 形)	
hablase	hablásemos	hubiese hablado	hubiésemos hablado
hablases	hablaseis	hubieses hablado	hubieseis hablado
hablase	hablasen	hubiese hablado	hubiesen hablado

命令形			
肯定命令		否定命令	
—	hablemos	—	no hablemos
habla	hablad	no hables	no habléis
hable	hablen	no hable	no hablen

2. 規則動詞 -er 動詞

不定詞	comer		
現在分詞	comiendo	過去分詞	comido

直説法			
現在		現在完了	
como	comemos	he comido	hemos comido
comes	coméis	has comido	habéis comido
come	comen	ha comido	han comido

点過去	
comí	comimos
comiste	comisteis
comió	comieron

線過去		過去完了	
comía	comíamos	había comido	habíamos comido
comías	comíais	habías comido	habíais comido
comía	comían	había comido	habían comido

未来		未来完了	
comeré	comeremos	habré comido	habremos comido
comerás	comeréis	habrás comido	habréis comido
comerá	comerán	habrá comido	habrán comido

過去未来		過去未来完了	
comería	comeríamos	habría comido	habríamos comido
comerías	comeríais	habrías comido	habríais comido
comería	comerían	habría comido	habrían comido

接続法			
現在		現在完了	
coma	comamos	haya comido	hayamos comido
comas	comáis	hayas comido	hayáis comido
coma	coman	haya comido	hayan comido

過去 (-ra 形)		過去完了 (-ra 形)	
comiera	comiéramos	hubiera comido	hubiéramos comido
comieras	comierais	hubieras comido	hubierais comido
comiera	comieran	hubiera comido	hubieran comido

過去 (-se 形)		過去完了 (-se 形)	
comiese	comiésemos	hubiese comido	hubiésemos comido
comieses	comieseis	hubieses comido	hubieseis comido
comiese	comiesen	hubiese comido	hubiesen comido

命令形			
肯定命令		否定命令	
—	comamos	—	no comamos
come	comed	no comas	no comáis
coma	coman	no coma	no coman

3. 規則動詞 -ir 動詞

不定詞	vivir		
現在分詞	viviendo	過去分詞	vivido

直説法			
現在		現在完了	
vivo	vivimos	he vivido	hemos vivido
vives	vivís	has vivido	habéis vivido
vive	viven	ha vivido	han vivido

点過去			
viví	vivimos		
viviste	vivisteis		
vivió	vivieron		

線過去		過去完了	
vivía	vivíamos	había vivido	habíamos vivido
vivías	vivíais	habías vivido	habíais vivido
vivía	vivían	había vivido	habían vivido

未来		未来完了	
viviré	viviremos	habré vivido	habremos vivido
vivirás	viviréis	habrás vivido	habréis vivido
vivirá	vivirán	habrá vivido	habrán vivido

過去未来		過去未来完了	
viviría	viviríamos	habría vivido	habríamos vivido
vivirías	viviríais	habrías vivido	habríais vivido
viviría	vivirían	habría vivido	habrían vivido

接続法			
現在		現在完了	
viva	vivamos	haya vivido	hayamos vivido
vivas	viváis	hayas vivido	hayáis vivido
viva	vivan	haya vivido	hayan vivido
過去 (-ra 形)		過去完了 (-ra 形)	
viviera	viviéramos	hubiera vivido	hubiéramos vivido
vivieras	vivierais	hubieras vivido	hubierais vivido
viviera	vivieran	hubiera vivido	hubieran vivido
過去 (-se 形)		過去完了 (-se 形)	
viviese	viviésemos	hubiese vivido	hubiésemos vivido
vivieses	vivieseis	hubieses vivido	hubieseis vivido
viviese	viviesen	hubiese vivido	hubiesen vivido

命令形			
肯定命令		否定命令	
—	vivamos	—	no vivamos
vive	vivid	no vivas	no viváis
viva	vivan	no viva	no vivan

不規則動詞活用一覧

	不定詞 現在分詞 過去分詞	直説法			
		現在	点過去	線過去	未来
4	andar andando andado	ando andas anda andamos andáis andan	anduve anduviste anduvo anduvimos anduvisteis anduvieron	andaba andabas andaba andábamos andabais andaban	andaré andarás andará andaremos andaréis andarán
5	caber cabiendo cabido	quepo cabes cabe cabemos cabéis caben	cupe cupiste cupo cupimos cupisteis cupieron	cabía cabías cabía cabíamos cabíais cabían	cabré cabrás cabrá cabremos cabréis cabrán
6	caer cayendo caído	caigo caes cae caemos caéis caen	caí caíste cayó caímos caísteis cayeron	caía caías caía caíamos caíais caían	caeré caerás caerá caeremos caeréis caerán
7	conducir conduciendo conducido	conduzco conduces conduce conducimos conducís conducen	conduje condujiste condujo condujimos condujisteis condujeron	conducía conducías conducía conducíamos conducíais conducían	conduciré conducirás conducirá conduciremos conduciréis conducirán
8	conocer conociendo conocido	conozco conoces conoce conocemos conocéis conocen	conocí conociste conoció conocimos conocisteis conocieron	conocía conocías conocía conocíamos conocíais conocían	conoceré conocerás conocerá conoceremos conoceréis conocerán
9	construir construyendo construido	construyo construyes construye construimos construís construyen	construí construiste construyó construimos construisteis construyeron	construía construías construía construíamos construíais construían	construiré construirás construirá construiremos construiréis construirán

直説法	接続法		命令形
過去未来	現在	過去 (-ra 形)	
andaría andarías andaría andaríamos andaríais andarían	ande andes ande andemos andéis anden	anduviera anduvieras anduviera anduviéramos anduvierais anduvieran	anda andad
cabría cabrías cabría cabríamos cabríais cabrían	quepa quepas quepa quepamos quepáis quepan	cupiera cupieras cupiera cupiéramos cupierais cupieran	cabe cabed
caería caerías caería caeríamos caeríais caerían	caiga caigas caiga caigamos caigáis caigan	cayera cayeras cayera cayéramos cayerais cayeran	cae caed
conduciría conducirías conduciría conduciríamos conduciríais conducirían	conduzca conduzcas conduzca conduzcamos conduzcáis conduzcan	condujera condujeras condujera condujéramos condujerais condujeran	conduce conducid
conocería conocerías conocería conoceríamos conoceríais conocerían	conozca conozcas conozca conozcamos conozcáis conozcan	conociera conocieras conociera conociéramos conocierais conocieran	conoce conoced
construiría construirías construiría construiríamos construiríais construirían	construya construyas construya construyamos construyáis construyan	construyera construyeras construyera construyéramos construyerais construyeran	construye construid

	不定詞 現在分詞 過去分詞	直説法			
		現在	点過去	線過去	未来
10	contar contando contado	cuento cuentas cuenta contamos contáis cuentan	conté contaste contó contamos contasteis contaron	contaba contabas contaba contábamos contabais contaban	contaré contarás contará contaremos contaréis contarán
11	continuar continuando continuado	continúo continúas continúa continuamos continuáis continúan	continué continuaste continuó continuamos continuasteis continuaron	continuaba continuabas continuaba continuábamos continuabais continuaban	continuaré continuarás continuará continuaremos continuaréis continuarán
12	dar dando dado	doy das da damos dais dan	di diste dio dimos disteis dieron	daba dabas daba dábamos dabais daban	daré darás dará daremos daréis darán
13	decir diciendo dicho	digo dices dice decimos decís dicen	dije dijiste dijo dijimos dijisteis dijeron	decía decías decía decíamos decíais decían	diré dirás dirá diremos diréis dirán
14	domir durmiendo dormido	duermo duermes duerme dormimos dormís duermen	dormí dormiste durmió dormimos dormisteis durmieron	dormía dormías dormía dormíamos dormíais dormían	dormiré dormirás dormirá dormiremos dormiréis dormirán
15	entender entendiendo entendido	entiendo entiendes entiende entendemos entendéis entienden	entendí entendiste entendió entendimos entendisteis entendieron	entendía entendías entendía entendíamos entendíais entendían	entenderé entenderás entenderá entenderemos entenderéis entenderán
16	enviar enviando enviado	envío envías envía enviamos enviáis envían	envié enviaste envió enviamos enviasteis enviaron	enviaba enviabas enviaba enviábamos enviabais enviaban	enviará enviarás enviará enviaremos enviaréis enviarán

直説法	接続法		命令形
過去未来	現在	過去 (-ra 形)	
contaría contarías contaría contaríamos contaríais contarían	cuente cuentes cuente contemos contáis cuenten	contara contaras contara contáramos contarais contaran	cuenta contad
continuaría continuarías continuaría continuaríamos continuaríais continuarían	continúe continúes continúe continuemos continuéis continúen	continuara continuaras continuara continuáramos continuarais continuaran	continúa continuad
daría darías daría daríamos daríais darían	dé des dé demos deis den	diera dieras diera diéramos dierais dieran	da dad
diría dirías diría diríamos diríais dirían	diga digas diga digamos digáis digan	dijera dijeras dijera dijéramos dijerais dijeran	di decid
dormiría dormirías dormiría dormiríamos dormiríais dormirían	duerma duermas duerma durmamos durmáis duerman	durmiera durmieras durmiera durmiéramos durmierais durmieran	duerme dormid
entendería entenderías entendería entenderíamos entenderíais entenderían	entienda entiendas entienda entendamos entendáis entiendan	entendiera entendieras entendiera entendiéramos entendierais entendieran	entiende entended
enviaría enviarías enviaría enviaríamos enviaríais enviarían	envíe envíes envíe enviemos enviéis envíen	enviara enviaras enviara enviáramos enviarais enviaran	envía enviad

	不定詞 現在分詞 過去分詞	直説法			
		現在	点過去	線過去	未来
17	estar estando estado	estoy estás está estamos estáis están	estuve estuviste estuvo estuvimos estuvisteis estuvieron	estaba estabas estaba estábamos estabais estaban	estaré estarás estará estaremos estaréis estarán
18	haber habiendo habido	he has ha / hay hemos habéis han	hube hubiste hubo hubimos hubisteis hubieron	había habías había habíamos habíais habían	habré habrás habrá habremos habréis habrán
19	hacer haciendo hecho	hago haces hace hacemos hacéis hacen	hice hiciste hizo hicimos hicisteis hicieron	hacía hacías hacía hacíamos hacíais hacían	haré harás hará haremos haréis harán
20	ir yendo ido	voy vas vas vamos vais van	fui fuiste fue fuimos fuisteis fueron	iba ibas iba íbamos ibais iban	iré irás irá iremos iréis irán
21	jugar jugando jugado	juego juegas juega jugamos jugáis juegan	jugué jugaste jugó jugamos jugasteis jugaron	jugaba jugabas jugaba jugábamos jugabais jugaban	jugaré jugarás jugará jugaremos jugaréis jugarán
22	leer leyendo leído	leo lees lee leemos leéis leen	leí leíste leyó leímos leísteis leyeron	leía leías leía leíamos leíais leían	leeré leerás leerá leeremos leeréis leerán

直説法	接続法		命令形
過去未来	現在	過去 (-ra 形)	
estaría estarías estaría estaríamos estaríais estarían	esté estés esté estemos estéis estén	estuviera estuvieras estuviera estuviéramos estuvierais estuvieran	está estad
habría habrías habría habríamos habríais habrían	haya hayas haya hayamos hayáis hayan	hubiera hubieras hubiera hubiéramos hubierais hubieran	(he, habe) (habed)
haría harías haría haríamos haríais harían	haga hagas haga hagamos hagáis hagan	hiciera hicieras hiciera hiciéramos hicierais hicieran	haz haced
iría irías iría iríamos iríais irían	vaya vayas vaya vayamos vayáis vayan	fuera fueras fuera fuéramos fuerais fueran	ve id
jugaría jugarías jugaría jugaríamos jugaríais jugarían	juegue juegues juegue juguemos juguéis jueguen	jugara jugaras jugaras jugáramos jugarais jugaran	juega jugad
leería leerías leería leeríamos leeríais leerían	lea leas lea leamos leáis lean	leyera leyeras leyera leyéramos leyerais leyeran	lee leed

	不定詞 現在分詞 過去分詞	直説法			
		現在	点過去	線過去	未来
23	mover moviendo movido	muevo mueves mueve movemos movéis mueven	moví moviste movió movimos movisteis movieron	movía movías movía movíamos movíais movían	moveré moverás moverá moveremos moveréis moverán
24	oír oyendo oído	oigo oyes oye oímos oís oyen	oí oíste oyó oímos oísteis oyeron	oía oías oía oíamos oíais oían	oiré oirás oirá oiremos oiréis oirán
25	pensar pensando pensado	pienso piensas piensa pensamos pensáis piensan	pensé pensaste pensó pensamos pensasteis pensaron	pensaba pensabas pensaba pensábamos pensabais pensaban	pensaré pensarás pensará pensaremos pensaréis pensarán
26	pedir pidiendo pedido	pido pides pide pedimos pedís piden	pedí pediste pidió pedimos pedisteis pidieron	pedía pedías pedía pedíamos pedíais pedían	pediré pedirás pedirá pediremos pediréis pedirán
27	poder pudiendo podido	puedo puedes puede podemos podéis pueden	pude pudiste pudo pudimos pudisteis pudieron	podía podías podía podíamos podíais podían	podré podrás podrá podremos podréis podrán
28	poner poniendo puesto	pongo pones pone ponemos ponéis ponen	puse pusiste puso pusimos pusisteis pusieron	ponía ponías ponía poníamos poníais ponían	pondré pondrás pondrá pondremos pondréis pondrán

直説法	接続法		命令形
過去未来	現在	過去 (-ra 形)	
movería moverías movería moveríamos moveríais moverían	mueva muevas mueva movamos mováis muevan	moviera movieras moviera moviéramos movierais movieran	mueve moved
oiría oirías oiría oiríamos oiríais oirían	oiga oigas oiga oigamos oigáis oigan	oyera oyeras oyera oyéramos oyerais oyeran	oye oíd
pensaría pensarías pensaría pensaríamos pensaríais pensarían	piense pienses piense pensemos penséis piensen	pensara pensaras pensara pensáramos pensarais pensaran	piensa pensad
pediría pedirías pediría pediríamos pediríais pedirían	pida pidas pida pidamos pidáis pidan	pidiera pidieras pidiera pidiéramos pidierais pidieran	pide pedid
podría podrías podría podríamos podríais podrían	pueda puedas pueda podamos podáis puedan	pudiera pudieras pudiera pudiéramos pudierais pudieran	(puede) (poded)
pondría pondrías pondría pondríamos pondríais pondrían	ponga pongas ponga pongamos pongáis pongan	pusiera pusieras pusiera pusiéramos pusierais pusieran	pon poned

	不定詞 現在分詞 過去分詞	直説法			
		現在	点過去	線過去	未来
29	prohibir prohibiendo prohibido	prohíbo prohíbes prohíbe prohibimos prohibís prohíben	prohibí prohibiste prohibió prohibimos prohibisteis prohibieron	prohibía prohibías prohibía prohibíamos prohibíais prohibían	prohibiré prohibirás prohibirá prohibiremos prohibiréis prohibirán
30	querer queriendo querido	quiero quieres quiere queremos queréis quieren	quise quisiste quiso quisimos quisisteis quisieron	quería querías quería queríamos queríais querían	querré querrás querrá querremos querréis querrán
31	reír riendo reído	río ríes ríe reímos reís ríen	reí reíste rio reímos reísteis rieron	reía reías reía reíamos reíais reían	reiré reirás reirá reiremos reiréis reirán
32	reunir reuniendo reunido	reúno reúnes reúne reunimos reunís reúnen	reuní reuniste reunió reunimos reunisteis reunieron	reunía reunías reunía reuníamos reuníais reunían	reuniré reunirás reunirá reuniremos reuniréis reunirán
33	saber sabiendo sabido	sé sabes sabe sabemos sabéis saben	supe supiste supo supimos supisteis supieron	sabía sabías sabía sabíamos sabíais sabían	sabré sabrás sabrá sabremos sabréis sabrán
34	salir saliendo salido	salgo sales sale salimos salís salen	salí saliste salió salimos salisteis salieron	salía salías salía salíamos salíais salían	saldré saldrás saldrá saldremos saldréis saldrán
35	sentir sintiendo sentido	siento sientes siente sentimos sentís sienten	sentí sentiste sintió sentimos sentisteis sintieron	sentía sentías sentía sentíamos sentíais sentían	sentiré sentirás sentirá sentiremos sentiréis sentirán

直説法	接続法		命令形
過去未来	現在	過去 (-ra 形)	
prohibiría prohibirías prohibiría prohibiríamos prohibiríais prohibirían	prohíba prohíbas prohíba prohibamos prohibáis prohíban	prohibiera prohibieras prohibiera prohibiéramos prohibierais prohibieran	prohíbe prohibid
querría querrías querría querríamos querríais querrían	quiera quieras quiera queramos queráis quieran	quisiera quisieras quisiera quisiéramos quisierais quisieran	quiere quered
reiría reirías reiría reiríamos reiríais reirían	ría rías ría riamos riais rían	riera rieras riera riéramos rierais rieran	ríe reíd
reuniría reunirías reuniría reuniríamos reuniríais reunirían	reúna reúnas reúna reunamos reunáis reúnan	reuniera reunieras reuniera reuniéramos reunierais reunieran	reúne reunid
sabría sabrías sabría sabríamos sabríais sabrían	sepa sepas sepa sepamos sepáis sepan	supiera supieras supiera supiéramos supierais supieran	sabe sabed
saldría saldrías saldría saldríamos saldríais saldrían	salga salgas salga salgamos salgáis salgan	saliera salieras saliera saliéramos salierais salieran	sal salid
sentiría sentirías sentiría sentiríamos sentiríais sentirían	sienta sientas sienta sintamos sintáis sientan	sintiera sintieras sintiera sintiéramos sintierais sintieran	siente sentid

	不定詞 現在分詞 過去分詞	直説法			
		現在	点過去	線過去	未来
36	ser siendo sido	soy eres es somos sois son	fui fuiste fue fuimos fuisteis fueron	era eras era éramos erais eran	seré serás será seremos seréis serán
37	tener teniendo tenido	tengo tienes tiene tenemos tenéis tienen	tuve tuviste tuvo tuvimos tuvisteis tuvieron	tenía tenías tenía teníamos teníais tenían	tendré tendrás tendrá tendremos tendréis tendrán
38	traer trayendo traído	traigo traes trae traemos traéis traen	traje trajiste trajo trajimos trajisteis trajeron	traía traías traía traíamos traíais traían	traeré traerás traerá traeremos traeréis traerán
39	valer valiendo valido	valgo vales vale valemos valéis valen	valí valiste valió valimos valisteis valieron	valía valías valía valíamos valíais valían	valdré valdrás valdrá valdremos valdréis valdrán
40	venir viniendo venido	vengo vienes viene venimos venís vienen	vine viniste vino vinimos vinisteis vinieron	venía venías venía veníamos veníais venían	vendré vendrás vendrá vendremos vendréis vendrán
41	ver viendo visto	veo ves ve vemos veis ven	vi viste vio vimos visteis vieron	veía veías veía veíamos veíais veían	veré verás verá veremos veréis verán

直説法	接続法		命令形
過去未来	現在	過去 (-ra 形)	
sería serías sería seríamos seríais serían	sea seas sea seamos seáis sean	fuera fueras fuera fuéramos fuerais fueran	sé sed
tendría tendrías tendría tendríamos tendríais tendrían	tenga tengas tenga tengamos tengáis tengan	tuviera tuvieras tuviera tuviéramos tuvierais tuvieran	ten tened
traería traerías traería traeríamos traeríais traerían	traiga traigas traiga traigamos traigáis traigan	trajera trajeras trajera trajéramos trajerais trajeran	trae traed
valdría valdrías valdría valdríamos valdríais valdrían	valga valgas valga valgamos valgáis valgan	valiera valieras valiera valiéramos valierais valieran	vale valed
vendría vendrías vendría vendríamos vendríais vendrían	venga vengas venga vengamos vengáis vengan	viniera vinieras viniera viniéramos vinierais vinieran	ven venid
vería verías vería veríamos veríais verían	vea veas vea veamos veáis vean	viera vieras viera viéramos vierais vieran	ve ved

単語集

この本で用いられている主要な単語をその基本的意味とともにリストにしました。品詞などは以下のように表記しました。

動詞	〔自〕自動詞、〔他〕他動詞、〔自・他〕自動詞および他動詞、〔再〕再帰動詞
名詞	〔男〕男性名詞、〔女〕女性名詞、〔名〕男性・女性の両方に用いられる名詞 ・職業、身分など、男性形と女性形がペアになる名詞には見出しに alumno/a, francés/cesa のように両形を示す。
形容詞	〔形〕 ・男女の区別のあるものは男性形のみを示す。
冠詞	〔冠〕
副詞	〔副〕
前置詞	〔前〕
接続詞	〔接〕
間投詞	〔間〕
代名詞	〔代〕 ・指示代名詞、人称代名詞などの区別をしない。中性代名詞は〔代・中〕。
関係詞	〔関係代名詞〕、〔関係形容詞〕、〔関係副詞〕
所有詞	〔所有詞前置形〕、〔所有詞後置形〕
疑問詞	〔疑問詞〕
数詞	〔数〕基数、〔序数〕序数
過去分詞	〔過去分詞〕 ・もとの動詞を示す。例）abierto〔過去分詞＜abrir〕
＜	語形変化
～	見出し語の代わり。例）menudo　a～しばしば
（　）	補足説明

A

a〔前〕…へ、…に
abierto〔過去分詞＜abrir〕〔形〕開いている
abogado/a〔名〕弁護士
abrigo〔男〕コート
abril〔男〕4月
abrir〔自・他〕開く、開ける
abuelo/a〔名〕祖父、祖母
aburrido〔形〕退屈な
acabar〔自・他〕終わる、終える〈de＋不定詞〉
　　…したばかりである
acaso〔副〕ひょっとして
accidente〔男〕事故
aceite〔男〕油
acento〔男〕アクセント
aceptar〔他〕受け入れる
acercarse〔再〕近づく
ácido〔形〕すっぱい
acompañar〔他〕同伴する、一緒に行く
acondicionado〔形〕aire ～　エアコン
aconsejar〔他〕忠告する、アドバイスする
acostado〔形〕横になっている
acostarse〔再〕寝る、横になる
actor〔男〕俳優
actos〔男〕〔複〕salón de ～　講堂
actriz〔女〕女優
actual〔形〕現在の、現実の
actuar〔自〕行動する、演じる
acuerdo〔男〕一致　de ～　了解（した）
adelante〔副〕前へ〔間〕どうぞ（お入りください）
adiós〔間〕さようなら

adjetivo〔男〕形容詞
ADN〔男〕DNA (= ácido desoxirribonucleico)
adonde〔関係副詞〕（…する）ところへ
adónde〔疑問詞〕どこへ
adverbio〔男〕副詞
aeropuerto〔男〕空港
afueras〔男〕〔女〕郊外
agenda〔女〕手帳
agosto〔男〕8月
agradable〔形〕楽しい、気持ちのよい
agradecer〔他〕感謝する
agua〔女〕水
ah〔間〕ああ！
ahí〔副〕そこに、そこで
ahora〔副〕今
aire〔男〕空気
ajo〔男〕ニンニク
al ＜ a + el
alcalde〔男〕市〔町、村〕長
alegrarse〔再〕喜ぶ
alegre〔形〕陽気な、うれしい、はしゃいでいる
alegría〔女〕喜び
alemán/mana〔形〕ドイツ（人）の 〔名〕ドイツ人
　　　〔男〕ドイツ語
alfabeto〔男〕アルファベット
algo〔代〕何か 〔副〕少し
algodón〔男〕綿、木綿
alguien〔代〕誰か
algún ＜ alguno （男性単数名詞の前で）
alguno〔形〕何らかの 〔代〕（ある範囲の中の）誰か、
　　　どれか
allí〔副〕あそこに、あそこで
alrededor〔副〕回りに
alto〔形〕高い
altura〔女〕高さ
alumno/a〔名〕学生、生徒
amable〔形〕やさしい、親切な
amanecer〔自〕夜が明ける
ambiente〔男〕雰囲気、環境
amigo/a〔名〕友だち
amistad〔女〕友情
amor〔男〕愛
anciano/a〔名〕老人
andar〔自〕歩く
animal〔男〕動物
año〔男〕年、歳
anoche〔副〕昨夜、夕べ
anochecer〔自〕日が暮れる
anteayer〔副〕一昨日
anterior〔形〕（…より）前の
antes〔副〕以前に （de...）（…の）前に
antiguo〔形〕古い、元の
apagar〔他〕消す
aparcar〔自・他〕駐車する
aparecer〔自〕現れる
apenas〔副〕ほとんど…ない

aprender〔自・他〕習う、覚える
aprobar〔自・他〕合格する、承認する
apunte〔男〕メモ 〔複〕ノート
aquel〔形〕〔代〕あの、あれ
aquello〔代・中〕あれ
aquí〔副〕ここに、ここで
árabe〔形〕アラブ（人）の 〔名〕アラブ人
　　　〔男〕アラビア語
árbol〔男〕木
argentino/a〔形〕アルゼンチン（人）の
　　　〔名〕アルゼンチン人
armario〔男〕たんす、戸棚
arquitecto/a〔名〕建築家
arrepentirse〔再〕（de...）（…を）後悔する
arroz〔男〕米
artículo〔男〕冠詞、論文、記事
artista〔名〕芸術家、アーチスト
así〔副〕そのように
asiento〔男〕席
asignatura〔女〕科目
asistir〔自〕（a...）（…に）出席する
asunto〔男〕こと、用件
asustar〔他〕怖がらせる、びっくりさせる
atender〔他〕応対する、…の世話をする
Atlántico〔形〕 Océano ~ 大西洋
atreverse〔再〕〈a＋不定詞〉思い切って…する
aula〔女〕教室
aunque〔接〕たとえ…であっても、…ではあるが
autobús〔男〕バス
automóvil〔男〕自動車
ave〔女〕鳥
averiguar〔他〕調べる、確かめる
avión〔男〕飛行機
avisar〔他〕（de ...）（…を）知らせる、通知する
ayer〔副〕昨日
ayuda〔女〕助け、援助
ayudar〔他〕助ける、手伝う
ayuntamiento〔名〕市役所、町〔村〕役場
azul〔形〕青い 〔男〕青

B

bailar〔自〕踊る
bajar〔自・他〕下りる、下ろす
bañarse〔再〕お風呂に入る、水浴びする
banco〔男〕銀行
baño〔男〕風呂、トイレ
bar〔男〕バル
barato〔形〕安い
barco〔男〕船
barrio〔男〕地区、町内
bastante〔副〕かなり 〔形〕かなりの
bebé〔男〕赤ん坊
beber〔自・他〕飲む
beberse〔再〕飲み干す
bebida〔女〕飲み物
beca〔女〕奨学金

béisbol〔男〕野球
beso〔男〕キス
biblioteca〔女〕図書館
bici〔女〕自転車（= bicicleta）
bicicleta〔女〕自転車
bien〔副〕よく、上手に
blanco〔形〕白い〔男〕白
boca〔女〕口
bocadillo〔男〕ボカディージョ
　　（フランスパンのサンドイッチ）
boda〔女〕結婚式
boliviano/a〔形〕ボリビア（人）の〔名〕ボリビア人
bollo〔男〕菓子パン
bolsa〔女〕袋、バッグ
bolsillo〔男〕ポケット
bolso〔男〕ショルダーバッグ、ハンドバッグ
bonito〔形〕きれいな、かわいい
borracho〔形〕酔っ払った
botella〔女〕ビン
brazo〔男〕腕
broma〔女〕冗談、ジョーク
buen ＜ bueno（男性単数名詞の前で）
bueno〔形〕よい
buey〔男〕雄牛
buscar〔他〕探す

C

caber〔自〕入りうる
cada〔形〕各、…ごとの
caer〔自〕落ちる
caerse〔再〕（de...）（…から）落ちてしまう
café〔男〕コーヒー
cafetería〔女〕カフェテリア
caído〔過去分詞 ＜ caer〕〔形〕落ちた
caja〔女〕箱、レジ
cajón〔男〕引き出し
callado〔形〕静かな、黙っている
calle〔女〕通り
calor〔男〕暑さ
cama〔女〕ベッド
cámara〔女〕カメラ
camarero/a〔名〕ウエイター、ウエイトレス
cambiar〔自・他〕変わる、変える
camisa〔女〕シャツ
camiseta〔女〕Tシャツ
campeonato〔男〕選手権、試合
campo〔男〕田舎、野原
cancelar〔他〕キャンセルする
canción〔女〕歌
cansado〔形〕疲れた
cantante〔名〕歌手
cantar〔自・他〕歌う
capital〔女〕首都
capítulo〔男〕章
cara〔女〕顔
caramelo〔男〕キャンディー

cargo〔男〕任務、役職
cariño〔男〕愛情、愛着
carne〔女〕肉
caro〔形〕値段が高い
carta〔女〕手紙
casa〔女〕家
casado〔過去分詞 ＜ casarse〕〔形〕結婚した
casarse〔再〕（con...）（…と）結婚する
casi〔副〕ほとんど
caso〔男〕場合、件
castañuela〔女〕カスタネット
castellano/a〔形〕カスティーリャ（人）の
　　〔名〕カスティーリャ人〔男〕カスティーリャ語
catarata〔女〕滝
catorce〔数〕14
causa〔女〕原因
cava〔男〕（カタルーニャの）発泡ワイン、カバ
caza〔女〕狩猟
CD〔男〕CD（コンパクトディスク）
celebrar〔他〕祝う
cena〔女〕夕食
cenar〔自・他〕夕食をとる
centímetro〔男〕センチメートル
centro〔男〕中心、中心街
cerca〔副〕近くに
ceremonia〔女〕儀式
cerezo〔男〕桜
cero〔数〕0、ゼロ
cerrar〔自・他〕閉まる、閉める
cerveza〔女〕ビール
chaqueta〔女〕ジャケット、上着
chico/a〔名〕子供〔形〕小さい
chileno/a〔形〕チリ（人）の〔名〕チリ人
chino/a〔形〕中国（人）の〔名〕中国人〔男〕中国語
chiste〔男〕笑い話、冗談
churro〔男〕チューロ、チュロス
ciento / cien〔数〕100（の）（名詞の前で cien）
cierto〔形〕ある、いくらかの
cima〔女〕頂上
cinco〔数〕5
cincuenta〔数〕50
cine〔男〕映画、映画館
circulación〔女〕交通、通行
ciudad〔女〕都市、町
claramente〔副〕はっきりと
claro〔形〕はっきりとした〔間〕もちろん
clase〔女〕クラス、授業
clásico〔形〕古典的な
clave〔女〕手がかり、キーワード
cliente〔名〕客
cocer〔他〕煮る、焼く
coche〔男〕自動車、車
cochecito〔男〕ベビーカー
cocina〔女〕キッチン、料理
cocinar〔自・他〕料理する
código〔男〕法規、コード

coger〔他〕つかむ、乗る
cola〔女〕尻尾、列
colaboración〔女〕協力
colega〔名〕同僚
colegio〔男〕小学校
collar〔男〕ネックレス
colombiano/a〔形〕コロンビア（人）の
　　　〔名〕コロンビア人
coma〔女〕コンマ
comedor〔男〕食堂、ダイニングルーム
comenzar〔自・他〕始まる、始める
comer〔自・他〕食べる、昼食をとる
comerse〔再〕（すっかり）食べてしまう、平らげる
comida〔女〕食べ物
comité〔男〕委員会
como〔前〕…のように、…として
　　　〔接〕（文頭で）…なので
cómo〔疑問詞〕どのように
compañero/a〔名〕同僚、仲間
comparativo〔名〕比較の
comprar〔自・他〕買う
comprender〔自・他〕理解する、わかる
compromiso〔男〕約束
compuesto〔過去分詞＜componer〕
　　　〔形〕組み立てられた、構成された
con〔前〕…とともに、…がついた、…に対して
concierto〔男〕コンサート
concordancia〔女〕一致
condición〔女〕条件、状況
condicional〔形〕条件の
conducir〔自・他〕運転する
conferencia〔女〕講演会
confianza〔女〕信頼
confiar〔自〕（en...）（…を）信頼する
congreso〔男〕会議
conjunción〔女〕接続詞
conmigo ＜ con + mí
conocer〔他〕知る、知っている
conseguir〔他〕手に入れる、達成する
consejo〔男〕忠告、助言
consigo ＜ con + sí
consonante〔女〕子音
construcción〔女〕建築、建物
construir〔他〕建てる、建造する
contar〔他〕数える、語る
contento〔形〕満足した、うれしい
contestar〔自・他〕返事する、答える
contigo ＜ con + ti
continuar〔自・他〕続く、続ける
copa〔女〕グラス、優勝杯
copita〔女〕小さいグラス
corbata〔女〕ネクタイ
correo〔男〕郵便、郵便物
Correos〔男〕〔複〕郵便局（＝ oficina de correos）
correr〔自〕走る
cortar〔他〕切る

cortarse〔再〕（自分の髪や爪などを）切る
corto〔形〕短い
cosa〔女〕こと、もの
coser〔他〕縫う
costar〔自・他〕値段が…である、骨が折れる
costarricense〔形〕コスタリカ（人）の
　　　〔名〕コスタリカ人
crédito〔男〕信用　tarjeta de ～クレジットカード
creer〔他〕信じる、思う
criticar〔他〕批評する
crudo〔形〕生の
cruzar〔自・他〕横切る、交差させる
cuadro〔男〕絵、四角、表
cual〔関係代名詞〕〈定冠詞＋～〉（…する）人［もの］
cuál〔疑問詞〕どれ
cuando〔接〕〔関係副詞〕…するとき
cuándo〔疑問詞〕いつ
cuantificador〔男〕数量詞
cuanto en ～ …するとすぐ、～ más...tanto más...
　　　…すればするほど…、～ antes できるだけ早く
cuánto〔疑問詞〕どれだけ、いくつの
cuarenta〔数〕40
cuarto〔序数〕第4の〔男〕4分の1、部屋　～ de
　　　baño 浴室
cuatro〔数〕4
cuatrocientos〔数〕400
cubano/a〔形〕キューバ（人）の　〔名〕キューバ人
cubierto〔過去分詞＜cubrir〕〔形〕覆われた
cubrir〔他〕覆う
cuchillo〔男〕ナイフ
cuenta〔女〕勘定
cuero〔男〕皮、革
cuidado〔男〕注意、世話
cuidar〔他〕…に気を配る、…の世話をする
culpa〔女〕罪、（あやまちの）責任
cumplir〔自・他〕果たす、〈数字＋año(s)〉
　　　…歳になる
curso〔男〕学年、講座
cuyo〔関係形容詞〕〈＋名詞〉（その人の［その］）
　　　…が

D

dar〔他〕与える
de〔前〕…の、…から、…で、…について
debajo〔副〕下に
deber〔他〕〈＋不定詞〉…すべきである
deberes〔男〕〔複〕宿題
débil〔形〕弱い
décimo〔序数〕第10の
decir〔他〕言う
decisión〔女〕決定
dedo〔男〕指
dejar〔他〕残す、貸す、させてやる
del ＜ de + el
delante〔副〕（de...）（…の）前に
demasiado〔副〕あまりに　〔形〕あまりに多くの

demostrativo〔男〕指示詞
dentro〔副〕（de...）（…の）中に〈de + 期間を表す語句〉…後に
departamento〔男〕学科、部
deporte〔男〕スポーツ
deportivo〔形〕スポーツの
derecha〔女〕右
desayunar〔自・他〕朝食をとる
descansar〔自〕休憩する
descubrir〔他〕発見する
desde〔前〕…から、…以来
desear〔他〕望む、願う
despacho〔男〕事務室、研究室
despacio〔副〕ゆっくり
despertarse〔再〕目を覚ます
despierto〔形〕目を覚ました
después〔副〕（de...）（…の）後で
destruir〔他〕破壊する
detener〔他〕逮捕する
devolver〔他〕返す、返却する
día〔男〕日、昼間
diario〔形〕毎日の
diccionario〔男〕辞書
dicho〔過去分詞＜decir〕〔形〕言った、言われた
diciembre〔男〕12月
diecinueve〔数〕19
dieciocho〔数〕18
dieciséis〔数〕16
diecisiete〔数〕17
diente〔男〕歯
diez〔数〕10
diferencia〔女〕差、違い
difícil〔形〕難しい
dificultad〔女〕難しさ、困難
dinero〔男〕お金、通貨
Dios〔男〕神
dirección〔女〕方向、住所
directamente〔副〕直接に
directo〔形〕まっすぐな、直接の
director/tora〔名〕長、部長、監督
discriminación〔女〕差別
discutir〔自・他〕議論する、口論する
divertido〔形〕楽しい、おもしろい
divertirse〔再〕楽しむ
divorciarse〔再〕離婚する
doble〔形〕2倍の 〔男〕2倍
doce〔数〕12
documento〔男〕文書
dólar〔男〕ドル
doler〔自〕痛みを与える
domingo〔男〕日曜日
dominicano/a〔形〕ドミニカ共和国の、ドミニカ人の 〔名〕ドミニカ人
donde〔関係副詞〕…するところで［に］
dónde〔疑問詞〕どこで、どこに
dormir〔自〕眠る
dormirse〔再〕眠り込む、寝過ごす
dos〔数〕2
doscientos〔数〕200
droga〔女〕薬品、麻薬
ducha〔女〕シャワー
ducharse〔再〕シャワーを浴びる
dudar〔自・他〕疑う
dulce〔形〕甘い 〔男〕〔複〕お菓子、スイーツ
durante〔前〕…の間
duro〔形〕堅い、厳しい

E

e ＜y (i-,hi- の前で)
económico〔形〕経済的な
ecuatoguineano/a〔形〕赤道ギニア（人）の 〔名〕赤道ギニア人
ecuatoriano/a〔形〕エクアドル（人）の 〔名〕エクアドル人
edad〔女〕年齢
edificio〔男〕建物
educar〔他〕教育する、しつける
egoísta〔名〕エゴイスト〔形〕利己主義（の）
eh〔間〕おい、ねえ（呼びかけ）
ejemplo〔男〕例
ejercicio〔男〕練習（問題）、運動
el〔冠〕男性単数定冠詞
él〔代〕彼
electrónico〔形〕電気の
elegante〔形〕優雅な、エレガントな
elegir〔他〕選ぶ
ella〔代〕彼女
ello〔代〕（中性）それ、そのこと
embajada〔女〕大使館
emoción〔女〕感動、感情
empanada〔女〕エンパナーダ、（肉などの）パイ皮包み揚げ
empezar〔自・他〕始まる、始める
empleado/a〔名〕従業員、社員
empresa〔女〕会社、企業
en〔前〕…（の中）に、…の上に、…で
encantado〔形〕よろこんだ 〔間〕はじめまして
encantar〔他〕喜ばせる、魅了する
encontrar〔他〕見つける、出会う
enero〔男〕1月
enfadado〔形〕怒っている
enfadarse〔再〕怒る
enfermero/a〔名〕看護師
enfermo〔形〕病気の
enseñar〔他〕見せる、教える
entender〔他〕理解する、わかる
entero〔形〕全体の
entonces〔副〕そのとき、それでは
entrar〔自〕（en...）（…に）入る
entregar〔他〕渡す
entretenido〔形〕楽しい
enviar〔他〕送る

envidia〔女〕羨ましさ
época〔女〕時期、時代
equipo〔男〕チーム
equivocado〔形〕間違った
escaparate〔男〕ショーケース、ショーウィンドー
escribir〔自・他〕書く
escrito〔過去分詞＜escribir〕〔形〕書かれた
escritor/tora〔名〕作家
escuchar〔他〕聞く、耳を傾ける
escuela〔女〕学校
ese〔形〕〔代〕その、それ
eso〔代・中〕それ
español/ñola〔形〕スペイン（人）の 〔名〕スペイン人〔男〕スペイン語
espejo〔男〕鏡
esperar〔他〕待つ、期待する
esposo/a〔名〕夫、妻
esquina〔女〕角
estación〔女〕駅、季節
estar〔自〕…である、（…に）ある［いる］
este〔形〕〔代〕この、これ
esto〔代・中〕このこと、これ
estrictamente〔副〕厳密に
estudiante〔名〕学生
estudiar〔自・他〕勉強する
estudio〔男〕勉強、研究
euro〔男〕ユーロ
examen〔男〕試験、テスト
exclamativo〔形〕感嘆の
excursión〔女〕遠足
experiencia〔女〕経験
explicar〔他〕説明する
explicación〔女〕説明
explotar〔自〕爆発する
exposición〔女〕展示（会）
extraño〔形〕奇妙な、普通でない
extranjero/ra〔形〕外国の〔男〕外国〔名〕外国人

F

fácil〔形〕簡単な
fácilmente〔副〕簡単に
falda〔女〕スカート
faltar〔自〕不足する
familia〔女〕家族
famoso〔形〕有名な
favor〔男〕好意、親切な行為　por ～ どうぞ、どうか
favorito〔形〕気に入りの
febrero〔男〕2月
fecha〔女〕日付
feo〔形〕醜い
fiebre〔女〕熱
fiesta〔女〕パーティー、祭り
fin〔男〕終わり、目的
final〔男〕終わり〔形〕最後の
finalmente〔副〕最後に、ついに
firmar〔自・他〕署名する

flor〔女〕花
FMI〔男〕国際通貨基金（＝Fondo Monetario Internacional）
fondo〔男〕底、奥 al ～ (de...)（…の）突き当りに
footing〔男〕ジョギング
forma〔女〕形式、体調
foto〔女〕写真（=fotografía）
fotografía〔女〕写真
francés/cesa〔形〕フランス（人）の 〔名〕フランス人〔男〕フランス語
frase〔女〕文
freír〔他〕揚げる、フライにする
fresco〔形〕涼しい、新鮮な 〔男〕涼しさ
frío〔形〕冷たい、寒い 〔男〕寒さ
frito〔過去分詞＜freír〕〔形〕揚げられた、フライの
fruta〔女〕くだもの
fuego〔男〕火、火事
fuera〔副〕外で
fuerte〔形〕強い
fumar〔自・他〕喫煙する
fútbol〔男〕サッカー
futuro〔男〕未来

G

gafas〔女〕〔複〕メガネ
gallego/a〔形〕ガリシア（人）の〔名〕ガリシア人〔男〕ガリシア語
galleta〔女〕ビスケット、クッキー
ganar〔自・他〕稼ぐ、勝つ
ganas〔女〕〔複〕〈de＋不定詞〉…したいという気持ち
gasolina〔女〕ガソリン
gastar〔自・他〕使う、費やす
gastos〔男〕〔複〕経費
gato/a〔名〕ネコ
generalmente〔副〕普通は、一般に
género〔男〕（文法上の）性
gente〔女〕（集合名詞）人々
gerundio〔男〕現在分詞
gigante〔形〕巨大な
gimnasio〔男〕ジム、体育館
girar〔自〕回る、曲がる
girasol〔男〕ヒマワリ
globo〔男〕地球、風船
goma〔女〕消しゴム、ゴム
gracias〔女〕〔複〕ありがとう
gramática〔女〕文法
gran＜grande（単数名詞の前で）
grande〔形〕大きい、偉大な
gravedad〔女〕重さ、重力
griego/a〔形〕ギリシャ（人）の 〔名〕ギリシャ人〔男〕ギリシャ語
gris〔形〕グレーの〔男〕グレー
grito〔男〕叫び声
guante〔男〕手袋
guapo/a〔形〕ハンサムな、美人の 〔名〕美男、美女

guaraní〔男〕グアラニー語
guatemalteco/a〔形〕グアテマラ(人)の 〔名〕グアテマラ人
guerra〔女〕戦争
guía〔名〕ガイド 〔女〕ガイドブック
guitarra〔女〕ギター
gustar〔自〕気に入る、…が好きである
gusto〔男〕喜び mucho ～よろしく

H

haber〔他〕(不特定なもの、人)がある、いる
habitación〔女〕部屋
habitante〔名〕住民
hablar〔自・他〕話す
hacer〔他〕する、作る
hacerse〔再〕…になる
hacha〔女〕斧
hambre〔女〕空腹
hamburguesa〔女〕ハンバーガー
hasta〔前〕…まで
hay < haber(現在3人称単数)
hecho〔過去分詞<hacer〕〔形〕された、作られた
helado〔男〕アイスクリーム
hermano/a〔名〕兄弟、姉妹
hermoso〔形〕きれいな、美しい
hierro〔男〕鉄
hijo/a〔名〕息子、娘
historia〔女〕歴史、話、作り話、物語
hoja〔女〕葉、(紙の)1枚
hola〔間〕やあ、こんにちは
hombre〔男〕男
hondureño/a〔形〕ホンジュラス(人)の 〔名〕ホンジュラス人
hora〔女〕時間、時刻
hospital〔男〕病院
hotel〔男〕ホテル
hoy〔副〕今日
huevo〔男〕卵
huir〔自〕逃げる
humor〔男〕ユーモア、機嫌

I

idea〔女〕考え
idioma〔男〕言語
iglesia〔女〕教会
igual〔形〕同じ、同一の〔副〕たぶん
ilusión〔女〕幻想、夢、期待
ilusionar〔他〕幻想を抱かせる、期待させる
imaginar〔他〕想像する
imperativo〔形〕命令の
imperfecto〔形〕未完了の
impersonal〔形〕不定人称の、非人称の
importante〔形〕重要な
importar〔自〕気にかかる、迷惑である
imposible〔形〕不可能な
impresionar〔他〕印象づける

inconveniente〔形〕不都合な〔男〕不都合
indefinido〔形〕不定の
indicativo〔男〕直説法
indirecto〔形〕間接的な
infinitivo〔男〕不定詞
informática〔女〕情報処理、情報科学
ingeniero/a〔名〕エンジニア
inglés/ lesa〔形〕イギリス(人)の 〔名〕イギリス人 〔男〕英語
instante〔男〕瞬間
inteligente〔形〕頭のいい、賢い
intensivo〔形〕強烈な、集中的な
interés〔男〕興味
interesante〔形〕おもしろい
interesar〔他〕興味を抱かせる
internacional〔形〕国際的な
internet〔女〕インターネット
interrogativo〔形〕疑問の〔男〕疑問詞
invierno〔男〕冬
invitado/a〔名〕招待客、客
invitar〔他〕招待する
ir〔自〕行く
irregular〔形〕不規則な
irse〔再〕立ち去る、行ってしまう
isla〔女〕島
italiano/a〔形〕イタリア(人)の 〔名〕イタリア人 〔男〕イタリア語
izquierda〔女〕左

J

jabón〔男〕石けん
jamás〔副〕決して…ない、一度も…ない
japonés/ nesa〔形〕日本(人)の 〔名〕日本人 〔男〕日本語
jardín〔男〕庭
jefe/fa〔名〕上司
jengibre〔男〕ショウガ
jersey〔男〕セーター
jirafa〔女〕キリン
joven〔形〕若い〔名〕若者
jueves〔男〕木曜日
jugar〔自〕遊ぶ、プレーする〈a + 定冠詞 + 競技名〉(競技を)する
julio〔男〕7月
junio〔男〕6月

K

karaoke〔男〕カラオケ
kilogramo〔男〕キログラム、キロ

L

la〔冠〕女性単数定冠詞
lado〔男〕側面、そば al ～ (de...)(…の)横に、わきに
ladrón〔男〕泥棒
lápiz〔男〕鉛筆

largo〔形〕長い
lástima〔女〕残念なこと
lavar〔他〕洗う
lavarse〔再〕(自分の体を)洗う
lejos〔副〕遠くに
lengua〔女〕言語、舌
lentamente〔副〕ゆっくり
lento〔形〕遅い
letra〔女〕文字
levantar〔他〕起こす
levantarse〔再〕起きる
libertad〔女〕自由
libre〔形〕暇な、空いている
libro〔男〕本
limpiar〔他〕掃除する、きれいにする
línea〔女〕線、ライン
lingüística〔女〕言語学
llamar〔他〕呼ぶ、電話する
llamarse〔再〕…という名前である
llave〔女〕鍵
llegar〔自〕到着する、着く
lleno〔形〕一杯の
llevar〔他〕持って行く、連れて行く
llevarse〔動〕〔再〕持ち去る ～ bien/mal 仲が良い/悪い
llorar〔自〕泣く
llover〔自〕雨が降る
loco〔形〕気の狂った
lógico〔形〕当然の、論理的な
lotería〔女〕宝くじ
luego〔副〕あとで
lugar〔男〕場所
luna〔女〕月
lunes〔男〕月曜日
luz〔女〕光、明かり

M

madre〔女〕母
madrugada〔女〕明け方、深夜
maestro/a〔名〕教師、師匠
mail〔男〕メール
mal〔副〕悪く、下手に 〔形〕<malo (男性単数名詞の前で)
maleta〔女〕スーツケース
malo〔形〕悪い
mamá〔女〕お母さん
mañana〔副〕あした 〔女〕朝
mandar〔他〕送る、命令する
manera〔女〕方法 de ～ que... それで…
mano〔女〕手
manzana〔女〕リンゴ
mapa〔男〕地図
marcharse〔再〕立ち去る
marido〔男〕夫
martes〔男〕火曜日
marzo〔男〕3月

más〔副〕より多く 〔形〕より多い
mayo〔男〕5月
mayor〔形〕より大きい、年上の
media〔女〕30分
medicina〔女〕医学、薬
médico/a〔名〕医者
medio〔形〕半分の 〔男〕半分
medir〔自〕(寸法が)…である
mejor〔副〕より良く 〔形〕より良い
mejorar〔自・他〕良くなる、良くする
mejorarse〔再〕良くなる
melón〔男〕メロン
menor〔形〕より小さい、年下の
menos〔副〕〔形〕より少なく、少ない
mentir〔自〕嘘をつく
mentira〔女〕嘘
menudo a ～ しばしば
mercado〔男〕市場
mes〔男〕(暦の)月
mesa〔女〕テーブル、机
metro〔男〕地下鉄
mexicano/a〔形〕〔名〕メキシコ(人)の、メキシコ人
mi〔所有詞前置形〕私の
miedo〔男〕恐れ
mientras〔接〕…する間
miércoles〔男〕水曜日
mil〔数〕1000
millón〔数〕100万
millonario/a〔名〕百万長者
mineral〔形〕agua ～ ミネラルウォーター
minuto〔男〕(時間の)分
mío〔所有詞後置形〕私の
mirar〔他〕見る、目を向ける
mismo〔形〕同じ、…自身
mitad〔女〕半分
modelo〔名〕モデル
modo〔男〕方法 de ～ que... それで…
molestar〔他〕困らせる、不快にさせる
momento〔男〕瞬間、時
moneda〔女〕コイン、硬貨
montaña〔女〕山
monte〔女〕山 el ～ Fuji 富士山
moreno/a〔形〕(髪や目が)褐色の
morir〔自〕死ぬ
moto〔女〕バイク (= motocicleta)
motocicleta〔女〕バイク、オートバイ
mover〔他〕動かす
moverse〔再〕動く
móvil〔男〕携帯電話
mucho〔形〕たくさんの 〔副〕たくさん
muerto〔過去分詞<morir〕〔形〕死んだ
mujer〔女〕女、妻
mujerona〔女〕太った女性、大女
mundo〔男〕世界
muñeca〔女〕人形、手首
museo〔男〕博物館、美術館

música〔女〕音楽
mutuamente〔副〕互いに
muy〔副〕とても

N

nacer〔自〕生まれる
nada〔代〕何も（…ない）〔副〕まったく（…ない）
nadar〔自〕泳ぐ
nadie〔代〕誰も（…ない）
naranja〔女〕オレンジ
necesario〔形〕必要な
necesitar〔他〕必要とする
negar〔他〕否定する
negativo〔形〕否定の
negro〔形〕黒い〔男〕黒
nervioso〔形〕神経質な、ぴりぴりした
nevar〔自〕雪が降る
nevera〔女〕冷蔵庫
ni〔副〕（…も）…も（ない）
nicaragüense〔形〕ニカラグア（人）の
　〔名〕ニカラグア人
nieto/a〔名〕孫
nieve〔女〕雪
ningún <ninguno　（男性単数名詞の前で）
ninguno〔形〕どの…も（…ない）
　〔代〕（ある範囲の中の）誰も［どれも］（…ない）
niño/a〔名〕子供
nivel〔男〕レベル
no〔副〕…ではない、いいえ
noche〔女〕夜
nombre〔男〕名前
normal〔形〕普通の
normalmente〔副〕普通は、通常は
norte〔男〕北
nosotros/as〔代〕私たち
nota〔女〕成績、メモ
noticia〔女〕ニュース、知らせ
novecientos〔数〕900
novela〔女〕小説
novelista〔名〕小説家
noveno〔序数〕第9の
noventa〔数〕90
noviembre〔男〕11月
novio/a〔名〕恋人
nublado〔形〕曇っている
nuestro〔所有詞〕私たちの
nueve〔数〕9
nuevo〔形〕新しい
numeral〔形〕数の
número〔男〕数
nunca〔副〕一度も…ない、決して…ない

O

o〔接〕または、あるいは
oasis〔男〕オアシス
objeto〔男〕もの、目的、目的語 con el ～ de que...
　…の目的で
obra〔女〕作品
ochenta〔数〕80
ocho〔数〕8
ochocientos〔数〕800
octavo〔序数〕第8の
octubre〔男〕8月
ocupado〔過去分詞〕〔形〕ふさがっている、忙しい
ocurrir〔自〕起こる
ocurrirse〔再〕思いつく
oferta〔女〕申し出、特売
oficina〔女〕オフィス、職場
ofrecer〔他〕提供する、申し出る
oído〔男〕耳、聴覚
oír〔他〕聞く
ojalá〔間〕どうか…でありますように
ojo〔男〕目
oliva〔女〕オリーブの実　aceite de ～オリーブオイル
olvidar〔他〕忘れる
once〔数〕11
onceavo〔男〕11分の1
ONU〔女〕国際連合
　（ = Organización de las Naciones Unidas）
oponerse〔再〕反対する
oración〔女〕文、祈り ～ subordinada 従属節
ordenador〔男〕パソコン
organización〔女〕機構、組織
organizar〔動〕〔他〕組織する、企画する
oscuro〔形〕暗い
OTAN〔女〕北大西洋条約機構
　（ = Organización del Tratado de Atlántico Norte）
otoño〔男〕秋
otro〔形〕別の、ほかの

P

paciencia〔女〕忍耐、根気
padre〔男〕父〔複〕両親
paella〔女〕パエリャ
pagar〔他〕払う
página〔女〕ページ
país〔男〕国
paisaje〔男〕景色
palabra〔女〕単語、語
palabrota〔女〕汚い言葉
pálido〔形〕青白い
pan〔男〕パン
panameño/a〔形〕パナマ（人）の〔名〕パナマ人
panecillo〔男〕小さいパン、ロールパン
pañuelo〔男〕ハンカチ、スカーフ
papá〔男〕パパ
papel〔男〕紙
paquete〔男〕包み、小包
para〔前〕…のために
paraguas〔男〕傘
paraguayo/a〔形〕パラグアイ（人）の

〔名〕パラグアイ人
parasol〔男〕パラソル、日傘
parecer〔自〕…に思われる、みえる
parecido〔過去分詞〕〔形〕似ている
parque〔男〕公園
parte〔女〕部分、場所
participio〔男〕分詞 ～ pasado 過去分詞
partido〔男〕試合、政党
pasado〔過去分詞〕〔形〕過ぎさった
　　〔男〕過去　～ mañana 明後日
pasaporte〔男〕パスポート
pasar〔自〕過ぎる、起こる〔他〕渡す、…に受かる
pasear〔自〕散歩する
paseo〔男〕散歩
pasillo〔男〕廊下
patata〔女〕ジャガイモ
patio〔男〕中庭
paz〔女〕平和
pedir〔他〕頼む、求める
pelearse〔再〕けんかする
película〔女〕映画、フィルム
pelo〔男〕髪の毛
pensar〔他〕考える
peor〔副〕より悪く〔形〕より悪い
pequeño〔形〕小さい
perder〔他〕失う、負ける
perderse〔再〕迷う
perfecto〔形〕完全な〔間〕完璧だ
perífrasis〔女〕迂言法
periódico〔男〕新聞
periodista〔名〕ジャーナリスト
permiso〔男〕許可
permitir〔他〕許す、許可する
pero〔接〕しかし
perro〔男〕犬
persona〔女〕人、人間
personal〔形〕個人の、人の
　　pronombre ～人称代名詞
peruano/a〔形〕ペルー(人)の〔名〕ペルー人
pesado〔形〕重い、うんざりする
pesar〔自〕(重さが)…である　a ～ de que...
　　…にもかかわらず
pescado〔男〕魚
pescar〔自・他〕釣りをする、釣る
peso〔男〕ペソ
pianista〔名〕ピアニスト
piano〔男〕ピアノ
piel〔女〕皮膚、皮
pierna〔女〕脚、下肢
pimiento〔男〕ピーマン
pincho〔男〕串、つまみ
pintor/tora〔名〕画家、ペンキ屋
piscina〔女〕プール
piso〔男〕階、マンション
pizarra〔女〕黒板
plan〔男〕プラン、計画

plátano〔男〕バナナ
plato〔男〕皿、料理
playa〔女〕ビーチ、浜辺
plaza〔女〕広場
plazuela〔女〕小広場
pluscuamperfecto〔男〕過去完了
pobre〔形〕貧しい、かわいそうな
poco〔形〕(否定的に)わずかな〔副〕ほとんど…ない
poder〔自〕〈+ 不定詞〉…できる、…するかもしれない
poema〔男〕詩
poeta〔名〕詩人
policía〔女〕警察〔名〕警察官
política〔女〕政治
político/a〔形〕政治の〔名〕政治家
pollo〔男〕鶏肉
poner〔他〕置く、セットする
ponerse〔再〕(衣類を)身に着ける、(…の状態に)なる
pop〔形〕música ～　ポップミュージック
popular〔形〕人気のある
por〔前〕…のために、…によって、…を通って
porque〔接〕なぜなら
portero/a〔名〕管理人、守衛
portugués/guesa〔形〕ポルトガル(人)の
　　〔名〕ポルトガル人〔男〕ポルトガル語
posesivo〔形〕所有の　pronombre ～所有代名詞
posible〔形〕可能な
posiblemente〔副〕もしかしたら
postre〔男〕デザート
poyo〔男〕腰掛け
precio〔男〕値段、価格
preferir〔他〕より好む、…の方がいい
pregunta〔女〕質問
preguntar〔自・他〕質問する
premio〔男〕賞、ほうび
preocupar〔他〕心配させる
preocuparse〔再〕心配する
preparar〔他〕用意する
preposición〔女〕前置詞
presentación〔女〕発表、紹介
presentar〔他〕提出する、紹介する
presidente〔男〕大統領、社長、議長
pretérito〔男〕過去時制
previsto〔形〕予想された
primavera〔女〕春
primer < primero (男性単数名詞の前で)
primero〔序数〕第1の〔副〕最初に
primo/a〔名〕いとこ
prisa〔女〕急ぎ
probable〔形〕ありそうな、可能性の高い
probar〔他〕試す、試食する
probarse〔再〕試着する
problema〔男〕問題、悩み
producción〔女〕生産、生産物

producir〔他〕生産する
producto〔男〕生産物、製品
profesor/sora〔名〕教師、先生
programa〔男〕プログラム、計画
programar〔他〕計画を立てる、プログラミングをする
prohibir〔他〕禁止する
promesa〔女〕約束
pronombre〔男〕代名詞
pronto〔副〕早く、すぐに
propuesta〔女〕提案
próximo〔形〕次の
proyecto〔男〕プロジェクト、計画
publicar〔他〕出版する
pueblo〔男〕（田舎の）町、村
puente〔男〕橋
puerta〔女〕ドア
puerto〔男〕港
pues〔接〕…なので、それなら
puesto〔過去分詞<poner〕〜 que... …なので
pulsera〔女〕ブレスレット
punto〔男〕点
puntualmente〔副〕時間どおりに、きっちり
puro〔形〕純粋な

Q

que〔接〕…ということ 〔関係代名詞〕(…する)人[もの]
qué〔疑問詞〕何
quedar〔自〕残る、会う約束をする
quedarse〔再〕居残る、…になる
quejarse〔再〕(de...)(…の)不平を言う
querer〔他〕…が欲しい、〈+ 不定詞〉…したい
queso〔男〕チーズ
quien〔関係代名詞〕(…する)人
quién〔疑問詞〕誰
quince〔数〕15
quinientos〔数〕500
quinto〔序数〕第 5 の
quitar〔他〕取り除く、外す
quitarse〔再〕脱ぐ
quizá(s)〔副〕たぶん

R

radio〔女〕ラジオ
rápido〔形〕速い 〔副〕速く
raro〔形〕珍しい
rato〔男〕短い時間
ratón〔男〕(パソコンの)マウス
real〔形〕現実の
recepción〔女〕フロント、受付
recibir〔他〕受け取る
recomendar〔他〕推薦する
recordar〔他〕思い出す
redondo〔形〕丸い
reflexivo〔形〕再帰の
regalar〔他〕プレゼントする、贈る

regalo〔男〕プレゼント
región〔女〕地方
regla〔女〕規則
regular〔形〕規則的な
reina〔女〕女王
reír〔自〕笑う
relajarse〔再〕リラックスする
relativo〔形〕関係の 〔男〕関係詞
reloj〔男〕時計
repetir〔他〕繰り返す
república〔女〕共和国
resfriado〔形〕風邪をひいている 〔男〕風邪
resolver〔他〕解決する
respetar〔他〕尊重する、尊敬する
responsable〔形〕責任がある
respuesta〔女〕答え
restaurante〔男〕レストラン
reunión〔女〕集会、会合
reunirse〔再〕集まる
revista〔女〕雑誌
rey〔男〕王
rico〔形〕金持ちの、おいしい
río〔男〕川
robar〔他〕盗む
rojo〔形〕赤い 〔男〕赤
romano〔形〕ローマの 〔名〕ローマ人
romper〔他〕壊す
ropa〔女〕服、衣類
roto〔過去分詞<romper〕〔形〕壊れた
rubio〔形〕金髪の
ruido〔男〕騒音

S

sábado〔男〕土曜日
saber〔他〕知る、知っている
sacar〔他〕取り出す、(成績などを)得る
sal〔女〕塩
sala〔女〕居間、ホール
salar〔男〕塩湖 el 〜 de Uyuni ウユニ塩湖
salir〔自〕出る、でかける
salón〔男〕居間、ホール
salud〔女〕健康 〔間〕乾杯
saludar〔自〕挨拶する
salvadoreño/a〔形〕エルサルドバル(人)の 〔名〕エルサルドバル人
sangría〔女〕サングリア
secretario/a〔名〕秘書
secreto〔男〕秘密
sed〔女〕喉の乾き
seguir〔自・他〕続く、続ける
segundo〔序数〕第 2 の
seguramente〔副〕きっと、おそらく
seguridad〔女〕安全、確かさ
seguro〔形〕確かな
seis〔数〕6
seiscientos〔数〕600

semáforo〔男〕信号
semana〔女〕週
semestre〔男〕学期
señor/ñora〔名〕男性、女性、…氏、…夫人、…さん
señorita〔女〕未婚女性、（未婚女性に対して）…さん
sentarse〔再〕すわる
sentir〔他〕感じる、残念に思う
septiembre〔男〕9月
séptimo〔序数〕第7の
ser〔自〕…である
serio〔形〕まじめな、深刻な
servicio〔男〕サービス、トイレ
servir〔他〕（食べ物等を）供する〔自〕役に立つ
sesenta〔数〕60
seta〔女〕キノコ
setecientos〔数〕700
setenta〔数〕70
sexto〔序数〕第6の
si〔接〕もし…なら、…かどうか
sí〔副〕はい
siempre〔副〕いつも、常に
sierra〔女〕山脈
siete〔数〕7
siglo〔男〕世紀
siguiente〔形〕続く、次の
sílaba〔女〕音節
silla〔女〕イス
simpático〔形〕感じのよい、優しい
simple〔形〕単純な
sin〔前〕…なしで
sino〔接〕…ではなく…（である）
situación〔女〕状況
situar〔他〕配置する、位置づける
sobrar〔自〕余る
sobre〔前〕…の上に、…について
sofá〔男〕ソファ
sol〔男〕太陽
solamente〔副〕…だけ
solo〔副〕…だけ〔形〕1人の、1つだけの
sombrero〔男〕（つばのある）帽子
sonrisa〔女〕微笑み
sopa〔女〕スープ
sorprender〔他〕驚かせる
sorprenderse〔自〕驚く
su〔所有詞前置形〕彼の、彼女の、あなたの、それの、彼らの、彼女たちの、あなた方の、それらの
subjuntivo〔男〕接続法
subordinado〔形〕従属した
suceder〔自〕起こる、続く
sucio〔形〕汚い、不潔な
sucursal〔女〕支店、支社
sudamericano〔形〕南米の
sueño〔男〕眠気、夢
suerte〔女〕運、幸運
sufrir〔自〕苦しむ
sujeto〔男〕主語

supermercado〔男〕スーパーマーケット
suponer〔他〕推察する、想定する
sur〔男〕南
sustantivo〔男〕名詞
suyo〔所有詞後置形〕彼の、彼女の、あなたの、それの、彼らの、彼女たちの、あなた方の、それらの

T

tabaco〔男〕タバコ
tal〔形〕そのような
también〔副〕…もまた（…である）
tampoco〔副〕…もまた（…でない）
tan〔副〕そんなに
tanto〔形〕そんなにたくさんの〔副〕そんなにたくさん
tapas〔女〕〔複〕タパス、つまみ
tardar〔自〕時間がかかる
tarde〔女〕午後〔副〕遅く
tarea〔女〕宿題、仕事
tarjeta〔女〕カード
taxi〔男〕タクシー
taza〔女〕カップ
té〔男〕お茶
tela〔女〕布
tele〔女〕テレビ（= televisión）
teléfono〔男〕電話
televisión〔女〕テレビ
tema〔男〕テーマ
temprano〔副〕早く
tenedor〔男〕フォーク
tener〔他〕持つ
tercer <tercero（男性単数名詞の前で）
tercero〔序数〕第3の
tercio〔男〕3分の1
terminal〔女〕ターミナル、終着駅
terminar〔自・他〕終わる、終える
terremoto〔男〕地震
tiempo〔男〕時間、天気
tienda〔女〕店
tierra〔女〕土地、地面
tifón〔男〕台風
tinto〔男〕赤ワイン〔形〕赤の
tío/a〔名〕おじ、おば
típico〔形〕典型的な
tipo〔男〕タイプ、型
tocar〔他〕触る、（楽器を）弾く
todavía〔副〕まだ
todo〔形〕全ての〔代〕全て（のもの・人）
tomar〔他〕取る、飲む
tomate〔男〕トマト
tontería〔女〕馬鹿げたこと
toro〔男〕雄牛〔複〕闘牛
torre〔女〕塔、タワー
total〔形〕全部の〔男〕全体
trabajador/dora〔形〕働き者の〔名〕労働者
trabajar〔自〕働く

traducir〔自〕翻訳する
traer〔他〕持ってくる
tráfico〔男〕交通（量）
tranquilo〔形〕静かな、穏やかな
tratado〔男〕条約
través〔男〕a ~ de... …を通して
travieso〔形〕いたずらな、腕白の
trece〔数〕13
treinta〔数〕30
tren〔男〕電車
tres〔数〕3
trescientos〔数〕300
trigo〔男〕小麦
triste〔形〕悲しい、寂しい
tu〔所有詞前置形〕君の
tú〔代〕君
turista〔名〕観光客
tuyo〔所有詞後置形〕君の

U

u ＜ o（o-, ho- の前で）
UCI〔女〕ICU
　　（= unidad de cuidados intensivos）
Ud. ＜ usted
Uds. ＜ ustedes
UE〔女〕EU（= Unión Europea）
últimamente〔副〕最近
un/una〔冠〕単数不定冠詞　〔数〕＜uno
unidad〔女〕単位、ユニット
unión〔女〕結合、連合
unipersonal〔形〕単人称の
universidad〔女〕大学
uno〔数〕1
uruguayo〔形〕ウルグアイ（人）の
　　〔名〕ウルグアイ人
usado〔過去分詞〕〔形〕中古の
usar〔他〕使う、使用する
usted〔代〕あなた
ustedes〔代〕あなた方

V

vacaciones〔女〕〔複〕休暇、バカンス
valer〔自・他〕（…の）価値がある
variar〔自〕（様々に）変化する、異なる
varios〔形〕〔複〕いくつかの、種々の
vaso〔男〕コップ
Vd. ＜ usted
Vds. ＜ ustedes
vecino/a〔名〕隣人
veinte〔数〕20
veinticinco〔数〕25
veinticuatro〔数〕24
veintidós〔数〕22
veintidosavo〔男〕22分の1
veintinueve〔数〕29
veintiocho〔数〕28

veintiséis〔数〕26
veintisiete〔数〕27
veintitrés〔数〕23
veintiún ＜veintiuno（男性名詞の前で）
veintiuno〔数〕21
vender〔他〕売る
venezolano/a〔形〕ベネズエラ（人）の
　　〔名〕ベネズエラ人
venir〔自〕来る
ventana〔女〕窓
ventanilla〔女〕（乗り物の）窓、窓口
ver〔他〕見る、会う
verano〔男〕夏
verbo〔男〕動詞
verdad〔女〕真実、（付加疑問で）…でしょう？
verde〔形〕緑の　〔男〕緑色
verdura〔女〕野菜
vergüenza〔女〕恥
vestido〔男〕ドレス、服
vestirse〔再〕服を着る、身支度する
vez〔女〕回、度
viajar〔自〕旅行する
viaje〔男〕旅行
vida〔女〕生活、人生
videojuego〔男〕ビデオゲーム、テレビゲーム
vídeo〔男〕ビデオ
viejo〔形〕古い、年を取った
viento〔男〕風
viernes〔男〕金曜日
vino〔男〕ワイン
visita〔女〕訪問、訪問客
visitar〔他〕訪問する、訪ねる
vivir〔自〕住む、生きる
vocal〔女〕母音
volumen〔男〕ボリューム
volver〔自〕戻る、帰る
vosotros/as〔代〕君たち
vuelo〔男〕フライト
vuestro〔所有詞〕君たちの

W

watt〔男〕ワット
web〔女〕ウェブ

Y

y〔接〕…と…、そして
ya〔副〕もう、すでに
yen〔男〕（通貨単位の）円
yo〔代〕私

Z

zapatills〔女〕〔複〕スリッパ、スニーカー
zapatos〔男〕〔複〕靴
zona〔女〕地区、地帯
zoo〔男〕動物園

編集協力
新谷和輝(東京外国語大学大学院)

◆ 著者紹介 ◆

高垣敏博（たかがき としひろ）東京外国語大学名誉教授。大阪外国語大学大学院修士課程修了、博士（学術、東京外国語大学）。専門はスペイン語学。主な著書に『スペイン語接続法超入門』（単著、NHK出版）、『中級スペイン文法』（共著、白水社）、『スペイン語学概論』（監修・共著、くろしお出版）、『小学館西和中辞典 第2版』（監修・共著、小学館）、『日本語とスペイン語 (1)(2)(3)』（共著、国立国語研究所）、*Corpus-based Approaches to Sentence Structures*（共編著、John Benjamins）、*Fronteras de un diccionario: Palabras en movimiento*（共著、Cilengua）、他。

落合佐枝（おちあい さえ）神奈川大学特任准教授。東京外国語大学大学院修士課程修了。専門はスペイン語学、スペイン語教育。主な著書に『スペイン語学概論』（共著、くろしお出版）、『小学館西和中辞典 第2版』（共著、小学館）、『アクシオン！』（共著、白水社）、『総合スペイン語コース 初級、中級』（共著、朝日出版社）、『発見！大好き!!スペイン語!!! 1、2』（共著、朝日出版社）、他。

菊田和佳子（きくだ わかこ）神奈川大学外国語学部教授。東京外国語大学大学院博士後期課程単位取得退学。専門はスペイン語史。主な著書に『小学館西和中辞典 第2版』（共著、小学館）、『【晴山式】スペイン語基本単語速習術』（単著、語研）、『デイリーコンサイス西和・和西辞典』（共著、三省堂）、『スペイン語学概論』（編著、くろしお出版）、他。

Arturo Varón（アルトゥーロ・バロン）神奈川大学外国語学部准教授。バレンシア大学（スペイン）言語学部卒業。スペイン国立通信大学大学院博士課程単位取得退学 DEA (Diploma de Estudios Avanzados)。専門はスペイン語教育。主な著書に『スペイン語で行こう！』（共著、朝日出版社）、『Plaza Mayor 2』（共著、朝日出版社）、『初歩のスペイン語』（共著、放送大学教育振興会）、他。

大学のスペイン語 I
基礎力養成テキスト

2019 年 3 月 28 日　初版第 1 刷発行
2024 年 9 月 5 日　　　　第 3 刷発行

著　者　高垣敏博　落合佐枝　菊田和佳子　アルトゥーロ・バロン
音声吹込み　アルトゥーロ・バロン
録音・編集　高畠理恵

発行者　林佳世子
発行所　東京外国語大学出版会
〒 183-8534　東京都府中市朝日町 3-11-1
TEL. 042-330-5559　FAX. 042-330-5199
e-mail　tufspub@tufs.ac.jp

組　版　株式会社シャムス
印刷所　モリモト印刷株式会社
©2019, Toshihiro TAKAGAKI, Sae OCHIAI, Wakako KIKUDA, Arturo VARÓN
Printed in Japan
ISBN978-4-904575-72-7

落丁・乱丁本はお取り替えいたします。
定価はカバーに表示してあります。

大学のスペイン語 I

基礎力養成テキスト

別冊付録 練習問題解答

東京外国語大学出版会

練習問題解答

[ ] は入れ替え可能な解答を表す。
( ) は補足説明や省略可能な語句を表す。

Nivel I

第1課

1 チェックしよう (p.15)
1. eme-a-de-erre-i-de 2. be-a-erre-ce-e-ele-o-ene-a 3. ge-erre-a-ene-a-de-a
4. be-u-e-ene-o-ese a-i-erre-e-ese 5. ele-i-eme-a

2 チェックしよう (p.15)
1. carta 強 2. familia 弱 3. uno 弱 4. parasol 強 5. primera 強

3 チェックしよう (p.16)
解答例なし

4 チェックしよう (p.18)
解答例なし

Ejercicios 1 (p.19)
1. (1) o-te-a-ene / NATO (North Atlantic Treaty Organization) 北大西洋条約機構
   (2) u-e / EU (European Union) 欧州連合
   (3) a-de-ene / DNA (deoxyribonucleic acid) デオキシリボ核酸
   (4) u-ce-i / ICU (Intensive Care Unit) 集中治療室
   (5) efe-eme-i / IMF (International Monetary Fund) 国際通貨基金
2. 1), 5), 6), 7), 8)
3. 解答例なし

第2課

1 チェックしよう (p.21)
1. antiguo   A   2. feo   B
3. oasis   B   4. siete   A
5. diario   A   6. dúo   B
7. causa   A   8. día   B
9. paella   B   10. canción   A

2 チェックしよう (p.22)
1. pin/cho 2. in/ge/nie/ro 3. a/gra/da/ble 4. po/e/ta 5. a/e/ro/puer/to
6. cons/truc/ción 7. ca/lle 8. ins/tan/te 9. or/de/na/dor 10. dic/cio/na/rio

3 チェックしよう (p.23)
1. ar/<u>ma</u>/rio 2. a/<u>bo</u>/ga/do 3. ac/<u>triz</u> 4. mu/<u>se</u>/o 5. vein/ti/<u>séis</u> 6. jer/<u>sey</u> 7. miér/co/les 8. <u>vier</u>/nes 9. u/ni/ver/si/<u>dad</u> 10. hos/pi/<u>tal</u>

Ejercicios 2 (p.25)
1. 1) Pa/na/<u>má</u> ⑨   2) <u>Mé</u>/xi/co ③   3) Co/<u>lom</u>/bia ⑬
   4) Hon/<u>du</u>/ras ⑥   5) Pa/ra/<u>guay</u> ⑱   6) Ni/ca/<u>ra</u>/gua ⑦
   7) <u>Cos</u>/ta <u>Ri</u>/ca ⑧   8) Es/<u>pa</u>/ña ①   9) U/ru/<u>guay</u> ⑲
   10) Pe/<u>rú</u> ⑮   11) Ve/ne/<u>zue</u>/la ⑫   12) Gua/te/<u>ma</u>/la ④
   13) E/cua/<u>dor</u> ⑭   14) Re/<u>pú</u>/bli/ca Do/mi/ni/ca/na ⑪
   15) Bo/<u>li</u>/via ⑯   16) El Sal/<u>va</u>/dor ⑤   17) <u>Cu</u>/ba ⑩
   18) Ar/gen/<u>ti</u>/na ⑳   19) <u>Chi</u>/le ⑰   20) Gui/<u>ne</u>/a E/cua/to/<u>rial</u> ②

2. a) 例）ve/ne/zo/<u>la</u>/no, 11 b) me/xi/<u>ca</u>/no, 2 c) ar/gen/<u>ti</u>/no, 18 d) e/cua/to/gui/ne/<u>a</u>/no, 20 e) do/mi/ni/<u>ca</u>/no, 14 f) gua/te/mal/<u>te</u>/co, 12 g) chi/<u>le</u>/no, 19 h) hon/du/<u>re</u>/ño, 4 i) sal/va/do/<u>re</u>/ño, 16 j) u/ru/<u>gua</u>/yo, 9 k) pa/ra/<u>gua</u>/yo, 5 l) cu/<u>ba</u>/no, 17 m) ni/ca/ra/<u>güen</u>/se, 6 n) bo/li/<u>via</u>/no, 15 o) cos/ta/rri/<u>cen</u>/se, 7 p) pa/na/<u>me</u>/ño, 1 q) es/pa/<u>ñol</u>, 8 r) co/lom/<u>bia</u>/no, 3 s) e/cua/to/<u>ria</u>/no, 13 t) pe/<u>rua</u>/no 10

第3課

1 チェックしよう (p.27)
1. ejemplo 例（男） 2. mano 手（女） 3. agua 水（女）
4. canción 歌（女） 5. rey 王（男）

2 チェックしよう (p.28)

単数形	複数形	性	意味	単数形	複数形	性	意味
flor	flores	女	花	clase	clases	女	授業
amigo	amigos	男	友だち	vez	veces	女	回
examen	exámenes	男	試験	bar	bares	男	バル

3 チェックしよう (p.29)
1. 私たち (nosotros / nosotras) 2. 彼 (él) 3. あなた方 (ustedes) 4. 君 (tú)
5. 君たち (vosotros / vosotras)

4 チェックしよう (p.30)
1. nosotros (somos) 2. usted (es) 3. María José y tú (sois)
4. Josefa (es) 5. Francisco y yo (somos)

5 チェックしよう (p.30)
1. Ellas <u>son</u> profesoras.
2. Pilar y yo <u>somos</u> españoles. Pilar <u>es de</u> Madrid y yo <u>soy de</u> Granada.
3. Nosotras <u>somos</u> Sonia y Laura. Sonia <u>es</u> chilena y yo <u>soy</u> mexicana.
4. Vosotros <u>sois</u> Luis y José, ¿verdad?
5. Carmen y Lola <u>son</u> hermanas. Carmen <u>es</u> enfermera y Lola <u>es</u> médica.

Ejercicios 3 (p.31)
1. 1) 建物（男） 2) 姉［妹］（女） 3) 日（男） 4) 花（女） 5) 手（女） 6) 俳優（男） 7) 父親（男） 8) 車（男） 9) 駅（女） 10) 都市（女）
2. 1) universidades 2) bar 3) autobuses 4) paraguas 5) vez
3. 1) sois 2) es 3) soy 4) somos 5) son
4. 1) es 2) son 3) somos 4) soy 5) eres 6) sois 7) sois 8) son 9) es 10) es
5. 1) Ella y yo somos hermanas.
   2) Eres estudiante, ¿verdad?
   3) Ellos son españoles.
   4) Soy de Barcelona.
   5) Ustedes son médicos, ¿verdad?

第4課

1 チェックしよう (p.33)
1. un / el edificio（建物） 2. una / la canción（歌） 3. un(a) aula / el aula（教室）
4. unas / las clases（授業、クラス） 5. unos / los problemas（問題）

2 チェックしよう (p.35)
1. Vosotros estudiáis / Yo estudio / Ustedes estudian / Tú estudias / Marta estudia / Marta y yo estudiamos español.
2. Nosotros leemos / Usted lee / Santiago lee / Los señores leen / Vosotros leéis el periódico.
3. Usted abre / Ustedes abren / El chico abre / Nosotros abrimos / Luis y tú abrís la puerta.
4. Yo bebo / Vosotros bebéis / Los niños beben / El perro bebe / Teresa y yo bebemos agua.
5. Los turistas viajan / Usted viaja / Yo viajo / Tú viajas / Vosotros viajáis por Japón.

3 チェックしよう (p.36)
1. ¿Dónde trabaja José? – Trabaja <u>en un bar</u>.
2. Vivís en Valencia, ¿verdad? – Sí, <u>vivimos en Valencia</u>.
3. ¿Con quién aprendes español? – Aprendo español <u>con el profesor Sánchez</u>.
4. ¿De quién es el coche? – Es <u>de Paula</u>.
5. ¿Eres estudiante de francés? – No, <u>no soy estudiante de francés</u>.

Ejercicios 4 (p.37)
1. 1) unos hospitales 2) una moto 3) unas ciudades 4) una flor 5) un idioma
2. 1) la estación 2) el pescado 3) los gatos 4) el agua 5) las vacaciones
3. 1) habla 2) Leéis, leemos 3) aprenden 4) Abro 5) Espera
4. 1) Dónde 2) Qué 3) Quiénes 4) De dónde 5) Qué
5. 1) Trabajo en un hospital.
   2) La madre de Antonio no come pescado.
   3) ¿Dónde vives?
   4) ¿Qué compráis en el supermercado?
   5) ¿Con quién viajan ustedes por Europa?

第5課

1 チェックしよう (p.38)
1. Aquí hay una revista. / Hay una revista aquí.
2. En el parque hay unos árboles. / Hay unos árboles en el parque.
3. En la nevera no hay huevos. / No hay huevos en la nevera.
4. En el jardín hay unos niños. / Hay unos niños en el jardín.
5. ¿Por aquí hay un supermercado? / ¿Hay un supermercado por aquí?

2 チェックしよう (p.39)
1. Yo estoy / Nosotros estamos / Kioto está / Los alumnos están en Japón.
2. Tú estás / Tú y yo estamos / El profesor está / Machu Picchu está en Perú.
3. Vosotros estáis / Las profesoras están / Él está / Las cataratas del Iguazú están en Argentina.
4. Ustedes están / Yo estoy / El salar de Uyuni está / Ellas están en Bolivia.
5. Mari y yo estamos / Las islas Galápagos están / Tú estás / Ella está en Ecuador.

3 チェックしよう (p.40)
1. está 2. hay 3. estamos 4. Está 5. Hay

4 チェックしよう (p.42)
1. aquella 2. esos 3. estos 4. aquel 5. aquellos

5 チェックしよう (p.42)
1. también 2. no 3. tampoco 4. también 5. sí

Ejercicios 5 (p.43)
1. 1) hay 2) Hay 3) está 4) estáis, Estamos 5) hay, Hay 6) Hay, hay 7) están 8) Hay 9) está, Está 10) está, está
2. 1) Esa 2) Esta 3) Estos, aquella 4) aquello, esta 5) ese
3. 1) En esta calle hay muchos restaurantes.
   2) ¿Qué es eso? – Es un reloj.
   3) Aquel es el marido de la profesora Torres.
   4) El gato está debajo de la mesa.
   5) La estación de Shibuya está allí.

第6課

1 チェックしよう (p.45)
1. alto, alta, altos, altas 2. débil, débil, débiles, débiles 3. amable, amable, amables, amables 4. joven, joven, jóvenes, jóvenes 5. japonés, japonesa, japoneses, japonesas

1 チェックしよう (p.45)

1. unos parques bonitos 2. unas camisas grises 3. una bicicleta azul 4. los actores alemanes 5. la novela interesante

2 チェックしよう (p.46)
1. está 2. es 3. están 4. estamos 5. es

3 チェックしよう (p.47)
1. sus hijas 2. vuestra oficina 3. mis manos 4. nuestro perro 5. sus abuelos

4 チェックしよう (p.48)
1. Cómo 2. Cuántos 3. Por qué 4. Cuáles 5. Cuántas

Ejercicios 6 (p.49)
1. 1) cerrada 2) barato（変化なし）3) pequeños 4) rubias 5) morena
2. 1) es caro 2) están cansados 3) son grandes 4) está sucia 5) son muy amables
3. 1) nuestro perro 2) su coche 3) tus zapatos 4) sus manos 5) vuestra universidad
4. 1) Cuántas 2) Cuál 3) Cómo 4) Por qué 5) Cuáles
5. 1) Tu casa es muy bonita.
   2) Vuestro padre trabaja en aquel edificio nuevo, ¿verdad?
   3) ¿Cómo son sus hijas? – Son muy simpáticas.
   4) ¿Está abierta la biblioteca? – No, está cerrada.
   5) ¿Cuántos bancos hay en esta calle? – Hay cuatro (bancos).

第7課

1 チェックしよう (p.51)
1. empiezan 2. vuelve 3. duermo 4. repiten 5. juegas

2 チェックしよう (p.53)
1. la 2. me (esperarme) 3. Nos 4. lo 5. las

3 チェックしよう (p.54)
1. once 2. veintidós 3. veintisiete 4. seis 5. ocho

Ejercicios 7 (p.55)
1. 1) empieza 2. Pedimos 3. quiero 4. volvéis 5. duermen
2. 1) Llamo <u>a mi novia</u> todos los días. → La llamo todos los días.
   2) Hoy estudiamos <u>la historia de España</u>. → Hoy la estudiamos.
   3) Espero aquí <u>a mis amigos</u>. → Los espero aquí.
   4) No encuentro <u>mis gafas</u>. → No las encuentro.
   5) Gonzalo lleva <u>a sus nietos</u> al cine. → Gonzalo los lleva al cine.
3. 1) dieciséis 2) doce 3) veintitrés 4) veintiún 5) treinta
4. 1) El curso de español empieza en septiembre.
   2) ¿Dónde me esperáis? – Te esperamos aquí.
   3) ¿Quién cierra la puerta? - Yo la cierro.
   4) ¿Cuántas horas al día duerme usted? – Duermo ocho horas.
   5) ¿Cuánto cuesta esta corbata? – Cuesta veintiún euros.

第8課

1 チェックしよう (p.57)
1. tenemos 2. tiene 3. tienen 4. tienes, Tengo 5. tiene, tengo

2 チェックしよう (p.58)
1. vais, Vamos 2. Va, voy 3. Vamos 4 va 5. Vas, voy

3 チェックしよう (p.59)
1. Pienso 2. Debes 3. Tenemos que 4. Quiere 5. puede

4 チェックしよう (p.60)
1. los viernes 2. en julio 3. a dieciocho de junio 4. lunes 5. el diez de octubre

Ejercicios 8 (p.61)
1. 1) tengo 2) van, Vamos 3) va, Voy 4) tenéis, tiene 5) vamos

2. 1) Tienes 2) Pensamos 3) Quieres 4) puede 5) vas
3. 1) Estamos a treinta de junio.
   2) Llegan el veintidós de marzo.
   3) (Hoy) Es viernes.
   4) Tengo trabajo los lunes y los jueves.
   5) Empiezan en abril.
4. 1) Niños, ¿tenéis hambre?
   2) ¿Adónde vas? – Voy a un restaurante con unos amigos.
   3) Tenéis que comer mucha verdura.
   4) ¿Cuándo piensan ustedes ir al cine? – Pensamos ir el sábado.
   5) ¿Cuándo vuelve a Japón tu padre? – Vuelve en noviembre.

第9課

1 チェックしよう (p.64)
1. Yo conozco / Vosotros conocéis / Usted conoce a Antonio.
2. Yo veo / Tú ves / Josefa ve la televisión.
3. Yo salgo / Mi padre sale / Vosotros salís de casa.
4. Yo sé / Tú sabes / Nosotros sabemos su dirección.
5. Yo doy / Mis niños dan / Ustedes dan un paseo por la playa.

2 チェックしよう (p.65)
1. Son las doce menos diez de la noche. 2. Es la una menos cuarto. 3. Termina a las diez y veinte.
4. Vuelvo a las cinco y media. 5. Llega a las siete menos veinte de la tarde.

3 チェックしよう (p.66)
1. vosotros 2. ti 3. ella 4. conmigo 5. contigo

4 チェックしよう (p.66)
1. setenta y seis 2. ochenta y un 3. noventa y cuatro 4. sesenta y tres 5. ciento una

Ejercicios 9 (p.67)
1. 1) Pongo 2) Conocen, conocemos 3) conduce, conduzco 4) Sabe, sé 5) Hacéis, hacemos
2. 1) Son las diez y media. 2) Es la una menos veinticinco. 3) Sale a las diez menos diez de la noche.
   4) Pienso salir a las siete y veinte de la mañana. 5) Llega a la una y cuarto de la tarde.
3. 1) Es para ti. 2) Pienso en vosotros [vosotras]. 3) Quiero viajar con él. 4) Hablamos de ellas. 5) Está enfadada conmigo.
4. 1) Esta carta es para ti.
   2) No sé vuestro número de teléfono.
   3) No conocemos a Mónica.
   4) ¿Dónde hacéis los deberes? – Los hacemos en la biblioteca.
   5) ¿A qué hora vuelves a casa hoy? – Vuelvo a las ocho de la noche.

第10課

1 チェックしよう (p.69)
1. Yo vengo / Ustedes vienen / Nosotros venimos de Chile.
2. Yo digo / Tú dices / Vosotros decís la respuesta.
3. Yo tengo / Nosotros tenemos / Ellos tienen prisa.
4. Yo oigo / Inés oye / Ellos oyen la radio.
5. Tú vas / Vosotros vais / Los chicos van al bar.

2 チェックしよう (p.70)
1. Me 2. Os 3. Le 4. Le 5. nos

3 チェックしよう (p.71)
1. me / Julio me lo trae. 2. Te / Te lo doy. 3. Les / Se la vamos a enseñar [Vamos a enseñársela]. 4. nos (dejarnos) / ¿Nos lo podéis dejar [Podéis dejárnoslo]? 5. le / Mis colegas se la entregan.

4 チェックしよう (p.72)

1. cree, que 2. dicen, que 3. sé, si 4. Sabe, dónde 5. pregunta, quiénes

Ejercicios 10 (p.73)

1. 1) dice 2) oyes, oigo 3) tiene, tengo 4) van, Vamos 5) viene, Viene
2. 1) te [se] , los 2) nos, las 3) se, lo 4) me, lo 5) se, la
3. 1) ¿Sabes cuándo viene Pilar?
   2) Creo que aquellos señores son turistas.
   3) La abuela me pregunta si Pepito tiene frío.
   4) Le voy a preguntar cuánto cuesta la camisa.
   5) Mis hermanos dicen que van a ir al cine.
4. 1) Los niños no me dicen la verdad.
   2) Mañana vienes a la universidad, ¿verdad?
   3) No la oigo muy bien.
   4) ¿Le pasas tu correo electrónico? — No, no se lo paso.
   5) Voy a preguntarles dónde está la estación.

第11課

1 チェックしよう (p.75)
1. Os, gustan 2. Me, gusta 3. Te, gusta 4. Le, gustan 5. le, gusta

2 チェックしよう (p.76)
1. mí, mí 2. os 3. me, ella 4. le, mí 5. ustedes

3 チェックしよう (p.77)
1. encantan 2. importa 3. asustan 4. preocupa 5. molesta

4 チェックしよう (p.78)
1. más [tan] 2. bien 3. bailan 4. eres 5. más [tan]

Ejercicios 11 (p.79)

1. 1) mí, gusta 2) nosotros, gustan 3) les, gusta 4) nos, gusta 5) os, gusta
2. 1) encantan 2) molesta 3) asusta 4) importa 5) preocupa
3. 1) ¡Qué bien cocina tu madre!
   2) ¡Qué vino más [tan] caro (es este)!
   3) ¡Qué rápido habla el profesor!
   4) ¡Qué casa más [tan] bonita (tienes)!
   5) ¡Qué divertida es esta película!
4. 1) ¿Os gusta leer? – Sí, nos encanta [gusta mucho].
   2) A mi padre le gusta cocinar, pero a mi madre no le gusta nada.
   3) A mí no me gusta el pescado. – A mí tampoco.
   4) ¿Les interesan las películas mexicanas? – Sí, nos interesan mucho.
   5) ¡Qué casa más [tan] grande!

第12課

1 チェックしよう (p.82)
1. amanece 2. nieva 3. mal 4. vivís 5. aprendemos

2 チェックしよう (p.83)
1. tuya 2. suyas 3. nuestro 4. suyas 5. mía

3 チェックしよう (p.84)
1. el vuestro 2. las tuyas 3. la tuya 4. la suya 5. los suyos

Ejercicios 12 (p.85)

1. 1) hace 2) es 3) Está, hace 4) hace 5) nieva
2. 1) tuyo 2) mío 3) suya 4) mía 5) nuestra
3. 1) los suyos 2) la vuestra 3) las mías 4) la nuestra 5) los tuyos
4. 1) ¿Qué tiempo hace en tu ciudad? – Hace buen tiempo.
   2) ¿Cuántos meses hace que estudiáis español? – Hace ocho meses.

3) En el norte de España llueve mucho.
4) ¿Son suyos estos zapatos? – No, son de mi padre.
5) Esta bolsa es mía. ¿Dónde está la tuya? - Está allí.

第13課

1 チェックしよう (p.87)
1. más, que 2. tan, como 3. tan, como 4. mejor, que 5. menor, que

1 チェックしよう (p.88)
1. tanto, como 2. menos, que 3. tantos, como 4. más, que 5. tanta, como

1 チェックしよう (p.89)
1. más, de 2. mejor 3. mayor, de 4. la, más 5. grande

2 チェックしよう (p.90)
1. el chico pobre 2. un gran pintor 3. mi casa nueva 4. el pobre viejo 5. una mesa grande

Ejercicios 13 (p.91)
1. 1) España es más grande que Portugal.
   2) Este reloj es tan caro como aquel.
   3) Ana es menor que Valentina.
   4) Las notas de Luis son peores que las de Juan.
   5) Hoy hace más calor que ayer.
2. 1) El Shinano es el río más largo de Japón.
   2) Rusia es el país más grande del mundo.
   3) El monte Fuji es la montaña más alta de Japón.
   4) Esta es la universidad más antigua de España.
   5) El fútbol es el deporte más popular del mundo.
3. 1) 偉大な作家 2) 大きな絵 3) 貧しい女の子 4) 昔からの友人 5) 今度の家
4. 1) Estos zapatos son más caros que esos.
   2) Mi hermana canta mejor que yo.
   3) En marzo hace tanto frío como en febrero.
   4) Yo soy el más alto de toda la familia.
   5) *Genji Monogatari* es una gran novela japonesa.

第14課

1 チェックしよう (p.92)
1. levanto 2. te 3. se 4. levantan 5. levantamos

2 チェックしよう (p.93)
1. te acuestas, Me acuesto 2. se sienta 3. ducharte 4. se llama, Se llama 5. se levantan

2 チェックしよう (p.94)
1. nos 2. pongo 3. probarme 4. cortarse 5. lavarte

2 チェックしよう (p.95)
1. se come 2. os vais, nos vamos 3. me duermo 4. se bebe 5. Se lleva

Ejercicios 14 (p.97)
1. 1) me 2) os 3) se 4) te 5) nos
2. 1) se quitan 2) me corto 3) lavaros 4) se llama 5) nos bebemos 6) Te pones 7) se cae 8) quedarnos 9) me duermo 10) se mira
3. 1) ¿Dónde se sientan ustedes? – Nos sentamos aquí.
   2) ¿Cómo se llama vuestro perro? – Se llama Tom.
   3) Tienes que lavarte los dientes antes de acostarte.
   4) ¿A qué hora te levantas? - Normalmente me levanto a las seis y media.
   5) Mi hermano se come cuatro hamburguesas.

第15課

1 チェックしよう (p.99)
1. se bebe 2. se venden 3. se come 4. se hablan 5. se publica
2 チェックしよう (p.100)
1. se va 2. se vive 3. Se tarda 4. se come 5. se llega
2 チェックしよう (p.101)
1. venden 2. Dicen 3. Pagan 4. Hablan 5. Producen
3 チェックしよう (p.102)
1. poco 2 muchos, pocos 3. un poco 4. un poco 5. poca

Ejercicios 15 (p.103)
1. 1) Se aceptan 2) se abre 3) se producen 4) se hablan 5) se escribe
2. 1) se va 2) Se puede 3) publican 4) hablan 5) Llaman
3. 1) poco 2) muchas 3) un poco de 4) muy 5) un poco
4. 1) ¿Se puede fumar aquí?
   2) ¿Cómo se va a la estación?
   3) En Brasil se produce mucho café.
   4) Este modelo se usa poco en Japón.
   5) En este banco pagan mal.

第16課

1 チェックしよう (p.105, 106)
1. aprendió 2. llegó 3. llamaste, llamé 4. tomasteis, Tomamos 5. Vivimos
1 チェックしよう (p.106, 107)
1. prefirieron [preferimos] 2. siguieron 3. murió 4. repitió 5. elegí
2 チェックしよう (p.108)
1. Te llama el hombre que habló contigo ayer.【(a)　主語　(b)　人　】
2. El café que tomo es de Colombia.【(a)　直接目的語　(b)　もの　】
3. El chico que viajó conmigo vive en Salamanca.【(a)　主語　(b)　人　】
4. La niña que ayudó usted se llama Mónica.【(a)　直接目的語　(b)　人　】
5. ¿Te dejo los libros que compré el otro día?【(a)　直接目的語　(b)　もの　】

Ejercicios 16 (p.109)
1. 1) aprendieron 2) se acostaron 3) limpió 4) conocí 5) gustó 6) repitió 7) nació, murió 8) sirvieron
   9) me dormí, llegué 10) salimos, preferimos
2. 1) No encuentro el bolso que me regaló mi novio.【　直接目的語　】
   2) Conozco a una chica española que habla muy bien japonés.【　主語　】
   3) Aquel edificio alto que vemos allí es nuestro hotel.【　直接目的語　】
   4) ¿El señor que habla con el profesor es tu padre?【　主語　】
   5) Aquí hay muchos estudiantes que quieren estudiar en el extranjero.【　主語　】
3. 1) Ayer me levanté a las ocho y media.
   2) ¿Dónde comiste el domingo pasado?
   3) Me gustó mucho la película que vi anoche.
   4) ¿Cuándo murió el escritor? – Murió hace unos tres años.
   5) Aquella es la chica que me llamó el otro día.

第17課

1 チェックしよう (p.111, 112)
1. hizo, Hice 2. diste, di 3. fue, Fue 4. fuiste, Fui 5. trajo, trajo
2 チェックしよう (p.113)
1. del 2. en el 3. en la 4. a la 5. con la
3 チェックしよう (p.113, 114)
1. que 2. donde 3. donde 4. donde 5. que

Ejercicios 17 (p.115)

1. 1) supisteis, La supimos 2) dio, se lo di 3) dijeron, me la dijeron 4) hiciste, Los hice 5. fue, gustó
2. 1) que 2) donde [en la que] 3) de la que 4) donde [en el que] 5) que [a la que]
3. 1) Anoche quise hablar con mi padre pero no pude.
   2) La semana pasada hizo mal tiempo.
   3) Ayer tuvimos que ir al hospital.
   4) Allí está el chico con el que sale mi hermana.
   5) El año pasado visitamos la ciudad donde [en la que] nació Picasso.

第18課

1 チェックしよう (p.117)
1. bebía 2. íbamos 3. veían 4. hablabais 5. vivía

1 チェックしよう (p.118, 119)
1. entré, miraban 2. era, iba 3. Eran 4. vivía 5. cenaba, llamó

2 チェックしよう (p.119)
1. Cuando [Mientras] 2. Mientras [Cuando] 3. porque 4. Como 5. porque

3 チェックしよう (p.120)
1. los que 2. La que 3. los que 4. lo que 5. Las que

Ejercicios 18 (p.121)
1. 1) Por entonces mis padres (vivían) en Fukuoka.
   2) Todos los viernes (íbamos) al cine.
   3) De pequeña no me (gustaban) los pimientos.
   4) Antes aquí (había) un restaurante italiano.
   5) ¿De niño (eras) tranquilo?
2. 1) cuando 2) Como 3) porque 4) Mientras 5) porque
3. 1) Los que 2) lo que 3) el que 4) las que 5) la que
4. 1) De niños [Cuando éramos niños,] jugábamos mucho en este parque.
   2) ¿Cuántos años tenías cuando fuiste a Estados Unidos?
   3) Antes aquí había una biblioteca.
   4) La que toca el piano es mi hermana.
   5) Lo que dice ella no es verdad.

第19課

1 チェックしよう (p.123)
1. leyendo 2. haciendo 3. preparando 4. escuchando 5. cantando

2 チェックしよう (p.125)
1. pasada 2. hechos 3. cubierta 4. usada 5. perdidos

3 チェックしよう (p.126)
1, 直接目的語 2. ser の補語 3. 主語 4. 前置詞の目的語 5. 前置詞の目的語

Ejercicios 19 (p.127)
1. 1) durmiendo 2) escuchándome 3) llamándolo 4) viendo 5) mirándose
2. 1) unos vasos rotos 2) el pollo frito 3) el año pasado 4) una canción conocida
   5) las puertas abiertas
3. 1) lavarnos, llegar 2) lloviendo 3) tomar 4) llegar 5) vendida
4. 1) Normalmente ceno escuchando música.
   2) Ella es una actriz conocida en todo el mundo.
   3) ¿Qué estáis haciendo aquí? - Estamos esperando a un(os) amigo(s) [a nuestro(s) amigo(s)].
   4) Me mandaron una carta escrita a mano.
   5) Caminar [Andar] es bueno para la salud.

第20課

1 チェックしよう (p.129)

1. has comido 2. ha terminado 3. hemos vivido 4. ha habido 5. He estado
2 チェックしよう (p.131, 132)
1. alguien, nadie 2. algo, nada 3. alguna, ninguna 4. algún 5. Alguno
2 チェックしよう (p.132)
1. nunca [jamás] 2. ni, ni 3. tampoco 4. tampoco 5. Nunca [Jamás]

Ejercicios 20 (p.133)
1. 1) Ha estado 2) ha llovido 3) hemos visto 4) has ido 5) ha escrito
2.（解答例）
　　1) Me he levantado (esta mañana) a las siete [seis, ocho...]
　　2) Sí, he desayunado bien. / No, no he desayunado bien. / No, he desayunado mal.
　　3) Sí, las he visto en la televisión. / No, no las he visto en la televisión.
　　4) Sí, (ya) los he hecho. / No, (todavía) no los he hecho.
　　5) Sí, la he entendido bien. / No, no la he entendido bien [nada].
3. 1) algún 2) algo 3) ni 4) nadie 5) ningún
4. 1) No hemos estado nunca en China.
　　2) Esta mañana ha llovido un poco.
　　3) ¿Ya habéis terminado el trabajo?
　　4) Por aquí no hay ningún banco.
　　5) ¿Hoy te ha visitado alguien?

第21課

1 チェックしよう (p.134, 135)
1. había salido 2. habíamos cenado 3. había estado 4. había terminado 5. se había acostado
2 チェックしよう (p.137)
1. tenía 2. gustaba 3. está 4. vio 5. habíamos terminado
3 チェックしよう (p.138)
1. tiene 2. vivo 3. si 4. había viajado 5. estaba

Ejercicios 21 (p.139)
1. 1) me he levantado 2. habías nacido 3. había hecho 4. os habéis lavado 5. se había puesto
2. 1) Mis amigos me dijeron que les escribía poco.
　　2) Creía que ellos sabían la verdad.
　　3) Todos sabían que lo habíais hecho vosotros.
　　4) Nuestros vecinos pensaron que habíamos comprado un coche muy caro.
　　5) Ellos creían que te habías casado con el hermano de Juan.
3. 1) Juan me dice que le gusta el fútbol.
　　2) Juan me pregunta si quiero conocer a su familia.
　　3) Juan me dijo que no podía ayudarme.
　　4) Juan me dijo que había hecho un buen trabajo.
　　5) Juan me preguntó si había venido a la universidad el jueves.
4. 1) Cuando llegamos al cine, ya había comenzado [empezado] la película.
　　2) Hasta entonces no había hablado con él.
　　3) Creía que el español era más fácil.
　　4) La chica [niña] nos preguntó dónde vivíamos.
　　5) Mis amigos me dicen que cocino bien.

第22課

1 チェックしよう (p.141)
1. hablaremos 2. tendrás 3. saldré 4. dirán 5. querréis
1 チェックしよう (p.142)
1. Viajaremos 2. estará 3. hablará 4. será 5. olvidaré
2 チェックしよう (p.143)

1. llueve, iremos [vamos] 2. hace, saldré [salgo] 3. se da, llegará [llega] 4. Tendrás [Tienes], tienes 5. quieres, podremos [podemos]

3 チェックしよう (p.144)

1. rápidamente 2. alegremente 3. amablemente 4. fácilmente 5. lenta y tranquilamente

Ejercicios 22 (p.145)

1. 1) Podrán 2) vendrá 3) pondrás 4) terminaremos 5) diré 6) será 7) estarán 8) tendréis 9) conocerán 10) habrá
2. 1) llueve, nos quedaremos [nos quedamos] 2) quieres, llevaré [llevo] 3) tiene, enseñaré [enseño] 4) sales, llamarás [llamas] 5) molesta, bajaré [bajo]
3. 1) Mañana lloverá todo el día.
   2) Manuel y yo nos casaremos dentro de tres meses.
   3) Posiblemente mis amigos estarán en la univesidad ahora.
   4) Si termino el trabajo antes de las cinco, lo [la] llamaré [llamo].
   5) ¿Habrá examen el lunes que viene [el lunes próximo]?

第23課

1 チェックしよう (p.147)

1. cantarías 2. tendría 3. podríamos 4. harían 5. pondríamos 6. diríais 7. querría 8. sabría 9. estaríais 10. saldrían

1 チェックしよう (p.148)

1. Podría 2. volvería 3. ayudarían 4. gustaría 5. habría

2 チェックしよう (p.150)

1. vendría 2. gustaría 3. estaría 4. verá 5. presentarán

Ejercicios 23 (p.151)

1. 1) vendrías 2. saldría 3. podrían 4. habría 5. estaría
2. 1) ¿Podría usted cerrar la ventana? 2) Tendríais que volver a casa ya. 3) Desearía hablar con el director. 4) Deberíamos hablar directamente con el jefe. 5) ¿Te importaría esperar un poco más?
3. 1) Juan me dijo que hablaría con el jefe el martes.
   2) Juan me dijo que vendría un tifón el fin de semana.
   3) Juan me dijo que me escribiría muy pronto.
   4) Juan me dijo que tendría problemas con ese cliente.
   5) Juan me dijo que mi abuela se pondría contenta al verme.
4. 1) Creíamos que iría usted a la fiesta.
   2) Sabía que los niños no me dirían la verdad.
   3) Por entonces no usarían el teléfono inteligente todavía.
   4) ¿Podrías prestarme [dejarme] tu coche mañana?
   5) Algún día me gustaría visitar este museo.

第24課

1 チェックしよう (p.153, 154)

1. llegue 2. viva 3. deje 4. guste 5. me levante

2 チェックしよう (p.156)

1. Habla 2. Llámeme 3. Comed aquí. 4. Escríbele. 5. Pasen.

Ejercicios 24 (p.157)

1. 1) No, no creemos que cante bien.
   2) No, no creo que gaste [gastes] demasiado.
   3) No, no creemos que se viva bien en este país.
   4) No, no cree que asista a todas las clases.
   5) No, no creo que las explique bien.
2. 1) Quieren que trabaje más.
   2) ¿Quieres que ayude a Begoña?

3) ¿Quiere que llamemos al médico?
4) Quiero que leáis esta novela.
5) No queremos que se marchen tan pronto.
3. 1) Sí, apáguela. 2) Sí, dejadla aquí. 3) Sí, escríbeme después. 4) Sí, invitadlo.
5) Sí, úsenlo.
4. 1) No creo que él me llame.
2) No quiero que fumes.
3) Escriba aquí su nombre.
4) Espérame en la cafetería.
5) Hablemos [Vamos a hablar] después del [sobre el] asunto.

Nivel II

第 1 課

1 チェックしよう (p.161)
1. estáis 2. es 3. estás 4. es 5. están
2 チェックしよう (p.162)
1. está 2. es 3. es 4. es 5. está
3 チェックしよう (p.163)
1. dos mil quinientos 2. doscientos cincuenta 3. tres millones 4. dos mil siete 5. dieciocho mil setecientos cuarenta
4 チェックしよう (p.164)
1. rapidísimo 2. clarísimos 3. simpatiquísima 4. facilísimo [facilísima] 5. riquísimo
Ejercicios 1 (p.165)
1. 1) está, Estoy 2) es, Es 3) estás 4) es 5) son 6) estás 7) es 8) está 9) es 10) están
2. 1) ciento doce años 2) quinientos sesenta yenes 3) dos mil setecientas mujeres
   4) cuarenta y cinco mil niños 5) dos millones de dólares.
3. 1) Sí, es interesantísima. 2) Sí, está malísimo. 3) Sí, son guapísimas. 4) Sí, son pequeñísimas. 5) Sí, están contentísimos.
4. 1) ¿Cómo es vuestra madre? — Es alegre y trabajadora.
   2) En esta foto estás muy guapo/a [guapísimo/a].
   3) La reunión es en el aula 112, a las cinco menos cuarto.
   4) En nuestra universidad hay unos cincuenta mil estudiantes.
   5) Estoy cansadísimo [cansadísima].

第 2 課

1 チェックしよう (p.168)
1. agradezco 2. envías, envío 3. sabe 4. sale 5. Cabemos
2 チェックしよう (p.169)
1. mejor 2. nadie 3. el 4. que 5. más
3 チェックしよう (p.170)
1. de 2. que 3. que 4. que 5. de
Ejercicios 2 (p.171)
1. 1) envía 2. caben 3. destruye 4. parecen 5. confío
2. 1) Mi abuela es la que más temprano se levanta de la familia.
   2) Estas chicas son las que mejor cantan de todas.
   3) Pepe es el que más estudia de todos los alumnos.
   4) Fernando es el que menos lee de los cuatro.
   5) Estos zapatos son los que más me gustan de la tienda.
3. 1) de 2) que 3) más 4) que 5) lo
4. 1) ¿Qué le parecen estas gafas? – Me parecen muy buenas.
   2) En este ascensor caben doce personas.
   3) Este coche es el que más corre de todos.
   4) Mi abuela cocina mejor que nadie.
   5) Tengo más de diez libros de este escritor.

第 3 課

1 チェックしよう (p.174)
1. le 2. me 3. queda 4. me 5. le
2 チェックしよう (p.175)

1. me 2. lo 3. nosotros [nosotras] 4. los 5. ella

3 チェックしよう (p.176)
1. solo [solamente], sino 2. sino 3. pero 4. sino 5. no, sino

Ejercicios 3 (p.177)
1. 1) Faltan <u>unos días</u> para las vacaciones.
   2) Me hace mucha ilusión <u>volver a verte</u>.
   3) Todavía no aparecen <u>mis maletas</u>.
   4) ¿Le importa <u>cerrar la ventana</u>?
   5) Me duelen <u>los ojos</u>.
2. 1) le 2) les 3) lo 4) la 5) te
3. 1) u 2) ni 3) solo, también 4) e 5) sino
4. 1) Nos falta tiempo.
   2) Entonces no se nos ocurrió ninguna idea.
   3) Ayer se me olvidó llamarlo.
   4) A su madre la conozco pero a su padre no.
   5) Estos niños no están cansados sino aburridos.

第4課

1 チェックしよう (p.179)
1. se, respetan 2. nos, queremos 3. se, arrepiente 4. quejarte 5. os, ayudáis

2 チェックしよう (p.180, 181)
1. sí 2. ti 3. de 4. consigo 5. sí

3 チェックしよう (p.181, 182)
1. hizo 2. puesto 3. quedado 4. vuelto 5. puso

4 チェックしよう (p.182)
1. bolso バッグ 2. pobre 貧しい、かわいそうな 3. lentes レンズ 4. chico 小さい 5. cabeza 頭

Ejercicios 4 (p.183)
1. 1) Andrés y yo nos queremos.
   2) Desde ese día Víctor y Jorge no se hablan.
   3) Tú y Mario os respetáis mucho.
   4) Ella y yo nos saludamos con dos besos.
   5) Elena y usted se ayudaban mucho.
2. 1) ti 2) consigo 3) mismos 4) mí 5) conmigo
3. 1) se puso 2) hacerme 3) se ha vuelto 4) me quedé 5) se hizo
4. 1) Nos conocimos en México el año pasado.
   2) ¿Por qué no os respetáis más?
   3) No me atrevo a decirle la verdad.
   4) Él siempre está enfadado consigo mismo.
   5) Ese perrito se hizo famoso por esta foto.

第5課

1 チェックしよう (p.185)
1. Viví 2. fui, hablé 3. entramos, había 4. era, iba 5. llegué, estaban

2 チェックしよう (p.186)
1. has desayunado 2. llovió 3. ha llovido 4. has dicho 5. dijo

3 チェックしよう (p.187)
1. llegué, había salido 2. había empezado 3. conocí, había estado 4. nos vimos, había hecho 5. nos habíamos saludado

4 チェックしよう (p.188)
1. quinto 2. segunda 3. tercer 4. cuarta 5. primeras

Ejercicios 5 (p.189)

1. 1) éramos, íbamos 2) ocurrió, estaba 3) Ha estado, fui 4) fui, tenía 5) llamé, había preparado 6) había hablado 7) llovió 8) se habían acostado 9) me desperté, lavaba 10) has visto
2. 1) noveno 2) séptima 3) segunda 4) tercer 5) primera
3. 1) ¿Habéis estado alguna vez en Okinawa? – Sí, fuimos a la Isla de Ishigaki el año pasado.
    2) Hasta entonces no había viajado nunca en avión.
    3) Cuando conocí a Daniel, él tenía dieciocho años.
    4) Estos niños todavía no habían nacido en 2000.
    5) El primer día paseamos [dimos un paseo] por el centro y el segundo fuimos a la playa.

第6課

1 チェックしよう (p.191)
1. Estando ので 2. Yendo と 3. Siendo けれど 4. Viendo とき 5. Llegando と

2 チェックしよう (p.192)
1. Lavada 2. abierto 3. sentados 4. firmado 5. Dichas

3 チェックしよう (p.193)
1. de 2. a 3. a 4. de 5. a

4 チェックしよう (p.194)
1. tocar 2. jugar 3. explotar 4. salir 5. subir

Ejercicios 6 (p.195)
1. 1) venir 2) trabajando 3) escrita 4) Viviendo 5) Terminados 6) abierta 7) Girando 8) tardado 9) prohibido 10) subiendo
2. 1) Lo vi salir de esa casa. 2) ¿Has visto llorar a Patricia? 3) He oído discutir a alguien. 4) Te he visto cruzar la calle. 5) Desde aquí la gente ve ponerse el sol.
3. 1) Tengo preparado el desayuno.
    2) Me alegro de verte.
    3) ¿Todavía sigue viviendo en la misma ciudad?
    4) Está prohibido comer aquí.
    5) Ayer te vi entrar en un [el] banco.

第7課

1 チェックしよう (p.197)
1. Tendrá 2. Serían 3. Estará 4. estaría 5. será

2 チェックしよう (p.199)
1. se habrá ido 2. habría preparado 3. Habrán perdido 4. habría salido 5. habrán terminado

3 チェックしよう (p.200)
1. dejó, subir 2. hizo, bajar 3. dejaron, entrar 4. deja, dormir 5. hicieron, llorar

Ejercicios 7 (p.201)
1. 1) Mis padres no sabrán nada.
    2) Por entonces no habría Internet.
    3) Lucía tendría más de cuarenta años cuando se casó.
    4) Tu amiga estaría muy enfadada cuando la llamaste.
    5) En tu pueblo hará mucho calor en esta época del año.
2. 1) Habrá perdido 2) habré dejado 3) se habrá levantado 4) se habrían acostado 5) habría empezado
3. 1) hace 2) dejan 3) deja 4) hacen 5) hace
4. 1) Estará usted muy cansado [cansada].
    2) Por entonces nadie usaría el ordenador.
    3) ¿Dónde habré dejado la llave del coche?
    4) Ese día a las seis mi padre ya habría salido del trabajo.
    5) Sus chistes siempre me hacen reír.

第8課

1 チェックしよう (p.204)
1. Todos respetan a mi abuelo. 2. Los romanos destruyeron la ciudad.
3. Todos conocen al médico. 4. El comité ha aceptado las propuestas.
5. Un japonés descubrió esta medicina.

2 チェックしよう (p.206)
1. venden 2. se va 3. se respetaba 4. se come 5. producen

Ejercicios 8 (p.207)
1. 1) Para preparar una sangría rica se necesita buen vino.
   2) Ayer se tomó la decisión de cerrar la oficina.
   3) En este país se conoce muy bien esta canción.
   4) Algún día se realizarán tus sueños.
   5) Se venden libros de segunda mano.
2. 1) Anoche todas las puertas fueron cerradas por el portero.
   2) La maestra es querida por todos.
   3) El puente ha sido destruido por un tifón.
   4) Esta actriz es conocida por todo el mundo.
   5) La gravedad fue descubierta por Newton.
3. 1) critica 2) Ponen 3) quitaron 4) necesita 5) atienden
4. 1) Últimamente se ve a muchos extranjeros en Tokio。
   2) Este poema es conocido por todo el mundo.
   3) Esta novela fue escrita por una chica de diecisiete años.
   4) En este programa ponen buena música.
   5) A mi hermano le robaron el pasaporte en el aeropuerto.

第9課

1 チェックしよう (p.209)
1. cuyos 2. cuya 3. quien 4. quien 5. cuyo

2 チェックしよう (p.210)
1. los que [quienes] 2. donde 3. lo que 4. con el que [con quien] 5. al que [a quien]

3 チェックしよう (p.212)
1. la 2. los 3. la 4. los 5. el

Ejercicios 9 (p.213)
1. 1) la que [quien] 2) que 3) La que [Quien] 4) la que [quien] 5) quienes
2. 1) Es mi madre quien [la que] necesita ayuda.
   2) Es en aquella calle donde ocurrió el accidente.
   3) Es dinero lo que quieren ellos.
   4) Es este hotel el que os recomiendo.
   5) Fue [Es] ayer cuando vi a Ernesto.
3. 1) la 2) Lo 3) los 4) lo 5) las
4. 1) El chico con el que [con quien] sale Laura es muy alto.
   2) Allí está el profesor [la profesora] del que [de la que, de quien] le hablé el otro día.
   3) Tengo un amigo [una amiga] cuya madre trabaja en la ONU.
   4) Es vuestra ayuda lo que necesito.
   5) Siento lo de tu abuelo.

第10課

1 チェックしよう (p.215)
1. pida 2. cuente 3. cierre 4. duerma 5. entienda

2 チェックしよう (p.217)
1. viva 2. bebo 3. trabaje 4. quiere 5. pierdas

2 チェックしよう (p.218)

1. ayudemos 2. coma 3. vuelva 4. aprendas 5. terminemos
Ejercicios 10 (p.219)
1. 1) Sí, creo que ganará. / No, no creo que gane.
    2) Sí, creo que empezará. / No, no creo que empiece.
    3) Sí, creo que llegará. / No, no creo que llegue.
    4) Sí, creo que volverán. / No, no creo que vuelvan.
    5) Sí, creo que le gustará. / No, no creo que le guste.
2. 1) pierda 2) recordemos 3) comáis 4) termine 5) nos durmamos
3. 1) No creo que la oficina cierre antes de las cinco.
    2) Quiero que me entiendas.
    3) Os recomiendo que leáis este libro.
    4) Espero que sigáis estudiando español.
    5) Mi padre no nos permite que entremos en su habitación.

第11課

1 チェックしよう (p.221)
1. conozcan 2. veamos 3. estés 4. digáis 5. dé
2 チェックしよう (p.222)
1. llamen 2. guste 3. esté 4. puedas 5. fume
3 チェックしよう (p.224)
1. hablan 2. hable 3. hable 4. sabe 5. sepa
Ejercicios 11 (p.225)
1. 1) estén 2) se enfaden 3) haya 4) tengáis 5) quiera
2. 1) quiera 2) sea 3) conocen 4) haga 5) llueve 6) haya 7) sepa 8) tiene
    9) esté 10) sirve
3. 1) Siento que no pueda venir a mi boda.
    2) Estoy contento [contenta] de que te guste mi país.
    3) Es extraño que Luis tarde tanto en llegar.
    4) Queremos comprar una casa que no esté lejos de la estación.
    5) En esta clase no hay ningún estudiante que sepa conducir.

第12課

1 チェックしよう (p.227, 228)
1. Canta. / No cantes.
2. Escríbale. / No le escriba
3. Leedlo. / No lo leáis
4. Siéntate / No te sientes
5. Acérquense. / No se acerquen
2 チェックしよう (p.229)
1. tanto 2. tanta 3. Como 4. tan 5. porque
3 チェックしよう (p.230)
1. Debemos 2. tenéis 3. Hay [Tienes, Tenemos] 4. Tienes 5. hay
Ejercicios 12 (p.231)
1. 1) ponla 2) no la dejen 3) no me llames 4) lléveselo 5) no la uséis
2. 1) No vengas aquí.
    2) Esperémoslos.
    3) No me lo digas.
    4) Acérquese.
    5) No se los pongan.
3. 1) Tenía tanta hambre que me comí tres empanadas.
    2) Ayer estaba tan cansada que me acosté a las ocho.

3) La película era tan aburrida que todos se durmieron.
  4) Le gustó tanto el coche que lo compró ese mismo día.
  5) Tenía tanto trabajo que no pude ir a la fiesta.
4. 1) Siéntate a mi lado.
  2) No toque estos cuadros.
  3) Quítense los zapatos en la casa.
  4) Se han cancelado las clases de mañana, así que no tenemos que venir a la universidad.
  5) La actriz cantó tan bien que todos se sorprendieron.

第13課

1 チェックしよう (p.233)
1. haya tocado 2. hayan llegado 3. se haya muerto 4. haya dicho 5. haya llamado
2 チェックしよう (p.234)
1. leas 2. digas 3. vayamos 4. conozca 5. tenga
2 チェックしよう (p.236)
1. llegue 2. viene 3. terminéis 4. estás 5. estudiaba

Ejercicios 13 (p.237)
1. 1) haya hecho 2) haya dejado 3) hayan vuelto 4) haya estado 5) haya aprendido
2. 1) para, puedas 2) caso, llueva 3) cuanto, llegue 4) a, esté 5) antes de, empiece
3. 1) llega 2) tengas 3) encuentre 4) quieras 5) vengan
4. 1) No creo que él haya dicho la verdad.
  2) Es posible que tus amigos hayan tenido un accidente.
  3) ¿Puede hablar más alto para que podamos entenderlo bien?
  4) Niños, podéis ir al parque con tal de que volváis antes de las seis.
  5) Llámame cuando empiece la película.

第14課

1 チェックしよう (p.239)
1. fuera 2. vieras 3. hiciera 4. supiera 5. pudiera
2 チェックしよう (p.241)
1. llueve 2. llueva 3. tengas 4. estoy [estaré] 5. esté
2 チェックしよう (p.242)
1. dice 2. diga 3. quieras 4. viera 5. se diera

Ejercicios 14 (p.243)
1. 1) Quería que vieras esta película.
  2) Era lógico que tu madre estuviera de mal humor.
  3) Me sorprendió que él siguiera fumando.
  4) En la clase no había ningún estudiante que conociera esta obra.
  5) Tuvimos que hablar con Tomás para que su hija pudiera estudiar en Japón.
2. 1) Aunque, tengas 2) sin que, sepa 3) a pesar de que, se pone 4) como, dices 5) sin que, te des
3. 1) vinieras 2) pusieran 3) hablaras 4) llamarías 5) mandó
4. 1) Quería que mi madre me comprara la bicicleta pero no me la compró.
  2) No creía que mi abuelo estuviera tan mal.
  3) Terminaremos este trabajo antes del [para el] fin de semana aunque sea difícil.
  4) Fui al trabajo después de clase a pesar de que [aunque] estaba muy cansado.
  5) Tuvimos que entrar en el salón sin que nos viera nadie.

第15課

1 チェックしよう (p.245)
1. hubiera dicho 2. se hubieran marchado 3. hubiera estado 4. hubiera ocurrido
5. hubieran llamado

2 チェックしよう (p.246)

1. No creemos que vengan a vernos.
2. No creíamos que vinieran a vernos.
3. No es cierto que Elena lo conozca.
4. Yo no estaba seguro de que el alcalde hubiera dicho la verdad.
5. No creo que a Carlos lo hayan suspendido.

3 チェックしよう (p.247, 248)

1. lleguemos 2. guste 3. sea 4. fuera 5. hubieras dicho

3 チェックしよう (p.248)

1. esperen 2. entre 3. pases 4. te diviertas 5. tenga

Ejercicios 15 (p.249)

1. 1) Me alegré de que hubierais conseguido la beca.
   2) Era lógico que tus hijos no quisieran hablarte de sus amigos.
   3) Yo no dije que eso fuera mentira.
   4) No creía que el profesor lo hubiera dicho en serio.
   5) No me gustó que me preguntaran cosas personales.
2. 1) haya [hay] 2) tiene 3) haga 4) supiera 5) hubiera estudiado 6) estuviera 7) hubiera comprado 8) descanses 9) se mejore 10) entre
3. 1) Por entonces no conocía a nadie que hubiera aprendido Estadística.
   2) ¡Ojalá le guste el regalo a mi madre!
   3) ¡Ojalá supiera hablar árabe!
   4) ¡Ojalá la hubiera conocido antes!
   5) ¡Que lo pasen bien [se diviertan] en la fiesta!

第16課

1 チェックしよう (p.251)

1. tuviera, llamaría 2. estuviera, aceptaría 3. vinieras, invitaría 4. hubiera estudiado, habría aprobado 5. hubieras ido, habrías llegado

2 チェックしよう (p.252)

1. tuviera, iría 2. hubieras ofrecido, habría cuidado 3. siguierais, cambiaría 4. fuera, saldría 5. hubieras ayudado, habría podido

3 チェックしよう (p.253)

1. Quería 2. Quisiera [Quería] 3. importaría 4. Podría 5. gustaría

4 チェックしよう (p.254)

1. cero coma [con] veinticinco 2. ocho con setenta y cinco euros 3. cinco séptimos 4. siete octavos 5. un veinteavo

Ejercicios 16 (p.255)

1. 1) supiera – c) iría
   2) tocara – e) comprarías
   3) fuera – a) permitiría
   4) hubiera estado – d) habría acompañado
   5) hubiera pedido – b) te habrías enfadado
2. 1) se opongan 2) se opusieran 3) pidiera 4) hubiera pedido 5) lloviera
3. 1) Si no tuviera trabajo hoy, iría con vosotros al concierto.
   2) Si hubierais ido a la fiesta aquel día, habríais conocido a esta actriz.
   3) Estoy lleno [llena]. Pero, aunque tuviera hambre, no comería en este restaurante.
   4) Quisiera pedirle un favor.
   5) Las manzanas cuestan dos con treinta euros el kilo.

大学のスペイン語 I
別冊付録 練習問題解答

2024 年 9 月 5 日発行

東京外国語大学出版会

無断複製を禁じます。